教育部人才培养模式改革和开放教育试点法学教材

公司法

（第五版）

主　编　徐晓松
撰稿人　（以姓氏笔画为序）
　　　　刘　丹　时建中
　　　　郑俊果　徐晓松

中国政法大学出版社
2018·北京

作者简介

徐晓松　法学博士，中国政法大学教授、博士生导师。现任中国政法大学民商经济法学院经济法研究所副所长、院学位委员会委员。兼任中国法学会经济法学研究会常务理事、北京市经济法研究会副会长；担任国家社科基金项目和省、部级科研项目主持人；曾担任世界银行研究项目中国法律咨询专家。科研成果曾获国家级和省、部级奖励；曾获"北京市优秀中青年法学家""北京市优秀教师""北京市优秀青年骨干教师"等荣誉称号。主要著述有：《公司治理："结构"抑或"问题"》《管制与法律的互动：经济法理论研究的起点和路径》《论中国公司资本的"严格监管"与"放松监管"》《论国有资本经营预算的生存环境及其对法律调整的影响》《公司法与国有企业改革研究》《公司资本监管与中国公司治理》《国有独资公司治理法律制度研究》《公司法学》《企业法学》等。

时建中　法学博士，中国政法大学教授、博士生导师。现任中国法学会经济法学研究会副会长、中国科学技术法学会副会长、商务部新一轮多边贸易谈判与竞争政策议题谈判专家咨询组成员（召集人）、WTO与中国—东盟自由贸易区法律贸易研究会（深圳）执行理事长、国务院法制办《反垄断法》修改审查专家小组专家等。曾获司法部"九五"期间优秀科研成果一等奖。主要著述有：《可转换公司债法论》《试论反垄断法的国际合作》《外资银行监管的法律问题研究》《掠夺性定价的经济学分析和法律对策》《电信市场发展与竞争立法的关系：国外的经验及启示》《联合国贸易和发展会议〈竞争法范本〉》（译著）《私人诉讼与我国反垄断法目标的实现》等。

刘　丹　法学博士，中国政法大学副教授、硕士生导师。现任中国法学会经济法学研究会理事、北京市经济法研究会理事。担任国家、省、部级科研项目和北京市科技计划项目主持人、项目组成员；曾获全国性中青年优秀论文三等奖、校首届"优秀导师""教学优秀奖"等荣誉称号。主要著述有：《利益相关者参与公司治理的必要性和可行性分析》《中国的利益相关者与公司治理研究》《论一人公司治理——兼论一人公司利益失衡的矫正机制》《公司治理结构的构建与完善》《我国图书转售价格制度的立法现状及其展望——反垄断法的研究视角》《图书维持转售价格制度的反垄断法研究》《对美国利益相关者问题的评价》《在发展我国创业投资业中政府角色的法律思考》《利益相关者与公司治理法律制度研究》《公司法学》《证券法学》《经济法学》等。

郑俊果　法学硕士，中国政法大学副教授、硕士生导师。主要从事经济法理论、商法、金融法、法经济学等领域的教学和研究，为研究生和本科生开设企业与公司法、经济法原理、破产法、商法、合同法、金融法、法经济学、国有资产法等课程。主要著述有：《论公司治理中的国家干预》《论投资客体的法律性质》《论商法的实质理性》《公司法学》《经济法学》《经济本体法论》《证券法学》等。

出版说明

广播电视大学自 1979 年创建至今已有二十多年，为国家培养了几十万法律专业高等专门人才。为适应我国社会经济发展和建设社会主义法治国家的需要，教育部现代远程教育工程——中央广播电视大学"人才培养模式改革与开放教育试点"项目，作为国家重点科研课题于 1999 年正式启动，法学专业本科人才培养模式改革与开放教育试点是该项目的重要组成部分。为了实现教育资源的优化配置，中央广播电视大学和中国政法大学合作推出了法律专业专科起点的本科教育，同时邀请了北京大学、中国人民大学等部分高等院校的专家参加教学资源的建设。

为了更好地探索现代远程开放教育规律，充分体现学生自主学习的特点，中央广播电视大学结合二十多年办学经验，在教材体例以及版式设计上进行了改革，以适合学生的学习；在教材内容上力求反映应用性的特点，使学生掌握本学科的基本概念和理论体系，培养其分析问题和解决问题的能力，提高其自学能力和认识事物的创新能力，以满足人才培养模式改革和开放教育的需求。在建设文字教材的同时，我们还根据远程开放教育的特点，辅之以录音、录像、CAI、网络软件等学习材料为学习者提供学习支持服务。

本教材为中央广播电视大学实施教育部"人才培养模式改革和开放教育试点"项目法学专业系列教材。该系列教材分别由中央广播电视大学出版社和中国政法大学出版社等出版。在教材建设过程中，我们得到了中央广播电视大学、中国政法大学、北京大学、中国人民大学、清华大学、中国人民公安大学、中央民族大学、对外经济贸易大学、中国社会科学院法学研究所、国家法官学院等十几家高等院校、法学研究机构、国家司法机关的有关专家、学者的大力支持，在此表示衷心的感谢。

法学教材编委会

第五版说明

本教材是教育部人才培养模式改革和开放教育试点法学教材之一，于 2001 年出版发行。其后，根据 2005 年以来全国人大对《中华人民共和国公司法》的修订，根据最高人民法院发布的《关于适用〈中华人民共和国公司法〉若干问题的规定》之（一）（二）（三）的规定，在出版社的支持下，我们于 2006 年、2010 年、2014 年三次对本教材进行修订。2016 年 12 月，针对公司法司法审判实践中的新问题，最高人民法院发布《关于适用〈中华人民共和国公司法〉若干问题的规定（四）》，2017 年全国人大颁布《民法总则》，同期修订的还有涉及公司的相关法律及行政法规。基于此，为全面反映我国公司法立法的最新动态以及公司法理论研究的最新成果，适应教学的需要，我们决定对本教材进行修订。本次修订增加了 2014 年以来《公司法》以及相关法律法规关于公司的新规定，同时结合公司法理论研究与司法实践对教材相关内容进行了完善。鉴于各种原因，本教材的不足之处在所难免，欢迎读者提出批评和建议。

本次修订版由中国政法大学民商经济法学院教授、博士生导师徐晓松担任主编，全书由徐晓松教授审定。参加本次修订的撰稿人有：中国政法大学民商经济法学院教授、博士生导师徐晓松、时建中，中国政法大学民商经济法学院副教授郑俊果、刘丹。

具体分工为（按撰写章节先后为序）：

徐晓松　第一章、第二章、第四章；

时建中　第三章、第六章；

刘　丹　第三章、第六章；

郑俊果　第五章、第七章、第八章。

作　者
2018 年 8 月于中国政法大学

第四版说明

　　本教材是教育部人才培养模式改革和开放教育试点法学教材之一，于 2001 年出版发行。自 2005 年《中华人民共和国公司法》修订以来，我们先后于 2006 年 1 月、2010 年 7 月对本教材进行了修订。其后，2013 年全国人大又对《公司法》进行了修订，2010 年 12 月，针对公司法司法审判实践中的问题，最高人民法院发布了《关于适用〈中华人民共和国公司法〉若干问题的规定（三）》。基于此，为全面反映我国公司法立法的最新动态以及公司法理论研究的最新成果，适应教学的需要，我们决定对本教材进行修订。本次修订增加了自 2010 年以来《公司法》以及相关法律法规关于公司的新规定，同时结合实际对相关内容进行了增删。鉴于各种原因，本教材的不足之处在所难免，欢迎读者提出批评和建议。

　　本次修订版由中国政法大学民商经济法学院教授、博士生导师徐晓松担任主编，全书由徐晓松教授审定。参加本次修订的撰稿人有：中国政法大学民商经济法学院教授、博士生导师徐晓松、时建中，中国政法大学民商经济法学院副教授郑俊果、刘丹。

　　具体分工为（按撰写章节先后为序）：

　　徐晓松　第一章、第二章、第四章；

　　时建中　第三章、第六章；

　　刘　丹　第三章、第六章；

　　郑俊果　第五章、第七章、第八章。

作　者

2014 年 6 月于中国政法大学

第三版说明

本教材是教育部人才培养模式改革和开放教育试点法学教材之一，于 2001 年出版发行。为适应 2005 年《中华人民共和国公司法》的大幅修订，我们对本教材进行了修订。自 2005 年至今，《公司法》实施 5 年了，为全面反映公司法立法的最新动态以及公司法理论研究的最新成果，适应教学的需要，我们再次对本教材进行全面修订，增加了有关公司的新法规，并结合实际对相关内容进行了增删。鉴于各种原因，本教材的不足之处在所难免，欢迎读者提出批评和建议。

本次修订版由中国政法大学民商经济法学院教授、博士生导师徐晓松担任主编，全书由徐晓松教授审定。参加本次修订的撰稿人有：中国政法大学民商经济法学院教授、博士生导师徐晓松、时建中，中国政法大学民商经济法学院副教授郑俊果、刘丹。

具体分工为（按撰写章节的先后为序）：

徐晓松　第一章、第二章、第四章；

时建中　第三章、第六章；

刘　丹　第三章、第六章；

郑俊果　第五章、第七章、第八章。

作　者

2010 年 7 月于中国政法大学

第二版说明

本教材是教育部人才培养模式改革和开放教育试点法学教材之一。在中央广播电视大学和中国政法大学的推动下，经中国政法大学徐杰教授、中国人民大学刘文华教授、北京工商大学徐学鹿教授审定，于 2001 年由中国政法大学出版社出版发行。

2005 年 10 月，《中华人民共和国公司法》进行了大幅度的修订。为适应教学需要，在中国政法大学出版社的支持下，作者在 2001 年版的基础上对本教材进行修改，对相关内容进行了增删。呈现在读者面前的即为本教材修订版。

鉴于各种原因，本教材的不足之处在所难免，欢迎读者提出批评和建议。

本教材修订版由中国政法大学教授、博士生导师徐晓松担任主编并撰稿。其余撰稿人为：中国政法大学教授、博士生导师时建中；中国政法大学副教授郑俊果。撰写人具体分工为：

徐晓松　第一章、第二章（除第八节外）、第四章；

时建中　第二章第八节、第三章、第六章；

郑俊果　第五章、第七章、第八章。

作　者

2006 年 1 月于中国政法大学

目　录

第一章

公司与公司法概述

■**学习目的和要求**

通过本章学习，要求学生

● 重点掌握：公司的概念与特征、公司的类型、公司与相关企业的联系与区别、公司法的概念与特征。
● 掌握：公司法的形式、公司法与相关法律部门的关系。
● 一般了解：公司与公司法的沿革和发展、中国国企改革与公司法的关系。

第一节　公司概述

一、公司的概念与法律特征

（一）公司的概念

在不同的国家，由于法律体系及立法习惯的差异，公司的概念不完全相同。即使在同一国家，由于社会经济及公司法的发展，传统的公司概念也在不断被突破。

我国《公司法》第 2 条及第 3 条规定，"本法所称公司是指依照本法在中国境内设立的有限责任公司和股份有限公司","公司是企业法人，有独立的法人财产，享有法人财产权。公司以其全部财产对公司的债务承担责任。有限责任公司的股东以其认缴的出资额为限对公司承担责任；股份有限公司的股东以其认购的股份为限对公司承担责任"。根据上述规定，我国的公司是指全部资本由股东出资构成，股东以其认缴的出资额或认购的股份为限对公司承担责任，公司以其全部财产对公司债务承担责任的依公司法成立的企业法人。

（二）公司的法律特征

1. 公司是以营利为目的的企业。作为现代市场经济中的一种重要企业形态，公司必须是营利性的经济组织。营利性是公司区别于其他非营利性社团和组织的首要特征。

（1）公司的营利性，首先要求公司以营利为创设目的，即公司存在和发展的最直接动因在于通过其自身的活动，以尽可能小的成本获取尽可能大的经济效益，创造尽可能多的利润，满足其投资者对投资回报的要求。

（2）作为法律特征，营利性要求公司必须连续不断地以从事生产性经营或服务性经营为其活动内容。即公司以营利为目的而进行的营业活动，在时间上是连续不断的，具有连续性和稳定性。

（3）营利性还要求公司的营利活动在内容上是确定的。我国《公司法》第12条规定，"公司的经营范围由公司章程规定，并依法登记……"依法确定的经营内容即所谓"经营范围"。

2. 公司是具有法人资格的企业。现代社会中企业的组织形态多种多样，其法律地位各不相同。根据我国《民法总则》的规定，法人是具有民事权利能力和民事行为能力，依法独立享有民事权利和承担民事义务的组织。法人的特征在于其具有建立在独立财产基础上的独立法律人格、独立组织机构以及能够对自己行为的后果独立承担民事责任。公司法人制度是立法者适应企业组织发展需要，将民法中的法人制度运用到公司组织的结果。我国《公司法》第3条规定，"公司是企业法人，有独立的法人财产，享有法人财产权。公司以其全部财产对公司的债务承担责任……"依《民法总则》的规定，有限责任公司、股份有限公司以及其他企业法人均为营利法人。按照我国公司法的规定，公司的法人特性具体表现在以下几个方面：

（1）公司具有独立的组织机构，能够形成公司法人的独立意志并对外进行意思表示。作为具有法人资格的市场主体，公司依照公司法的规

公司是指全部资本由股东出资构成，股东以其认缴的出资额或认购的股份为限对公司承担责任，公司以其全部财产对公司债务承担责任的依公司法成立的企业法人。

营利性是公司区别于其他一切非营利性社团和组织的首要特征。

公司拥有独立的财产、健全的组织机构，能独立承担财产责任，因此公司是具有法人资格的企业。

定建立起包括股东（大）会、董事会、监事会等在内的健全完整的组织机构。公司机构依照法律和章程形成公司法人的独立意志，并通过法定代表人的行为进行意思表示，后果由公司承担。

（2）公司能够独立承担财产责任。在建立独立组织机构的基础上，公司享有公司法规定的权利能力和行为能力，并以自己的名义独立承担财产责任。根据《公司法》以及其他相关法律的规定，公司独立承担财产责任表现为：首先，公司以其全部财产对公司的债务承担责任；其次，公司对其法定代表人在职权范围内的活动承担责任，与此同时，考虑到交易相对人了解公司内部信息的困难，为节约交易成本，公司法保护善意第三人的利益；最后，作为独立法律主体，除特定情形下对公司人格否定之外，股东不直接对公司债务承担责任。

应当注意，在大陆法系国家以及受大陆法传统影响的国家，公司法依股东对公司承担责任性质的不同，将公司划分为有限责任式公司和无限责任式公司。无限责任式公司的股东对公司的财产责任不以其对公司出资额为限，当公司财产不足以清偿债务时，未得到清偿的公司债权人可以就其未受清偿的债权额直接向任何股东请求清偿，这种清偿不受股东出资额的限制，只是在某一股东对债权实行清偿、公司对该债权人的债务消灭后，清偿股东就其负担部分取得对未清偿股东的求偿权。我国《公司法》只规定了有限责任形式的公司，公司股东仅以其认缴的出资额或所认购的股份为限对公司负责，它与无限责任式公司的最大区别在于，除非公司人格在司法审判中被否认，公司债权人只能在公司财产范围内直接向公司请求清偿，当公司财产不足以清偿债务时，债权人无权就其未受清偿的债权额向公司股东请求清偿。

（3）公司拥有独立的财产。独立的财产是公司从事经营活动的物质条件，也是公司独立承担财产责任的物质基础，因而它是公司成为法人的必备条件。首先，公司财产的独立性表现为公司法对公司资本的相关规定，即各股东认缴的资本构成公司资本，公司资本实行注册登记制，一经注册登记，公司资本数额在公司经营期间不得任意增减，公司在经营期间负有资本维持的义务。其次，尽管股东出资构成公司财产的重要组成部分，但按照公司法的规定，公司一旦成立，公司财产的运作即由公司法人进行，股东既无权抽回出资，也无权直接支配公司财产，只能依照公司法的规定享有资产收益、重大事项决策、股份处分等股东权利。

3. 公司是以股东投资为基础设立的股权式企业。作为现代企业的主要形态，公司有其特定的产权结构形式。基于所有权主体追求其财产更

（侧注）

独立健全的机构是公司进行经营活动及独立对外的组织保障。

公司在建立独立组织机构的基础上，享有公司法规定的权利能力和行为能力，以自己的名义独立承担财产责任。

注意股东的有限责任与无限责任的区别。

独立财产是公司进行活动的物质条件，也是公司独立承担责任的物质基础，因此是公司成为法人的必备条件。

在产权结构上，以股东投资为基础建立的股权式产权模式，是公司区别于其他企业的重要标志。

有效运用的意志，以所有权主体向公司进行永久性投资的行为为基础，所有权人成为公司股东，传统所有权在公司中转换为股权和公司法人权利。

根据公司法的规定，股权的具体内容主要包括：①公司收益分享权，这是股东根本利益的体现。②对股份或出资的处分权，在金融、信用及股票市场高度发达的条件下，这项权利的行使不仅形成对股东投资利益的保护，同时还形成与传统所有权制约方式完全不同的股东对公司行为的新的制约方式。③通过股东会参加公司经营管理、决定公司重大事项和选择公司管理者的权利。这项权利在股东不直接占有公司财产的情况下，以特有的权利行使方式，保留了股东对公司财产的间接支配及处分的权利，从而保持了股东对公司的最终控制。应当指出，随着市场经济以及公司的发展，在股东重大事项决定权流于形式、股东对公司的控制力减弱的背景下，公司法通过对股东知情权的强化，保持股东对公司的控制力，使股东的合法权益免遭大股东和经营管理者的侵害。④股东对公司剩余财产的分割权，通过这项权利的行使，已经转换为股权和公司法人权利的所有权在公司终止时重新回复。此外，当股东合法权益受到侵犯时，股东还享有诉权，可以寻求司法救济。基于上述，尽管学术界依然对股权的性质存在不同看法，但可以肯定，股权是在新的经济条件下由传统所有权转化而来，但又与之不同的新的财产权利。

> 股权的基本内容是：资产收益权、股份处分权、公司重大事项决定权、公司剩余财产分割权等。

与股权同时产生及并存的是公司法人财产权。这一权利在内容上包括公司依公司法的规定，对由股东投资构成的公司财产享有占有、使用、收益和处分的权利。股权与公司法人财产权相互独立，相互依存，又相互制衡，形成以公司为载体的所有权行使方式，即股权式的权利行使方式，公司因此成为以股东投资为基础设立的股权式企业而区别于其他企业形态。

4. 公司是依公司法设立的企业。依法成立，是我国《民法总则》对各种法人的共同要求。但作为以股东投资为基础设立的股权式企业，公司的成立在条件和程序上不同于其他企业法人，它必须依公司法的规定设立。依公司法规定的条件和程序设立是公司的重要特征之一。由于现代公司与社会生活的日益紧密的联系，各国公司法对公司，特别是对股份有限公司的设立要求都较为严格。我国公司法对此也作了严格而详细的规定。只有严格按公司法规定的条件和程序设立，才能取得公司法人资格，公司的合法权益也才能得到法律保护。因此，我国《公司法》第6条规定，符合本法规定的设立条件的，由公司登记机关分别登记为有限责任公司或者股份有限公司。

　　综上所述，我国公司作为现代企业的一种重要组织形式，首先，它是营利性经济组织而区别于其他非营利性的社团、组织；其次，它是法人企业而区别于非法人企业；再次，它是建立在股东投资行为基础之上的股权式企业而区别于采用其他产权结构模式的企业；最后，它是依公司法设立并受公司法调整的企业而区别于受其他企业法调整的非公司企业。

（三）公司与合伙企业的联系与区别

　　1. 合伙企业的概念与法律特征。根据我国《合伙企业法》的规定，我国的合伙企业是指自然人、法人和其他组织依照《合伙企业法》在中国境内设立的普通合伙企业和有限合伙企业。

　　合伙企业具有下列法律特征：

　　（1）合伙企业的出资者在二人以上。根据法律规定，合伙企业的出资者在二人以上，这不仅使企业的资金来源变得宽阔，同时也形成了合伙企业与独资企业的主要区别。

　　（2）合伙协议是合伙企业设立的必要条件。尽管由二人以上共同出资组成，但在组建、成员出资的形式、权利义务以及企业的经营管理和存续期限等方面，合伙人在法律规定的范围内有自由约定的权利。因此，合伙企业设立及其行为的基础，是全体合伙人依法在自愿、平等、公平、诚实信用原则基础上，共同协商一致签订的合伙协议。

　　（3）合伙人依法对合伙企业的债务承担无限连带责任。根据《合伙企业法》的规定，普通合伙企业由普通合伙人组成，除《合伙企业法》有特别规定的以外，合伙人对合伙企业债务承担无限连带责任；有限合伙企业由普通合伙人和有限合伙人组成，普通合伙人对合伙企业债务承担无限连带责任，有限合伙人以其认缴的出资额为限对合伙企业债务承担责任。因此，尽管有限合伙人对合伙企业的债务只承担有限责任，但从在整体上看，合伙人对合伙企业债务依法承担无限连带责任仍然是合伙企业的重要法律特征。当合伙企业负债时，合伙企业的债权人可以直接向合伙人请求清偿，之后，偿还合伙债务超过自己应当承担数额的合伙人，有权向其他合伙人追偿。这表明，与公司股东相比，合伙企业的合伙人承担了较大的投资经营风险。

　　（4）合伙企业不具有法人资格。由于合伙人对合伙企业债务的无限责任，合伙人与合伙企业在财产上并未发生分离。在共同出资的基础上，合伙企业的财产由全体合伙人共有，各合伙人在合伙关系中具有平等的法律地位，在合伙业务范围内，各合伙人互为代理人，每个合伙人

合伙企业的法律特征为：二人以上共同出资、以合伙协议为基础设立、合伙人对合伙债务承担无限责任、不具有法人资格。

既作为决策者对合伙事务进行干预，也作为业务执行人执行合伙事务，合伙企业的具体经营管理由合伙人在合伙协议中约定或由合伙人共同决定。合伙企业在法律上不具备成为法人的基本条件。

根据学术界对合伙的研究，可以对合伙企业作如下简单评价：合伙产生于中世纪，最早的合伙可以追溯到罗马共和时期由共同继承发展而来的共同合伙，以及中世纪初意大利和地中海沿岸国家的家族营业团体和康玫达（Commenda）组织。在企业发展史上，合伙第一次实现了对自然人的超越。它使单个的自然人将财产集合起来，实现了生产规模的迅速扩大，从而在很大程度上推动了生产力的发展。作为一种经营组织体，合伙简单易行、灵活方便，特别是合伙人对合伙企业的合作方式和期限、经营管理等具有较充分的决定权，使合伙在法律上拥有比较大的活动空间和选择余地。而无限责任一方面给合伙人带来较大的投资风险，但另一方面也使在组建合伙时对于合伙人的选择往往十分谨慎，合伙因此具有极强的"人合"因素，合伙成员的构成也相当稳定。这无疑有利于企业经营稳定。因此，即使在公司这一具有最佳集资功能的企业出现并得到空前发展的今天，合伙依然存在。

当然，合伙企业的不足之处也是显而易见的：由于各国法律对合伙人数的控制，合伙企业的集资范围有限，其规模不可能很大；而且由合伙人对合伙企业债务负连带无限责任而带来的巨大投资风险，使投资人往往不愿采用这种方式投资。因此，在公司产生后，合伙企业发展缓慢，目前，合伙企业在资本主义国家企业中所占比重不大。

注意了解合伙企业的优点和不足。

从我国情况看，合伙企业在中华人民共和国成立以前已经存在。1949 年至 1950 年初期，为尽快恢复遭到战争破坏的国民经济，保护民族资本主义工商业的发展，确立当时尚存的一万多家私营企业的法律地位，鼓励私人投资经营有利于国计民生的企业，1950 年政务院第六十五次会议通过的《私营企业暂行条例》就规定合伙企业为私营企业的组织形式之一，1951 年颁布的《私营企业暂行条例施行办法》则详细规定了私营合伙的具体制度。从 20 世纪 50 年代中后期起，直至 1979 年经济改革之前，在高度集中的计划经济体制下，我国不存在合伙企业。

1979 年以后，随着经济体制改革的进行，我国逐渐形成多种经济成分并存及共同发展的经济格局，企业组织形式也走向多样化。从 20 世纪 80 年代起，我国出现了联营企业和私营企业，在对外开放、吸引外资的过程中，又出现了中外合作经营企业。为了规范这些企业的行为，这一时期，国家先后颁布了一系列法律和行政法规。其中，1986 年颁布的《民法通则》对合伙型联营作了专门规定；1988 年颁布的《中华人民共和国私营企业暂行条例》规定了私营合伙企业；1988 年颁布的《中外合作经营企业法》、1990 年国务院发布、2001 年修订的《外资企业法实施细则》均对合伙型外商投资企业及外资企业作了规定。随着经济改革的进一步深入及我国企业形态的不断发展，1997 年 2 月 23 日第八届全国人民代表大会常务委员会第二十四次会议通过了《中华人民共和国合伙企业法》。

2. 公司与合伙企业的比较。由于合伙企业与公司在企业发展史上有着极为密切的联系，因此两者有一些相似之处。尤其是在合伙基础上产生的无限公司，明显带有合伙的痕迹，在财产责任、内部关系、经营管理、利润分配等方面都与合伙企业基本相同。有的国家（如德国和英国）视无限公司为合伙企业，准用有关合伙企业的规定。但作为两种性质不同的企业，合伙企业与公司在总体上具有根本不同。特别是在我国，由于不存在无限公司，因此合伙企业与公司的不同在以下几个方面更是显而易见：

设立基础不同、法律地位不同、内部及外部法律关系上具有实质性差异是合伙与公司的显著区别。

（1）设立的基础不同。公司的设立以章程为基础。公司章程是公司组织与活动的基本法律文件，也是股东共同行为的准则，同意章程即可加入公司；作为初始股东或者公司发起人代表全体股东为设立公司而进行的意思表示，公司章程一旦生效，即对公司及所有股东具有约束力，后加入公司的股东若不同意公司章程，并不影响其效力。而合伙的成立则建立在合伙协议的基础之上，合伙协议是全体合伙人意思表示一致达成的协议，它只对合伙的参加人，即合伙协议的订立者有约束力。同时，由于公司的性质，公司法关于公司资本、组织机构、分配等制度的规定采用了较多的强制性规范，股东以公司章程确定相关内容时，必须依法进行，不能完全取决于股东意愿。而合伙协议的内容则具有很大的任意性，在入伙、退伙、合伙企业的事务执行、利润分配及风险分担等方面，合伙人的意志具有决定性的作用。

（2）法律地位不同。公司与合伙企业最根本的区别在于两者具有不同的法律地位。从世界各国法律的规定看，除个别国家（如德国）外，一般都不承认合伙企业具有法人地位。与此相反，除极少数国家（德国、英国）未认可无限公司的法人资格外，大多数国家都赋予公司以法人资格。根据我国《合伙企业法》和《公司法》的规定，合伙企业不具有法人资格，有限责任公司和股份有限公司是企业法人。

（3）合伙企业与公司在内部及外部法律关系上具有实质性差异。

第一，公司有其区别于股东的独立财产，而合伙企业的财产一般被认为属全体合伙人共有。我国《合伙企业法》规定，合伙企业的财产由全体合伙人依照《合伙企业法》共同管理和使用。这表明，尽管合伙人出资于合伙的财产可以被视为合伙企业的财产，但由于合伙企业不具有法人资格，因此该财产所有权仍然归属于全体合伙人，建立在此基础之上的财产使用方式也只能是全体合伙人共同管理和使用。而公司则不同，股东一旦完成出资，相应的财产即由公司法人依法占有、使用和支配。

第二，公司有独立、健全的组织机构，这些机构依法律和公司章程规定对公司的内部及外部事务行使职权。而在合伙企业中，各合伙人对执行合伙企业事务享有同等的权利，可以由全体合伙人共同执行合伙企业的事务，也可以由合伙协议约定或者全体合伙人决定，委托一名或者数名合伙人对外代表合伙企业执行合伙事务。

第三，股东出资一经交付公司，即不得主张退股，出资或股份的转让就成为股权的重要内容，所不同的仅仅是在不同种类的公司中，转让的自由度不同。而根据合伙协议成立的合伙企业，合伙人之间具有极强的人身信任性质，这决定了合伙人的出资份额在转让方面要受到严格限制。有的国家（如英国）规定，一般情况下，合伙人将其全部合伙利益转让给第三人时，合伙即告解散。我国《合伙企业法》对合伙人在合伙企业存续期间转让其财产作了严格的限制性规定：除合伙协议另有约定外，只有在其他合伙人一致同意的情况下，合伙人才有可能将其在合伙企业中的财产份额部分或全部转让给合伙人以外的人。

第四，从企业规模及存续期限看，公司一般规模较大，存在期间比较长久、稳定，而合伙相对来说则具有短期性，且由于人身性强而不可能成为大企业。

第五，由于我国没有无限公司，我国《民法总则》《合伙企业法》《中外合作经营企业法实施细则》以及《外资企业法实施细则》等法律法规均明确规定合伙企业的普通合伙人、不具备法人资格的中外合作经营企业的合作各方对合伙债务承担无限连带责任。因此，股东对公司债务的有限责任与合伙人对合伙企业债务的无限连带责任就成为我国公司与合伙企业的最显著区别。

二、公司的类型

公司的类型是从不同角度、按不同标准对公司划分的结果。公司类型的划分可以公司法的规定为依据进行，也可以从学术理论研究角度展开，前者即公司的法律分类，后者为公司的学理分类。就法律分类而言，由于各国立法体例及立法习惯上的差异，不同法系、不同国家又有各自不同的公司分类方式。

（一）无限责任公司、两合公司、股份有限公司、有限责任公司

1. 无限责任公司简称无限公司（Unlimited Company），是指全体股东对公司债务负无限连带责任的公司。

2. 两合公司（Limited Partnership），是一部分股东对公司债务负无限连带责任，另一部分股东对公司债务只以其出资额为限承担责任的公司。在股份有限公司产生后，两合公司包括两种情形，一种为具有无限公司和有限责任公司特点的一般两合公司，另一种则为兼有无限公司和股份有限公司特点的特殊两合公司，即股份两合公司。

3. 股份有限公司简称股份公司（Company Limited by Share），是公司全部资本划分为均等股份，全体股东以其所认购的股份数额对公司承担责任的公司。

4. 有限责任公司简称有限公司（Limited Company），是全体股东对公司只以其出资额为限承担责任的公司。

上述分类是大陆法系国家公司法规定的公司类型。此外，大陆法系国家在公司法理论上还以公司的信用标准不同将公司分为人合公司与资合公司。此分类从公司经营信用的角度，揭示了无限责任式公司和有限责任式公司的本质特征。

在大陆法系国家，按照法律规定，公司分为无限责任公司、两合公司、股份有限公司和有限责任公司。而在学理上，公司被划分为人合公司与资合公司，这有助于从公司经营信用的角度，认识无限责任式公司和有限责任式公司的本质特征。

人合公司是指公司信用的基础在于股东个人条件的公司。人合公司的股东对公司债务负无限连带责任，他人与公司进行交易时，所看重的不是公司自身的财力、物力或其他状况，而是股东个人的信用情况，只要股东财力雄厚，就可以与公司进行交易。无限公司即为典型的人合公司。资合公司是指公司信用的基础在于公司资产数额的公司。与人合公司相反，资合公司的股东仅在其出资范围内对公司承担责任。他人与公司交易时，所注重的不是股东个人的资信情况，而是公司资产的数额。

我国《公司法》没有规定无限公司和两合公司，对此学术界一直存在两种观点。一种观点认为我国有大量的小企业及私营企业，为加强对债权人及社会利益的保护，维护正常的交易秩序，主张在《公司法》中增设无限公司。而另一种观点则认为，从社会经济及公司法的发展看，无限公司和两合公司不适用于大中型企业，其内部关系过于复杂，对我国国有企业改革意义不大，因而主张制定单行法律、法规调整小企业，而在《公司法》中只规定有限责任公司和股份有限公司。

我国没有无限公司和两合公司，《公司法》规定的主要公司种类是有限责任公司和股份有限公司，其中，一人有限责任公司和国有独资公司是有限责任公司的特殊形式。

根据《公司法》的规定，我国的有限责任公司包括三种类型：①由2个以上50个以下股东共同出资设立的有限责任公司（包括由《公

法》施行前已设立的国有企业依《公司法》规定改建而来的此类有限责任公司）；②一人有限责任公司，即只有一个自然人股东或者一个法人股东的有限责任公司；③国有独资公司，即国家单独出资、由国务院或地方人民政府授权本级人民政府国有资产监督管理机构履行出资人职责的有限责任公司。我国的股份有限公司按股票转让场所的不同，又划分为上市公司和不上市公司。根据我国《公司法》第120条的规定，上市公司是指其股票在证券交易所上市交易的股份有限公司。

有限责任公司与股份有限公司是我国《公司法》对公司类型的基本规定。从学理上分析，这两种公司都属于资合公司，公司的资信情况对于与公司交易的他人具有极其重要的意义。但由于股份有限公司在股份募集和转让方面的特点，决定了其股东人数众多、流动性大，股东对公司经营不甚关心，因而公司资信对他人更具有重要意义，公司资合性质也更为典型。与之相比较，有限责任公司股东人数少、股东出资转让相对困难，股东之间关系较为紧密且稳定，股东对公司经营也比较关心，因此，有限责任公司作为资合公司的同时又带有部分人合因素。

> 股份有限公司是典型的资合公司，有限责任公司是人合兼资合公司。

（二）封闭式公司与开放式公司

1. 封闭式公司（Private Company 或 Closed Company），又称不上市公司或不公开公司。其特点是法律对股东人数有最高数额限制，公司的股份全部由该公司设立时的股东所拥有，限制公司股份转让，禁止吸引公众购买其任何股份或任何债券。

2. 开放式公司（Public Company），又称上市公司或公开公司。与封闭式公司相反，开放式公司的股票可以在证券市场上向社会公开发行，也可以在股票交易所自由转让、流通。

上述分类是英美法系国家公司法对公司的分类。一般认为，封闭式公司类似于大陆法系国家的有限责任公司，开放式公司则类似于大陆法系国家的股份有限公司，但封闭式公司也具有大陆法系国家公司法中股份有限公司的某些特点。此外，英国公司法还规定了担保有限责任公司，此种公司的每个股东除以其出资额对公司承担责任之外，在公司设立时，还须对公司的债务提供一定数额的担保，该担保责任额必须记入公司章程细则中的保证条款，并连同公司章程一起登记注册，此担保责任在丧失股东资格一年后仍然有效。

英美法系国家的公司法主要调整封闭式公司及开放性公司，而类似于大陆法系国家无限公司和两合公司的企业被称为合伙企业，由专门的合伙企业法调整。

（三）母公司与子公司

依公司之间的控制或从属关系，可将公司分为母公司和子公司。

母公司与子公司是两个互相对应的概念，由于导致控制与从属的方式主要是股份持有或者协议的签订，因此母公司和子公司的概念可以表述为：当一个公司拥有另一个公司一定比例并足以控制其经营的股份，或者通过协议方式能够对另一个公司的经营实施控制时，该公司即为母公司；反之，其一定比例以上的股份被它公司拥有并因此受到其控制，或者通过协议受到它公司控制的公司即为子公司。就法律地位而言，子公司与母公司均为独立法人，各有其独立的名称和章程，各以自己的名义独立对外进行经营活动；在财产责任上，母公司和子公司也各以其财产对各自的债务负责，互不连带。但在股份或者协议控制的基础上，这两种公司之间有着紧密的联系，母公司基于对子公司控股股权的行使或者按照控制协议，享有对子公司重大事务的决定权，实际上控制子公司的经营。我国《公司法》第14条第2款规定，公司可以设立子公司，子公司具有法人资格，依法独立承担民事责任。子公司的设立必须完全符合公司法规定的条件和程序。

与母、子公司概念有密切联系的另外两个概念是关联公司和公司集团。法律意义上的关联是指独立主体之间的控制与被控制关系，即所谓关联关系。因此简单说，关联公司是指两个以上相互独立并存在控制与被控制关系的公司，母公司与子公司是最典型的关联公司；公司集团是指由法律上独立的若干公司联合组成、一般不具有独立法律地位的公司团体，公司集团通常由处于核心地位的母公司及若干子公司、孙公司构成。

> 公司可以设立子公司，子公司具有独立法人资格，依法独立承担民事责任，但母、子公司之间是控制与被控制的关系。

（四）总公司与分公司

依公司分支机构的设置和管辖系统，可以将公司分为总公司及分公司。

总公司（也称"本公司"）是指依法首先设立的管辖全部组织的总机构，分公司则指受总公司管辖的分支机构。分公司可以有自己的名称，但不具备法人资格，也没有自己的独立财产，其实际占有、使用的财产由本公司掌握并统一核算；同时，分公司的业务活动，如经营方针、财产配置及调度、人事安排、财务核算等完全由总公司掌握，分公司活动的后果也由总公司承受。我国《公司法》第14条规定，公司可以设立分公司，分公司不具有法人资格，其民事责任由公司承担。由于仅仅是总公司的组成部分，分公司的设立程序比较简便，《公司法》第

> 公司可以设立分公司。分公司不具有企业法人资格，其民事责任由总公司承担。

14 条规定,设立分公司应向公司登记机关申请登记并领取营业执照。另外,根据我国有关法律、法规的规定,分公司可以以自己的名义签订合同,也可以以自己的名义独立参加诉讼。

(五)一人公司

一人公司,即只有一个股东的有限责任公司。一人公司是现代公司制度在不断适应经济发展的过程中产生的一种新的公司形式。在奥地利、比利时、法国、丹麦、意大利、荷兰、瑞典、瑞士、德国及日本等国的公司法中,均有关于一人公司的规定。由于一人公司的出现突破了传统公司法关于公司为社团法人的规定,因此有关一人公司的法律调整是当今公司法理论与实务研究的重要课题。

一人公司是只有一个股东的有限责任公司。我国的一人公司包括自然人或法人单独出资建立的有限责任公司、国有独资公司。

根据我国《公司法》第57条及第64条的规定,我国的一人公司可以分为两种:一是一般的一人公司,即只有一个自然人股东或者一个法人股东的有限责任公司;一是国有独资公司,即国家单独出资、由国务院或地方人民政府授权本级人民政府国有资产监督管理机构履行出资人职责的有限责任公司。国有独资公司是立法者根据我国具体情况,借鉴国外公司法中关于一人公司规定的结果。从股东责任的角度,国有独资公司属一人有限责任公司范畴,但由于投资主体的特殊性,与一般的一人公司相比,国有独资公司在治理结构方面具有特殊性。

(六)本国公司、外国公司、跨国公司

以公司国籍为标准,可以将公司分为本国公司、外国公司、跨国公司。

外国公司是指依照外国法律在中国境外设立的公司。中外合资经营企业、中外合作经营企业及外资企业等具有中国国籍的公司不是外国公司。

关于公司国籍的确定,国际上有不同的立法和学说,如以公司设立登记国为公司国籍、以公司住所地所在国为公司国籍、以公司设立人的国籍为公司国籍等。无论采用何种学说,由于公司国籍不同,就有了本国公司和外国公司之分。从各国立法情况看,包括我国在内的大多数国家立法对公司国籍采用了以公司住所地及登记注册地二者结合确定公司国籍的做法。根据《公司法》第191条的规定,外国公司是指依照外国法律在中国境外设立的公司。因此,中外合资经营企业、中外合作经营企业及外资企业等具有中国国籍的公司不是外国公司。外国公司依《公司法》规定可以在中国境内设立分支机构,从事经营活动。

应当说明的是,由于国家体制的不同,在有的国家(如美国),其公司法中的本国公司是指按美国各州公司法设立的公司,而外国公司则包括此种公司在他国或他州设立的公司。

跨国公司是指以一国（通常是本国，又称母国）为基地，通过对外直接投资，在其他国家或地区（称东道国）设立分支机构、子公司或其他外商投资企业，从事国际性或世界性的生产、经营或服务活动的大型公司。

三、公司沿革概况

（一）公司的萌芽

作为现代企业的重要组织形式，公司是社会生产力及企业组织形态不断发展的必然结果。企业是人类社会在一定发展阶段进行生产活动的基本单位。企业在资本主义生产关系确立之前就已经出现，但当时的企业仅仅是少数、个别的现象。早期的企业基本上是个人出资、个人经营、个人管理、个人收益、个人承担风险的个体企业，规模小且经营范围狭窄。随着生产力的发展，在中世纪的封建社会末期，西欧地中海沿岸城市海上贸易及商业的发达，导致了合伙组织的盛行及巨大发展。当时两种主要的合伙，即家族营业团体和以海运企业为主的康玫达（Commenda）组织对公司的出现产生了很大影响。

作为合伙的一种形式，家族营业团体与独资企业有着极为密切的联系。家族营业团体产生于因独资企业所有者死亡而发生的财产继承过程。当独资企业的所有者死亡，其企业只有一人继承时，企业的性质不发生改变；但当同时存在多个继承人时，在不分割企业财产、不间断企业经营的情况下，企业就因其财产为数个继承人所共有而改变其性质，成为共同经营、共负盈亏的合伙形态的家族企业。这种家族营业团体是无限公司的前身。

康玫达是一种商事契约，其内容是资本拥有者以分享企业利润为条件，将资本预付、委托给船舶所有者、独立的商人或他人经营，一旦经营发生亏损，资本所有者只以所预付或委托的这部分资本承担责任，而船舶所有者、独立的商人或他人则负无限责任。可见，康玫达组织中商人之间结合的成分占有重要地位，这种合伙组织已经孕育着隐名合伙和两合公司的雏形。

除了合伙组织的发展之外，法人制度的发展也为公司的出现创造了条件。在公司产生以前，企业组织并不具备法人地位。自古罗马时期就存在的类似法人的实体，如地方宗教团体、寺院、救贫院等，在这一时期得到了进一步的发展，这些团体或组织大都根据皇家颁发的特许状或政府的特许成立，并成为独立的法人实体。其后，一些贸易团体也取得了这种资格，如英国的合伙贸易团体索塞特（Societas）。这些贸易团体

合伙企业是公司的前身。

法人制度的发展也为公司的出现创造了条件。

的持久性和稳定性都超过了康玫达，其后来的发展对合伙法和公司法产生了很大影响。

（二）公司的产生

随着生产力的发展，从 16 世纪开始，西欧封建社会迅速解体。随着各资本主义国家工业革命的完成，终于诞生了现代意义上的企业。这一时期正是公司的产生时期。

中世纪末地中海沿岸国家合伙团体和组织的盛行以及法人制度的发展，最终导致了无限公司和两合公司的产生。无限公司由法律赋予合伙团体以法人地位而形成，但由于股东对公司债务承担无限责任，因此这两种企业并无实质性区别。1673 年，法国国王路易十四颁布《商事条例》，该条例首次以法律形式确认了家族营业团体的法人地位，并将其称为普通公司，实际上即无限公司。之后，1807 年的法国商法典将这种公司改名为合名公司，进一步对其作了更完备的规定，此举为其他欧洲国家所仿效。所谓合名，即指公司名称中必须包含所有股东的姓名。以后，随着股东人数的增多，德国公司立法允许只写一个股东的姓名，称之为开名公司，实际上也是无限公司。

两合公司由康玫达组织发展、演变而来，是在无限公司之后产生的另一种公司形式。法国、德国在其早期的公司立法中，就对两合公司作了规定，但德国商法典没有认可两合公司的法人地位。日本商法典及美国各州公司法都有关于两合公司的规定。

从 16 世纪起，在英国、荷兰等欧洲国家，因对外扩张、经营进出口贸易的需要，产生了一批经国王特许、专门对某个国家进行商业贸易的公司，如 1553 年的英国"莫斯科公司"、1581 年的英国"土耳其公司"、1600 年的英国"东印度公司"以及稍后成立的荷兰"东印度公司"等。这类贸易公司最初的集资、利益分配及风险承担以每一航程为单位，带有合伙的特征，后延长至 4 个航程，最终演变成永久性股份，出资人变成了公司股东，股份成为永久性投资。在这类贸易公司中，规模和影响都较大的首推英国东印度公司，该公司于 1600 年 12 月获得伊丽莎白女王的特许状，定名为"伦敦商人对印度贸易公司"，特许状中规定只准东印度公司与印度进行贸易，并给予该公司以法人地位。东印度公司成立时有总资本 68 382 英镑，分为若干等额股份，公司成立时有股东 198 人，实行有限责任制。上述特许贸易公司被认为是现代股份有限公司的前身。

随着资本主义商品经济的迅速发展，在金融业、交通运输业以及一

1673 年，法国国王路易十四颁布《商事条例》，首次以法律形式确认了无限公司的法人地位。

16～17 世纪时期的特许贸易公司被认为是现代股份有限公司的前身。

些公共事业部门产生了对资本的大量需求，股份有限公司便在这些行业发展起来。在英国，1694 年成立了股份有限公司性质的英格兰银行；而美国 1791 年成立的合众国银行拥有的全部资本中，除 1/4 为政府资本外，其余为私人股份资本。在其他行业中，如采掘业、冶铁业、制造业、纺织业等行业中，随着产业革命的完成，股份有限公司的数量也大大增加。从 19 世纪起，股份有限公司风行于世界各资本主义国家，所涉及的行业也扩展到包括金融业、运输业、制造业、采掘业、纺织业、娱乐业等在内的更加广阔的领域。

随着股份有限公司的发展，1807 年法国商法典首次对股份有限公司作了较为完备、系统的规定，并于 1867 年作了全面修改。英国国会于 1855 年通过了有限责任的立法议案，1856 年制定了有限责任形式的公司法；德国 1861 年的旧商法及 1897 年的新商法中均有关于股份有限公司的规定。

> 1807 年法国商法典首次对股份有限公司作了较为完备、系统的规定。

与其他种类的公司相比，有限责任公司产生最晚，但却是公司中的后起之秀。无限公司、两合公司，特别是股份有限公司的产生，适应了资本主义社会化大生产的需要，极大地促进了社会生产力的发展。但与此同时，上述几种公司在其发展的过程中却都暴露出各自的缺陷和不足。其中，无限公司虽有利于股东对公司的直接控制和经营，但无限责任对股东的束缚影响了无限公司的经营规模，使其不适用于大中型企业；股份有限公司虽有利于大量、迅速集资，形成大企业，但其股东人数众多，流动性大，公司极难控制，而且股份有限公司设立程序的严格性和复杂性也使其不适用于中小企业。于是在理论与实践相结合的探寻过程中，一种股东人数少、股票不上市交易、公司经营相对稳定、适用于中小型企业的有限责任式公司于 19 世纪末在德国产生（也有学者认为有限责任公司起源于英国的封闭式公司）。由于这种公司既吸收了无限公司和股份有限公司的长处，又在一定程度上克服了两者的缺陷，很快在欧美各国普遍推行，并影响到全世界。1892 年德国制定了世界上第一部《有限责任公司法》，随后，法国于 1919 年制定《有限公司法》，日本于 1938 年也制定了《有限公司法》。目前，绝大多数国家均制定了有限责任公司的单行法规。

> 1892 年德国制定了世界上第一部《有限责任公司法》。有限责任公司吸收了无限公司和股份有限公司的长处，又在一定程度上克服了两者的缺陷，公司经营稳定，设立程序相对简便，适应了中、小企业发展的需要。

（三）公司在近现代的发展

资本主义制度确立以后，经历了由自由竞争向垄断发展的过程。公司在适应和促进资本主义经济发展的过程中也获得了巨大的发展，主要表现在以下几个方面：

1. 作为资本集中重要手段的股份有限公司得到了前所未有的发展，成为资本主义国家经济中占统治地位的企业组织形态。股份有限公司产生和发展的一个重要原因，是现代金融业、交通运输业及新兴的电力、石油、汽车、化工等行业的企业对巨额资本的需求。19世纪末20世纪初，资本主义的发展进入垄断阶段，单个资本的互相吸引和集中比以往任何时候都更加强烈。股份有限公司本身的特点使它不可避免地成为加速资本集中、加速垄断形成和发展的工具。这一时期，法人持股所导致的母公司、子公司及孙公司等多层次的控股公司，以及以投资各种证券为目的的专门投资公司使资本的集中达到了空前的程度；法人持股及控股的公司在资本向国外扩张的过程中形成了跨国公司等国际垄断组织。股份公司深入到社会生活的各个方面，成为影响资本主义国家政治、经济生活的重要因素。

股份有限公司发展成为占统治地位的企业组织形态。

2. 有限责任公司迅速发展，成为仅次于股份有限公司的重要公司形态。如前所述，有限责任公司产生于19世纪末，是各种公司中产生最晚的一种公司，但由于它吸收了股份公司和无限公司的长处，在一定程度上克服了这两种公司的缺陷，适应了中小企业发展的需要，因此在各国迅速普及，其数量居各种公司之首。此外，在有限责任公司的发源地德国，一些大型企业也采用有限责任公司形式。

有限责任公司发展为仅次于股份有限公司的重要公司形式。

3. 一人公司出现并得到发展。传统公司法理论认为，公司是单个资本的联合。长期以来，绝大多数国家公司法将一定数量的股东作为公司存在的必要条件，规定当公司股东减至一人时，公司即自动解散，同时不允许设立一人公司。但随着经济的发展，情况发生了变化。20世纪以来，尤其是二战以后，不仅许多国家法律允许单个股东拥有公司的全部股份时公司继续存在，而且一些国家还允许单个股东设立有限责任公司。同时，"揭开公司面纱"的原则在一人公司中的运用，使得一人公司法律制度日趋完善。

一人公司的出现突破了传统公司法理论对公司的定义。

4. 公司制度被运用于国有企业。19世纪末20世纪初，为了缓和日益尖锐的社会矛盾，一些资本主义国家建立国有企业，以加强对经济的干预。二战以后，社会主义国家的建立以及资本主义国家国有化浪潮的出现在世界范围内，促进了国有企业的发展。然而，随着国有企业数量的增加以及进入竞争性行业，政府对国有企业的直接控制又不可避免地带来了国有企业经营效益的低下，从而产生了国家应当如何经营管理国有企业才能提高其效益的问题。正是在探索和解决这一问题的过程中，公司制度作为政府经营管理国有资产的方式，开始被运用于国有企业。从实践情况看，公司在各国国有企业中的比重在不断加大。

公司制度的运用扩展到国有企业。

5. 两合公司和无限公司衰落。无限公司产生后，曾一度有过发展，但一些国家没有认可其法人地位。同时，随着资本主义生产力的发展，无限公司作为企业组织形式在资本集中的过程中显得力不从心。因此，随着股份有限公司和有限责任公司的发展，无限公司退居次要地位。目前各国无限公司较少，其一部分为有限责任公司取代。两合公司作为一种历史久远的公司形态，由于其内部有限责任和无限责任两部分股东之间的关系比较复杂，且其稳定性远不如无限公司，有限责任股东无权参加公司管理，在某些情况下还必须承担无限责任，因此两合公司在现代社会中日趋衰落，一些国家实际上已不存在这种公司。而在股份有限公司出现之后，以吸收两合公司和股份有限公司的优点，加强企业竞争能力为宗旨，于18世纪末产生的股份两合公司，在实践中也没有得到发展。

四、公司的作用

（一）公司是最佳的集资工具

集资是公司产生的最直接、最重要的原因。在资本主义发展初期，市场经济的发展产生了对巨额资金的需求，公司的出现正适应了这一时期经济发展的客观需要。一方面，股东的有限责任制、股份自由转让，无疑能最大限度地降低投资风险；另一方面，公司的组织机构及利润分配制度又能最大限度地保障投资者的利益，能够调动投资者的积极性，因此公司成为最佳的集资工具。

（二）公司有利于企业的现代化管理

以股东投资行为为基础，传统所有权在公司中转换为股权和公司法人权利，二者相互独立又相互制衡。股东以股权为基础，按照公司法规定的方式参与公司经营管理；而公司法人则建立股东会或股东大会、董事会及监事会作为公司的权力机构、经营管理执行机构及监督机构，依公司法的规定行使职权。各机构的产生、权限的规定充分贯彻了分权与制衡以及权利、义务和责任统一的原则，使公司的管理达到了高度的民主化和科学化。可以说，公司的产生，使企业的管理走向了现代化。在这个意义上，公司对我国国有企业改革的重要作用之一，就在于它所提供的以公司产权结构为基础的企业管理模式。

（三）公司有利于企业法人制度的建立和健全

在公司制度的发展史上，股份有限公司以其特有的产权结构形式和权利行使机制，最终确立了企业法人制度，对社会生产力的发展产生了极大的促进作用。对于我国的国有企业改革，公司制提供的改革思路是：通过产权制度的改革，建立现代企业制度，彻底改变旧体制下的政企关系，使国有企业成为名副其实的企业法人。

（四）公司有利于市场经济体制的建立和健全

对公司发展历史的考察充分表明，公司发展的历史，同时也是现代市场经济体制建立和完善的历史。因此，公司制度对我国经济改革的意义还在于，公司制在国有企业中的运用向现有宏观经济管理体制提出了挑战：公司制的实施将要求政府控制企业的方式发生相应改变，要求资金市场、劳动力市场以及其要素市场的建立和健全，要求市场竞争法制的建立和完善，等等。由此可以预见，公司制度的运用将推动我国社会主义市场经济体制的建立、健全。

（五）公司是投资主体控制企业的有效形式

由于股份有限公司在现代的发展，公司已不仅是单个企业经营的组织形态，由控股产生的母、子公司及公司集团也是社会化大生产中企业之间联合的组织形态。因此，由公司制的运用所产生的控股公司以及公司集团，不仅对我国企业的规模化及效益化经营具有重要意义，而且也成为国家行使经营性国有资产所有权，在市场经济条件下对国民经济实行必要干预的有效法律手段。

第二节　公司法概述

一、公司法的概念与特征

理解公司法概念的关键在于理解公司法的特征。

公司法是规定公司的设立、组织、活动、解散及其他对内、对外关系的法律规范的总称。作为调整公司组织与活动的基本法律规范，公司法以下列特征区别于其他企业法律规范：

（一）公司法规范的对象是公司企业

从法律角度看，公司与企业是两个既紧密联系又相互区别的概念。凡是从事生产性经营或服务性经营活动的营利性经济组织均可称之为企业。在国外，企业主要分为独资企业、合伙企业及公司三种基本形式，此外，还存在少量特殊企业形态（如国有企业）。在我国，40 年的改革开放已经形成了独资企业、合伙企业及公司三种基本企业形态。此外，由于特殊的国情，目前中国的企业仍然可以按照所有制为标准划分为国有企业、集体企业、民营企业。由此可见，在世界范围内，企业的概念在内涵和外延上都较公司概念宽广，公司仅仅是企业的一种形式，而公司法规范的也仅仅是具备公司的法律特征的企业。

注意理解公司与企业的联系与区别：企业的概念较公司的概念宽广，公司仅仅是众多企业形态中的一种，而公司法规范的也仅仅是具备公司的法律特征的企业。

（二）公司法是组织法，同时兼具活动法的特性

所谓组织法，是指规定某种社会组织的设立、解散、组织机构和活动范围的法律规范。组织法的突出特点是对所调整的社会组织的内部及外部关系作全面规范。由于公司是企业的一种组织形态，因此公司法在内容和形式上都具有组织法的特性，主要表现为：公司法确认公司的法律地位，明确赋予其法人资格，全面、系统地规范公司设立及终止全过程中发生的内部和外部关系。

公司法主要是组织法，其确认公司的法律地位，明确赋予其法人资格，全面、系统地规范公司设立及终止全过程中发生的内部和外部关系。

公司法调整对象的特性决定了公司法首先是组织法，但也正因为如此，公司法又同时具有活动法的特点。所谓活动法，是指调整由法律主体的活动而产生的各种关系的法律规范。作为营利性企业的一种重要形态，公司的活动大致可分两大类，一类是经营、交易活动，这是所有营利性企业都必须进行的活动；另一类则是与公司自身组织特点紧密相关的活动，即发行股票和公司债券。由前一类活动产生的公司与其他法律主体之间的关系不由公司法调整，而由后一类活动所产生的公司与股东、债权人、社会公众、政府监管机构等法律主体之间的关系却历来被包括在公司法的调整范围之内。当然，由于立法习惯的不同，各国公司法所规定的公司活动在具体内容和范围上也不尽相同。在有的国家（如英国、德国、法国），公司法对公司发行股票、债券的规定比较全面；而在另一些国家，股票发行、转让等问题则主要由证券法规定。在 2005 年修订之前，我国《公司法》采取了前一种做法，但 2005 年修订后，公司发行股票、债券的活动主要由《证券法》调整。

（三）强制性规范在公司法中占有重要地位

强制性是与任意性相对应的概念。强制性规范是指不允许以任何方式变更或违反的法律规范，而任意性规范是允许主体在法定范围内通过自由协商确定相互间权利义务关系的法律规范。在民法和经济法中同时存在着上述两种法律规范。作为调整公司内部及外部关系的法律，公司法中兼有强制性规范和任意性规范，而且以强制性规范为主，充分地体现了现代

公司法中兼有强制性规范和任意性规范，并且强制性规范占有重要地位。

社会中，政府对公司设立、变更、终止活动的监督和管理。

公司法中具有较多的强制性规范，首先，这是由公司制度的基本架构决定的。由于股东有限责任和公司法人制度的结合，使公司作为基本经营单位对传统的交易安全秩序产生了威胁，因此需要国家借助法律对由此产生的股东与公司债权人之间的冲突进行协调。其次，作为国家政权机构，组织、管理社会经济是政府的重要职能。在资本主义国家，政府对企业的干预在经济发展的不同时期存在差异。自 19 世纪末以来，随着生产向专业化和社会化发展，股份公司成为企业的主要组织形式，企业的组织以及生产经营对社会的影响日益扩大。一个公司的设立、活动和解散不仅涉及少数个人或单个公司的利益，而且涉及广大的公司股东、债权人、公司雇员及社会公众的利益。在这种情况下，允许当事人完全按自己的意志从事公司的设立、经营、分配、解散活动，将不可避免地引起各种社会利益的冲突，造成社会经济秩序的混乱。因此，为了保护社会资本的安全流通及市场交易的安全进行，维护正常的社会经济秩序，政府较多地介入和干预微观经济生活。其中的重要环节就是增加公司法中强制性规范的内容，由此加大了强制性规范在公司法中的比重，导致了公法和私法在公司法中的融合。公司法已不是纯粹意义上的私法。

公司法的强制性主要表现在以下两个方面：

1. 为协调股东、公司、公司债权人及其他公司利益相关者之间的冲突，保护公司、股东、公司债权人及其他利益相关者的合法权益，保证公司的正常运转，公司法在公司设立条件和程序，公司组织机构，公司财产，公司利润分配，公司的合并、分立、解散、清算等方面作出了诸多强制性规定，有关主体不能以协议或章程的形式改变这些强制性规定。

2. 违反公司法的强制性规定时，将依公司法规定追究违法者的法律责任，包括民事责任、行政责任和刑事责任。将不同性质的法律责任作为一个统一整体在公司法中作专门规定，是现代公司立法的特点和趋势。很多国家的公司法都专设了"罚则"或"法律责任"的章节，有关公司犯罪的条款在不断增加，处罚在不断加重，所涉及的犯罪主体的范围也在扩大，包括公司发起人、股东、董事、监事、清算人以及公司经理、国家有关机构或部门的工作人员等。我国《公司法》第十二章专章规定了法律责任。对违反法律规定，在公司设立、活动、解散、清算等过程中的违法犯罪行为，规定了包括行政、民事、刑事责任在内的严格的法律责任。

（四）公司法具有一定的国际性

必须指出，公司法是国内法，各国公司法均只规范本国公司的组织

公司制度的基本架构以及公司在现代市场经济中的发展，导致公司法中存在较多的强制性规范，由此导致了公法和私法在公司法中的融合。公司法已不是纯粹意义上的私法。

和活动。但公司法同时又具有国际性。公司法的国际性首先表现为各国公司法对公司的基本定义和种类的规定基本相同。进一步考察各国公司法的内容，不难发现，不同国家的公司法在公司设立登记程序、资本与股份、公司各机构的设置和职权、利润分配、合并、分立、解散与清算等方面的规定也都有很多共同之处。与此同时，各国公司法都有关于外国公司的规定。所有这些，是其他企业法所不具备的。

注意理解公司法"国际性"的含义。

作为国内法的公司法之所以具有国际性，有以下两方面的原因：一方面，公司法在历史上与商法有着极为密切的联系。西方国家的商法是在国际商业交往中从民法中分离出来的，其具体制度必然反映跨越国界的商事活动的共同规律，因而商法较民法而言有较强的国际性。公司法是商法的重要组成部分，商法的国际性必然反映到公司法中。另一方面，随着各国经济的发展，国家之间的经济联系日益紧密，公司作为商事活动的主体，其活动范围必然涉及国内、国际两个方面。因此，各国立法机构在立足本国实际的基础上，十分重视公司法原理的运用，并注意保持本国公司法与其他国家公司法的协调和衔接。除上述原因之外，随着经济的全球化，一些区域性的国际经济组织（如欧盟）也不断通过制定公约、发布指令等方式协调成员国的公司法。所有这些，无疑使各国公司法在内容上更加趋于一致。公司法的国际性使其在一国与国际社会的经济交往中具有其他企业法律无法替代的作用。

公司法的国际性是由两个方面的因素决定的：一是公司法与商法的密切联系，二是各国经济交往的发展。

二、公司法与相关法律部门的关系

（一）公司法的渊源

作为规定公司的设立、组织、活动、解散及其内部、外部关系的法律规范的总称，公司法不单指被称为"公司法"的法律，而且包括调整公司关系的全部法律规范。这些法律规范在形式上一般以基本公司法规范为核心，辅之以调整特殊公司或调整公司某一方面关系的特别法律法规，以及其他单行法律中有关公司的规定。单就基本公司法规范而言，其具体表现形式在不同的国家因立法体例的不同又存在差异，大体有以下几种情况：

了解公司法典在各国的不同表现形式。

（1）制定统一的公司法典作为基本公司法规范，对除特种公司以外的各种公司进行全面、系统的调整。英国、美国各州、瑞典等地的基本公司法均采用这种形式。

（2）以单行公司法和商法典中有关公司的规定作为基本公司法规范。单行公司法是专为调整某种公司而制定的公司法律。采用这种立法形式的国家一般实行民商分立，均制定有专门的商法典，公司法最初是商法典中的重要组成部分，如日本、德国等国的商法典中均有专门的公司篇（章）。但在有限责任公司产生后，却又都未将其纳入商法典，而是专门制定有限公司法加以调整，此后又根据需要将原商法中有关股份有限公司的规定抽出制定股份法。同时，无限公司、两合公司仍由商法典调整，商法典的一般原则也适用于公司。由此形成了基本公司法规范由单行公司法和商法典中有关公司的规定构成的状况。

（3）由民法典对公司进行规范。在实行民商合一的国家中，没有商法典，有关商法、公司法的内容均由民法典规定。如《意大利民法典》的第五卷第五篇第五章即为公司法律制度；瑞士的基本公司法律则被包括在其《债务法》第二十四至二十九篇中。

从我国公司立法的情况看，公司法由下列法律规范组成：

1. 公司法典。1993 年 12 月 29 日第八届全国人民代表大会常务委员会第五次会议通过颁布了《中华人民共和国公司法》。自颁布以来，《公司法》由全国人民代表大会常务委员会进行过四次修订，分别是：1999 年 12 月 25 日第一次修订；2004 年 8 月 28 日第二次修订；2005 年 10 月 27 日第三次修订；2013 年 12 月 28 日第四次修订。

2. 公司法的特别法。我国《公司法》第 217 条规定，《公司法》适用于外商投资的有限责任公司和股份有限公司，但有关外商投资的法律另有规定的，适用其规定。因此，现行《中外合资经营企业法》及其实施条例、《外资企业法》及其实施细则以及其他有关外商投资的有限责任公司和股份有限公司的法律法规，均为公司法的特别法。与其他国家一样，我国的商业银行属于特种公司，因此现行《商业银行法》对商业银行组织和行为的规定也属于公司法的特别法。

3. 其他单行法律法规中有关公司的规定。这是指调整某一种法律关系的单行法律法规中包含有公司法性质的内容。例如，《证券法》《会计法》《企业国有资产法》等法律中，就对股份公司发行证券、公司会计制度、国家出资的公司等内容作出了比公司法更详细的规定。

此外，按照我国《立法法》的规定，国家行政机关、政府监管机构依法发布的法规以及最高人民法院的司法解释在我国公司法立法中具有重要地位。这方面的规定包括《公司登记管理条例》《最高人民法院关于适用〈中华人民共和国公司法〉若干问题的规定（一）》《最高人民法院关于适用〈中华人民共和国公司法〉若干问题的规定（二）》《最高人民法院关于适用〈中华人民共和国公司法〉若干问题的规定(三)》《最高人民法院关于适用〈中华人民共和国公司法〉若干问题的

了解我国公司法的形式。

规定（四）》及中国证监会发布的有关规范上市公司组织和行为的规范性文件。

综上所述，我国公司法是由调整公司关系的一系列法律规范组成的法律体系，《公司法》是整个公司法律体系的核心。

（二）公司法与相关法律部门的关系

1. 公司法与民法、商法。从历史上看，西方国家的商法是适应商主体从事商业活动的需要在民法的基础上产生的。从国外情况看，在民商分立的国家，公司法是商法的重要组成部分，即使是在公司法为单行法的国家，公司法也被视为商法性质的法律；在民商合一的国家，公司法是民法的组成部分或民法的特别法。

就中国的情况而言，旧中国实行民商统一制，没有商法典，公司法与票据法、海商法、保险法等具有商法性质的单行法律并列，作为民法的特别法独立于民法。1949 年中华人民共和国成立以后至 1986 年《中华人民共和国民法通则》颁布之前，我国实行高度集中的计划经济体制，没有民法，也不存在实质意义上的商法。1979 年开始，随着我国计划经济体制向市场经济体制的转型，为适应市场主体活动的需要，在 1986 年颁布《民法通则》之后，我国于 1992～2006 年先后颁布了《公司法》《证券法》《海商法》《保险法》《破产法》等。

正是基于与民法和商法的密切关系，无论立法体例如何，公司法适用民法的某些基本原则是普遍现象。我国公司法也不例外。但由于公法规范的渗透，加之公司法中的私法规范被赋予新的内容，公司法不再被视为完全意义上的私法，这在学术界基本形成共识。

2. 公司法与企业法。随着经济的发展，企业组织形态趋于多样化。从国外情况看，企业组织形态除公司、合伙企业和独资企业之外，还包括合作社企业、国有企业、外商投资企业等。因此目前各国调整企业的法律也超出了商法或公司法的范围，包括商法、民法、单行公司法、单行合伙法、有关合作社企业的专门立法、专门调整国有企业的具有公法性质的特别法律、投资法等。此外，西方国家对独资企业的调整大都没有统一立法，调整独资企业的法律分散在有关的法律和单行法规中，其中主要是民法、商法、商业登记法和商业会计法、代理法、契约法。有的国家（如日本），还制定专门企业法，对中小企业进行调整。

在我国，从 1949 年中华人民共和国成立以来企业发展的历史看，20 世纪 50 年代早期公司曾经是我国私营企业的组织形式，其后直至 1979 年以前，我国不存在公司形态的企业。1979 年开始的经济体制改

商法是在民法基础上产生的，公司法是商法的重要组成部分，但公司法不是完全意义上的私法。

由于企业组织形态趋于多样化，已经超出了传统商法中组织法规定的范围，目前各国调整企业的法律不限于商法或公司法。

革触动了高度集中的计划经济体制，并使其随着改革的深入开始了向社会主义市场经济体制的转型。在这一过程中，作为经济体制改革的先导，国有企业体制改革促进了企业形态的多样化，直接导致了企业法律制度在中国的兴旺发达。20 世纪 80 年代初，我国在以公有制为主体的多元化经济格局的基础上形成了以企业所有制性质为基本框架、以单行企业法为主要形式的独特法律体系。之后，为了适应国有企业改革的需要，1993 年 11 月党中央提出建立以公有制为主体、产权关系明晰、企业法人独立及其内部科学管理的现代企业制度，国家于 1993 年颁布《中华人民共和国公司法》。至此，我国企业立法突破了以全民所有制企业法、集体所有制企业法、私营企业法、外商投资企业法为线索的立法框架，走向以企业所有制性质和以投资者对企业责任的性质两条线索并行的企业立法框架。

在上述企业立法框架下，可以说企业法概念要大于公司法，公司法是企业法的重要组成部分。凡符合公司法规定的条件，依公司法规定程序设立的企业，无论其所有制性质如何，都归公司法调整。其他企业法只调整有限责任公司和股份有限公司以外的、属于其调整范围的企业。此外应当指出，在外商投资占有法定比例的有限责任公司和股份有限公司中，由于在贯彻国家对外国直接投资的方针政策对其进行调整的过程中，涉外企业法已经自成体系，对一些特殊问题，在遵循主权独立、平等互利和参照国际惯例的原则之下有其特别规定，因此这类公司属特种公司，外商投资企业法中相应的内容是公司法的特别法，对外商投资的有限责任公司及股份有限公司的法律调整，应优先适用外商投资企业法的规定。

三、公司法沿革与发展概况

（一）公司法的产生及沿革

作为调整由公司设立和活动而产生的经济关系的法律规范，公司法的产生和发展与公司的产生和发展紧密相连，公司立法随公司的发展而发展，公司制度由此不断走向完善。

1673 年，法国国王路易十四颁布《商事条例》，该条例首次以法律形式确认了家庭营业团体的法人地位，并将其称为普通公司，即无限公司。这是世界上第一部有关公司的法律。之后，1807 年的法国商法典将这种公司改名为合名公司，进一步对其作了更完备的规定，此举为其他欧洲国家所仿效。

从 1979 年以来经济改革的历史看，可以说公司是我国企业的重要组织形式，公司法是企业法的重要组成部分。

两合公司由康玫达组织发展演变而来，是在无限公司之后产生的另一种公司形式。法国、德国在其早期的公司立法中，就对两合公司作了规定，但德国商法典没有认可两合公司的法人地位。日本商法典及美国各州公司法都有关于两合公司的规定。

随着股份有限公司的发展，1807 年法国商法典首次对股份有限公司作了较为完备、系统的规定，并于 1867 年作了全面修改。英国国会于 1855 年通过了有限责任议案，1856 年制定了有限责任形式的公司法；德国 1861 年的旧商法及 1897 年的新商法中均有关于股份有限公司的规定。

随着有限责任公司这一新公司形态的诞生，1892 年德国制定了世界上第一部《有限责任公司法》，随后，法国于 1919 年制定《有限公司法》，日本于 1938 年也制定了《有限公司法》。目前，绝大多数国家均制定了有限责任公司的单行法规。

（二）公司法的发展概况

作为调整公司各种关系的法律规范，公司法的发展与现代公司的发展相呼应。随着股份有限公司和有限责任公司的蓬勃发展，有关这两种公司的立法也成为各国公司立法的重心。

1. 关于股份有限公司的立法。各国加强了商法及公司法中原有的股份有限公司的内容，一些国家还根据需要将股份有限公司单独立法，并不断修改完善。如德国于 1937 年颁布《股份法》，废止了商法典中关于股份有限公司及股份两合公司的规定，1965 年又在该法进行修改的基础上颁布新《股份法》；日本自 1890 年颁布商法后，于 1899 年、1911 年、1950 年、1990 年、2005 年对其中的公司法内容，尤其是对股份有限公司法的内容作了重大修改。由于股份有限公司在对资本主义国家的经济及政治生活产生巨大影响的同时，逐渐地暴露出一些难以克服的弱点，如设立程序复杂不便、股东分散且流动性大、经营管理易为大股东或经营阶层操纵、股票交易对公司经营影响较大等，因此各国在完善公司法的过程中，一方面注意保护公司的利益，另一方面始终注重克服股份有限公司的弱点，力图通过法律的完善将股份有限公司的弊端限制在最小限度内。在具体措施上采取了放宽公司设立条件、实行折中授权资本制、创立累积投票制、实行公司经营公示制度、放弃资格股规定、专家及雇员进入公司管理阶层、加重公司经营管理人员在公司经营中的个人责任、加强对股票交易的管理等。由于上述原因，现代各国股份有限公司法的修改较为频繁。

2. 关于有限责任公司的立法。由于有限责任公司产生较晚，因此作为现代公司立法的重要内容，各国有限责任公司法都以单行法规的形式出现，同时在立法过程中，一般都结合本国实际，注重吸收股份有限公司和无限公司的长处，摒弃其中不适应生产力发展的规定。随着 20 世纪以来经济的发展，一些国家的有限公司制度对传统公司法的规定有所突破，如认可并不断完善一人公司制度；针对公司人格滥用的现象，加强对公司债权人的保护等。

与上述情况相反，由于无限公司和两合公司本身的衰落，各国立法除在原有的商法典或其他法律中保留了无限公司和两合公司的规定外，没有再进行单独立法。比较而言，两合公司的法律规定在内容上比无限公司要少，在有的国家（如日本），其立法已删除了股份两合公司的规定。

第三节　中国公司法的产生与沿革

一、中国公司制度的产生及其在 1949 年以前的发展

我国的企业萌芽于明末清初。在明代，曾出现过类似西欧中世纪家族营业团体的合伙经营组织，但在封建政府"重农抑商"政策的阻碍和束缚下，企业规模及组织形式的发展都极为缓慢。直至 19 世纪后半叶，由于帝国主义的入侵以及洋务运动的兴起，官僚资本才开始仿效国外，采用官督商办、官商合办、招商集股的形式组建公司形态的企业。其中比较著名的有：1872 年创建的轮船招商局、1878 年创建的中兴煤矿公司、1878 年倡议兴办并于 1890 年投入生产的上海机器织布局等。由于外国资本侵入，中国自然经济开始解体，民族资本企业产生。1872 ~ 1894 年，中国在缫丝、造纸、机器轧花、棉纺织、面粉、火柴、玻璃等行业先后办起了 50 多个企业。其中较有代表性的是：南海的继昌隆缫丝厂、宁波的通久源机器轧花厂、烟台的张裕酿酒厂、上海的裕元纱厂和燮昌火柴公司等。随着我国企业的发展，清政府于光绪二十九年（1903 年）颁布了《公司律》，这是我国立法史上最早的公司法。1910 年，清政府农工商部提出了一部内容较为完备的《商律》，其中包括《公司律》，但因清政府被推翻而未颁行。

1911 年，南京临时政府成立后，在公司立法上沿用了清朝的《公司律》。1914 年，北洋政府农工商部将清政府 1910 年拟定的《公司律》

草案修订增改，更名为《公司条例》后颁布；同年7月还颁布了《公司条例施行细则》；此外又先后颁布了《公司注册规则》《公司注册施行细则》。其中《公司条例》奠定了我国公司类型的基础。1929年12月，国民党政府颁布了《公司法》，1931年2月及6月，又先后颁布了《公司法施行法》《公司登记管理规则》。1929年的《公司法》是我国公司立法史上一部比较完整的现代公司法，主要以德国、日本的公司法为蓝本，规定了无限公司、两合公司、股份两合公司和股份有限公司等四种公司形式。1946年，为适应战后恢复和重整国民经济的需要，国民党政府对1929年的《公司法》进行修改，于1946年颁行。修改后的《公司法》吸收了英美法的一些立法原则和具体规定，增加了关于有限责任公司的规定。我国台湾地区现行的"公司法"就是在这部公司法的基础上，经过多次修改而形成。就中国公司发展总体而言，截至1949年，公司在整个企业中所占比例甚微，公司中规模巨大者少。

二、1949～1979年中国公司制度概况

1949年中华人民共和国成立后至1979年经济体制改革之前，我国公司制度的概况，按经济建设的不同时期，分为以下两个阶段叙述。

（一）1950～1956年的国民经济恢复时期

1949年新中国成立后，即废除了包括《公司法》在内的国民党政府颁布的一切旧法律制度。为了尽快恢复遭到战争破坏的国民经济，保护民族资本主义工商业的发展，确立当时尚存的11 298家私营公司和其他私营企业的法律地位，鼓励私人投资经营有利于国计民生的企业，1950年政务院通过了《私营企业暂行条例》，1951年颁布《私营企业暂行条例施行办法》。上述法规规定了无限公司、有限责任公司、两合公司、股份有限公司及股份两合公司等五种公司形式。同时，随着国民经济的恢复及国家对民族资本主义工商业的社会主义改造，为了鼓励和指导民族资本主义企业向公私合营形式的国家资本主义企业转变，政务院于1954年9月颁布了《公私合营工业企业暂行条例》。根据这个条例，公私合营企业实际上是有限责任公司。随着全行业公私合营的实行，私营公司退出我国经济生活。尔后，由于公私合营企业中私人资本家退出经营管理，只按公私合营时核定的私股股额收取固定股息，因而公私合营企业也逐渐失去了公司的性质。在1966年以后，随着定息的停止支付，此类企业转为全民所有。值得一提的是，在50年代初，我国与苏联在订立《中苏友好同盟互助条约》的基础上，在"彼此给予一切可能

的经济援助并进行必要的经济合作"的原则下，通过签订双边协定的形式，按平权合股原则组建过一批经济联合企业，这是我国与外国合营的第一批股份公司，其中有中苏石油公司、中苏有色及稀有金属公司、中苏民用航空公司、中苏造船公司等。后来，根据《中苏关于将各股份公司中的苏联股份移交给中华人民共和国的联合公报》规定，自1955年1月1日起，上述公司改名为新疆石油公司、新疆有色金属公司、中国民用航空公司和大连造船公司，成为我国的国有企业。

（二）1956～1979年

在这一时期，传统意义上的公司不再存在。虽然在50年代末60年代初我国仿效苏联，在商业、钢铁、纺织、建筑等行业组建过一批专业公司和联合公司，如商业部系统所属的各级专业公司，外贸部系统所属的各级进出口公司，中国船舶工业总公司、中国汽车工业总公司、中国石油化工总公司等大型工业联合公司，但由于高度集中的计划管理体制的限制，这些公司在组建及内部管理结构等方面并不具备股份制公司的特点。与上述情况相应，这一时期是我国公司立法史上的空白时期。

三、国有企业体制改革与公司制度的引入

（一）在国有企业体制改革中产生的公司

从1979年开始，我国进入了以企业经营管理制度改革为先导的经济体制改革时期。在对内搞活、对外开放的改革方针指导下，为了吸引外国直接投资，我国陆续颁布了一大批涉外企业法律和法规。其中，根据《中华人民共和国中外合资经营企业法》、《中华人民共和国中外合作经营企业法》及其实施细则、《中华人民共和国外资企业法》及其实施细则的规定，我国的中外合资经营企业和外资企业率先采用了有限责任公司的组织形式。与此同时，1984年以国有企业体制改革为中心的城市经济体制改革全面展开，新中国成立以来形成的高度集中的计划经济体制开始向社会主义市场经济体制过渡。在改革过程中，我国逐渐形成了以公有制经济为主体，全民、集体、私营和合资经营等多种经济成分并存及共同发展的新经济格局。随着个体工商户不断发展壮大，1988年国务院发布《中华人民共和国私营企业暂行条例》，规定私营企业可以采用有限责任公司的组织形式。而在国有企业体制改革的进程中，从20世纪80年代起，随着市场机制在整个经济运行中的作用不断扩大，围绕着生产、流通等环节，企业以提高经济效益为目的，广泛开展了各种

经济改革中企业组织形态的发展变化为公司制度的产生奠定了基础。

专业化协作以及以产品销售、资金、资源、新技术、新产品的开发为内容的联合。由于在打破我国传统经济体制下形成的所有制垄断、行业垄断、地区垄断的"板块"经济，形成社会主义统一市场经济的过程中发挥了巨大的作用，这种被称之为联营的企业组织形式得到了国家的鼓励和扶持。国务院于1980年和1986年先后发布《关于推动经济联合的暂行规定》及《关于进一步推动横向经济联合若干问题的规定》。其后，在1986年颁布的《中华人民共和国民法通则》中，联营企业被列入法人一章，其中的法人型联营实际上已经具有有限责任公司的性质。几乎与此同时，从20世纪80年代后期起，在经济发展较快的东部沿海城市和一些内陆中心城市开始出现了股票集资及股份有限公司，例如上海飞乐股份有限公司、上海真空电子器件股份有限公司、深圳万科企业股份有限公司、沈阳物资开发股份有限公司、北京天桥百货股份有限公司等。与此相应，1986年8月经沈阳市人民政府和中国人民银行批准，沈阳市信托投资公司面向社会开办了债券和股票买卖业务；1986年9月上海信托投资公司静安区分公司也正式挂牌代理买卖股票业务。为了规范上述公司的设立、组织、活动及其内部和外部关系，1986年前后，上海、深圳、沈阳等城市的地方政府颁布了一批有关公司的法规，如1988年6月上海市人民政府颁布的《上海市股份制企业暂行办法》、1986年深圳市人民政府颁布的《深圳经济特区国营企业股份化试点暂行规定》、1986年9月广东省人大常委会颁布的《广东省经济特区涉外公司条例》等。

（二）国有企业体制改革的深化与公司制度的全面引入

上述公司企业的发展及有关法规的颁行，无疑为我国现行公司制度的形成奠定了良好的基础，而我国1993年《公司法》的最终形成，还与国有企业自身体制改革的深化有着极为密切的关系。

公司制度的引入是我国国有企业体制改革的一个重大举措。

1. 国有企业法人制度的建立。经济改革之前在高度集中的计划经济体制下，国有企业只是政府的附属机构。1979年国务院发布了扩大国营工业企业经营管理自主权、实行利润留成、开征固定资产税、提高折旧率和改进折旧费使用办法、实行流动资金全额信贷等五个文件，使国有企业在生产经营和利益分配方面享有了一定权利。尽管此次扩权侧重国家、企业、个人之间的利益分配，并未使国有企业真正独立，但它仍然为此后进一步扩权、最终从立法上赋予国有企业以法人地位开辟了道路。1983年国务院发布《国营工业企业暂行条例》，明确规定"企业是法人，厂长是法人代表。企业对国家规定由它经营管理的国家财产依法了解中国国有企业法人制度建立的概况。

行使占有、使用和处分的权利,自主进行生产经营活动,承担国家规定的责任,并能独立地在法院起诉和应诉"。虽然尚未明确国家对企业承担有限责任,但上述规定表明国有企业改革已经从国家放权让利进入了认可企业独立市场主体资格的阶段。1984年党中央《关于经济体制改革的决定》将增强企业活力,特别是增强国有大中型企业的活力作为以城市为重点的整个经济体制改革的中心环节,在国家与国有企业的关系上首次提出了所有权与经营权分离理论,明确指出:企业改革的目标是要使国有企业真正成为"自主经营、自负盈亏的社会主义商品生产者",成为"具有一定权利和义务的法人"。随着改革的深入,1988年4月七届全国人大一次会议通过并颁布了《中华人民共和国全民所有制工业企业法》,第一次以法律形式肯定了两权分离原则,明确规定,"企业对国家授予经营管理的财产享有占有、使用和依法处分的权利","企业依法取得法人资格,以国家授予其经营管理的财产承担民事责任"。由此可见,这部法律明确解除国家对国有企业承担的无限责任,最终确立了国有企业法人制度。

2. 国有企业法人权利的落实与转换企业经营机制的探索。国有企业法人制度的建立无疑为解放和发展生产力开辟了道路。但由于宏观经济改革的相对滞后,国有企业法人制度与现存的企业体制发生了矛盾。由于传统体制对企业法人制度的排斥,企业应享有的权利被"层层截留",企业虽身为法人却无法自主经营,更谈不上维护自己的合法权益,在这种情况下,国家不可能要求企业自负盈亏,实际上也就没有真正解除对企业承担的无限责任。因此,国有企业法人制度从诞生之日起就产生了在实践中如何落实的问题。围绕这一问题的解决,20世纪80年代中后期在国有企业实施的诸如承包、租赁、联营、兼并,以及股份制试点等各种改革措施,实际上已经开始了法人权利落实和转换企业经营机制的初步探索。其中承包制和租赁制以其实施范围广、时间长、规范性强而引人注目。

了解为落实国有企业法人权利而进行的转换企业经营机制的探索。

将公司制引入国有企业体制改革,是落实国有企业法人权利、转换企业经营机制的有效途径。

承包制和租赁制在国有企业中的试点始于20世纪80年代中期。1988年的《全民所有制工业企业法》对此作出了明确规定。同年国务院还发布了《全民所有制工业企业承包经营责任制暂行条例》和《全民所有制小型工业企业租赁经营暂行条例》。应当承认,在1988年前后国家财政、价格、税收等改革尚无重大举措、市场机制不健全的条件下,国有企业经营者通过承包和租赁经营合同获得了经营管理自主权,国家的权利和利益也以合同方式相对固定,从而实现了国家所有权与经营权的适当分离。但承包制和租赁制本身所固有的不可克服的弊端,表明它并非我国国有企业改革的根本出路。正因如此，20 世纪 80 年代中期开始在沿海发达城市及内地一些大中城市进行的股份制探索逐渐为人们所关注。作为国有企业体制改革的方案之一，企业股份制试点于 20 世纪 90 年代初经国家正式批准在上海、深圳两城市大规模展开。

3. 实施公司制与建立现代企业制度。1993 年中共中央十四届三中全会《关于建立社会主义市场经济体制若干问题的决定》明确指出：扩大国有企业经营权和改革经营方式等措施，为企业进入市场奠定了初步基础，但要实现建立社会主义市场经济体制的目标，必须继续深化企业改革，着力进行企业制度的创新——建立以公有制为主体的现代企业制度。所谓现代企业制度，按中央《决定》的精神，首先是产权关系明晰，即企业中的国有资产所有权属于国家，企业拥有由全体出资者投资形成的全部法人财产权；其次是权责分明，即国家与企业作为各自独立的法律主体享有法律赋予的权利、承担相应的义务和责任；再次是政企分开，即企业按市场需求组织生产经营，以提高劳动生产率和经济效益为目的，政府不直接干预企业的生产经营活动；最后是管理科学，即企业内部建立科学的领导体制和组织管理制度，在出资者、经营者和职工之间形成激励和约束相结合的经营机制。

那么，公司制在国有企业建立现代企业制度的改革中具有什么样的作用？

首先，在公司发展的历史上，公司以其特有的产权结构形式和权利行使机制，最终确立了企业法人制度，使企业成为独立于投资者的权利主体，进而对资本主义生产力的发展起到了极大的促进作用。在我国现有的条件下，公司制对国有企业的发展可以起到同样的作用：一方面，通过国家所有权在公司中向国有股权及公司法人权利的转换，使国家在彻底抛弃陈旧的、不符合生产力发展需求的财产经营方式的同时，获得崭新的、现代的股权式财产经营方式，解除国家对企业承担的无限责任，从而最大限度地减少国家对国有企业的直接管理，使企业成为名副其实的独立法人；另一方面，由多元化主体投资形成的公司法人财产权，在公司特有的股权与公司法人权利相互制衡机制的作用下，将成为真正能够对抗来自包括国家在内的投资者非法干预的权利，国有企业将最大限度地摆脱对政府行政机关的依赖，成为独立的市场主体。因此，公司制是落实企业法人权利、促进企业实现经营机制的转换、促进旧体制向新体制转换的重要法律手段。

其次，在公司制度发展史上，公司法人制度的确立加速了现代市场经济体系的形成。这一点对建立我国社会主义市场经济体制、创造适合

公司制在建立现代企业制度中的作用。

国有企业法人生存的环境具有重要意义。众所周知，不同经济体制对企业的要求截然不同。在高度集中的计划经济体制下，企业只是政府的附属物，而社会主义市场经济体制下的企业是独立的市场主体。因此可以说，社会主义市场经济体系健全之时，才是国有企业法人权利真正落实之日。由此可以推论，尽管公司制是作为"两权分离"的法律形式，为落实企业法人的权利而被引入国企改革的，但随着国家所有权向股权的转化，政府控制企业的方式将发生改变，必然引发整个企业管理体制的变革，进而促进宏观经济体制的市场化变革。而所有的变革，都将加速社会主义市场经济体制的建立和健全，最终形成适合现代企业制度生存的环境。

综上所述，实行公司制是建立我国现代企业制度的有益探索。规范的公司能够有效地实现出资者所有权与法人财产权的分离，组织管理体制科学合理，能够既有力地保障投资者的权益，又赋予经营者充分的自主权，从产权关系和财产组织方式上实现政企分开，真正解除国家对企业承担的无限责任，促使企业提高经营管理水平，实现国有资产的保值和增值。因此，将公司制引入国有企业体制改革是我国企业制度的一场革命，公司制将按社会化大生产和社会主义市场经济的要求塑造国有企业，完善我国的企业法人制度，并加速我国社会主义市场经济体制的发展和完善。

四、《中华人民共和国公司法》的颁布及修订

在股份制改革试点过程中，公司对我国经济发展发挥着越来越重要的作用，但公司设立和活动的不规范又影响了正常的社会经济秩序。因此，为了规范公司的组织和行为，保障公司健康发展，保护公司、股东和债权人的合法权益，维护社会经济秩序，促进社会主义市场经济的健康发展，制定《公司法》迫在眉睫。现行《公司法》最初的酝酿和起草工作于1983年由原国家经贸委和国家经济体制改革委员会主持进行。1986年改为分别起草《有限责任公司条例》（后为《有限责任公司法》）和《股份有限公司条例》，1992年国家经济体制改革委员会制定了《有限责任公司规范意见》和《股份有限公司规范意见》，同年8月国务院提请全国人大常委会审议有限责任公司法草案。与此同时，1991年以来，上海、深圳两地的地方政府对公司立法予以极大的关注，制定和颁布了一批公司法律和法规。1990年11月上海市人民政府发布《上海市证券交易管理办法》，1992年5月发布《上海市股份有限公司暂行规定》；深圳市人民政府1991年5月发布《深圳市股票发行与交易管理暂行办法》，1992年发布《深圳市股份有限公司暂行规定》。

上述中央和地方的立法活动,无疑为《公司法》的制定奠定了良好的基础。1992 年 8 月,为适应社会主义市场经济发展的需要,全国人大常委会委员长会议决定,由法制工作委员会在国务院及其有关部门拟定的上述条例、规范意见和法律草案的基础上,汇总起草公司法草案。在起草过程中,对股份制试点城市组建公司的情况和经验进行了广泛的调查和研究,参考了一些国家和地区公司法的内容,广泛征求了中央有关部门、地方政府、法律专家,经济专家和企业的意见,对公司法草案逐条进行了讨论及反复修改,于 1993 年 12 月提请第八届全国人大常委会第五次会议审议。1993 年 12 月 29 日经第八届全国人大常务委员会第五次会议通过,正式颁布了《中华人民共和国公司法》。

《公司法》的颁布是我国企业立法史上的重要事件。作为建立社会主义市场经济体制的基础工程,《公司法》的制定适应了企业改革的需要,因而《公司法》自 1994 年正式实施以来,对规范公司的组织和行为,保护公司、股东和债权人的合法权益,推动国有企业改制和经济体制改革,促进社会主义市场经济发展发挥了积极的作用。

但随着我国经济体制改革的不断深化和社会主义市场经济体制的逐步完善,1993 年《公司法》在一些方面表现出其以服务于国有企业改革为目标的历史局限性,例如:公司设立条件严格造成非国有公司设立困难;对政府管制与公司自治关系的处理比较简单,没有对不同类型公司分别处理;公司治理结构不完善,对公司中小股东的利益保护机制缺乏,难以达到公司法保护股东合法权益的目的;对大型公司中的内部人员控制缺乏监控手段,不利于维护资本市场秩序;缺乏对公司债权人的保护手段等。为解决上述问题,《公司法》自颁布以来先后于 1999 年、2004 年、2005 年以及 2013 年进行过四次修订。其中 2005 年的修订幅度最大。修订后的《公司法》适应我国公司发展和市场经济发展的需要,较好地处理了政府管制与公司自治的关系,更加注重协调股东与公司之间、大股东与小股东之间、公司与债权人之间、公司与社会之间的利益冲突,加强了法律制度的可操作性,符合我国社会主义市场经济背景下鼓励投资、保障公司健康发展的需求。

□ 小 结

本章概述公司和公司法,包括公司概述、公司法概述、中国公司法的沿革以及现行《公司法》的产生,其主要内容如下:

一、公司概述

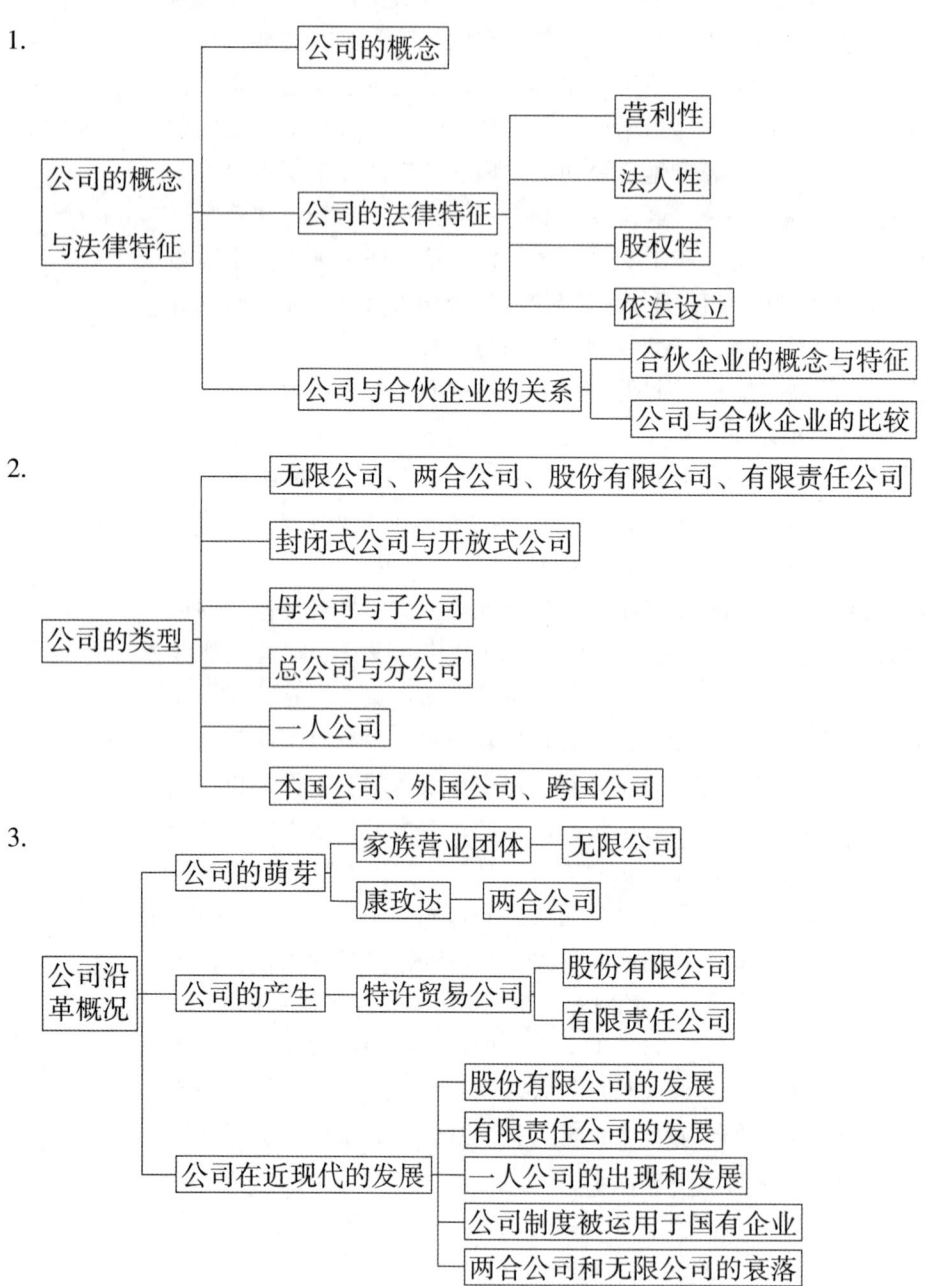

4.

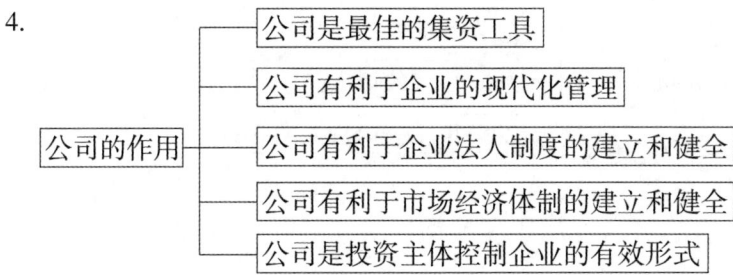

公司的作用
- 公司是最佳的集资工具
- 公司有利于企业的现代化管理
- 公司有利于企业法人制度的建立和健全
- 公司有利于市场经济体制的建立和健全
- 公司是投资主体控制企业的有效形式

二、公司法概述

1.

公司法的概念与特征
- 公司法规范的对象是公司企业
- 公司法是组织法，同时兼具活动法的特性
- 强制性规范在公司法中占有重要地位
- 公司法具有一定的国际性

2.

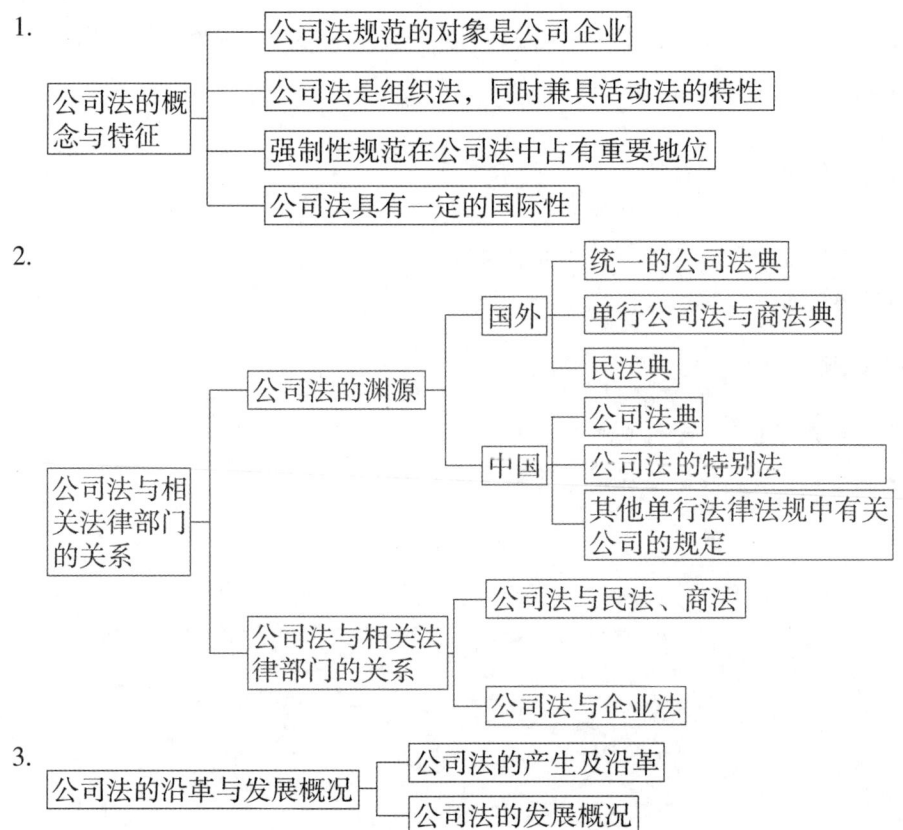

公司法与相关法律部门的关系
- 公司法的渊源
  - 国外
    - 统一的公司法典
    - 单行公司法与商法典
    - 民法典
  - 中国
    - 公司法典
    - 公司法的特别法
    - 其他单行法律法规中有关公司的规定
- 公司法与相关法律部门的关系
  - 公司法与民法、商法
  - 公司法与企业法

3.

公司法的沿革与发展概况
- 公司法的产生及沿革
- 公司法的发展概况

三、中国公司法的产生与沿革

1. 中国公司制度的产生及其在1949年以前的发展

2. 1949～1979年中国公司制度概况

3. 国有企业体制改革与公司制度的引入
- 在国企改革中产生的公司
- 国企改革的深化与公司制的引入

4.

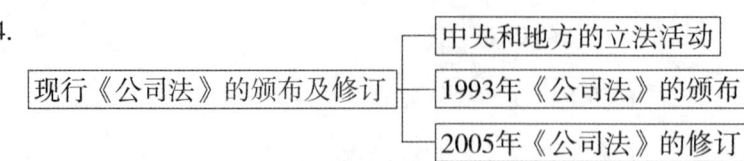

□ 练习与思考

一、名词解释

公司　公司法　母公司　子公司　控股　一人公司　分公司　人合公司　资合公司

二、简答题

1. 论公司的概念及法律特征。
2. 阐述我国公司法对公司类型的规定。
3. 什么是有限责任和无限责任？二者有何不同？
4. 简述子公司与分公司的区别。

三、思考题

1. 公司与合伙企业的主要区别是什么？
2. 为什么说公司法是强制性规范与任意性规范的结合？

第二章

公司法总则

■学习目的和要求

通过本章学习，要求学生

- ●重点掌握：公司法的宗旨、公司设立制度、公司章程、公司资本制度、公司人格否认、关联关系。
- ●掌握：公司登记制度、公司权利能力和行为能力。
- ●一般了解：公司名称与住所制度、公司社会责任。

第一节　公司法的宗旨及适用范围

一、公司法的宗旨

立法宗旨是法精神的重要体现。公司法的宗旨既是公司法立法的出发点，也是公司法制定和实施所要达到的根本目的。立法宗旨既体现于公司法的具体条文，同时又贯穿于公司立法及公司法实施的始终。根据我国《公司法》第 1 条的规定，公司法的宗旨在于规范公司的组织和行为，保护公司、股东和债权人的合法权益，维护社会经济秩序，促进社会主义市场经济的发展。

（一）规范公司的组织和行为，保护公司的合法权益

公司法作为组织法，必须全面、系统地规范公司的组织及与此有关的公司行为，保障公司自主经营、安全经营，发挥其有效运用社会资源的功能。

作为由股东出资组成的企业，公司的重要特征之一就是以投资行为为基础产生的公司与投资者的分离。这种分离在本质上决定了要有效运用公司财产，通过提高劳动生产率和经济效益，实现资产的保值、增值，从而在公司发展的基础上满足投资者对投资报酬的要求，这既是公司活动的出发点，又是公司活动的归宿。基于上述特征，公司在其产生的历史过程中形成了与独资企业、合伙企业完全不同的法律地位、组织机构及运行机制。要保证公司顺利运行，就必须遵循这些规律，并以法律形式加以确认和保护。因此，公司法作为组织法，必须全面、系统地规范公司的组织及与此有关的公司行为，保障公司在合法范围内能自主经营和安全经营，发挥其有效运用社会资源的功能。

"规范公司的组织和行为，保护公司的合法权益"的宗旨在我国公司法体现为：公司的合法权益受法律保护，公司的组织和行为必须依法进行，公司承担社会责任。为保护公司的合法权益，维护社会经济秩序，首先，我国公司法规定，公司是企业法人，公司有独立财产，享有法人财产权，公司的合法权益受法律保护，不受侵犯。因此，作为独立经营主体，公司的经营自治权、独立财产权依法受到保护，包括公司股东在内的其他主体不得侵犯公司的合法权利。其次，为使公司能够正常运行，我国公司法对公司的设立、资本、组织机构、合并、分立、破产、解散、清算等作了全面、系统的规范。这对确保公司合法经营、保护公司的合法权益无疑具有重要作用。最后，在现代公司对社会的影响日益扩大的情况下，为协调公司与社会之间的利益冲突，我国公司法立足本国实际，吸收和借鉴国外公司立法的成功经验，在第 5 条中明确规定："公司从事经营活动，必须遵守法律、行政法规，遵守社会公德、商业道德，诚实守信，接受政府和社会公众的监督，承担社会责任。"

（二）保护股东的合法权益

从其产生及发展过程来看，公司是现代社会中所有权主体实现其财产有效运用的重要方式。所有者将其财产投资于公司后，所有权即转换为股权和公司法人权利。这种转换首先是基于所有权主体追求财产更有效运用的意志以及法律对这种意志的认可和保护。正是由于对投资效益的追求，所有权的转换不仅以公司定期向投资者支付一定的收益为代价，同时还必须以保持投资者对公司活动的最终控制为条件，即投资者除参加公司收益的分配之外，还必须同时拥有一定的参与和监督公司经

营的权利。否则，投资者势必因其利益无法保障而放弃向公司投资，公司及其权利就将无从谈起。在这个意义上，保护股东的合法权益，是公司生存发展的前提和基础。也正是从这一点出发，在公司法人地位极其稳固的今天，各国公司法以保护股东利益为原则，明确规定股东（大）会为公司的权力机关，股东不仅享有公司收益的分享权、股份的处分权及公司解散时剩余财产的分割权，而且按公司法规定享有公司重大事项的决定权。同时，在经济不断发展、公司经营阶层权限扩大的情况下，各国公司法还通过建立各种保护中小股东权益的制度，采取强化公司经营管理者个人责任的措施，在新的经济条件下确保全体股东的权益不受侵犯。

> 保护股东的合法权益是公司生存发展的前提和基础。因此保护股东利益是公司法的重要原则。

我国《公司法》在以下方面的规定充分体现出其保护股东合法权益的立法宗旨：

1. 明确规定股东权的基本内容、股东行使权利的方式以及对股东权利的司法救济。《公司法》第 4 条规定，公司股东依法享有资产收益、参与重大决策和选择管理者等权利。在此基础上，公司法确立股东会或股东大会作为公司权力机构的法律地位，规定股份有限公司股东大会决议实行资本多数决原则，有限责任公司股东会决议原则上按股东出资比例行使表决权。此外，《公司法》还规定了股东享有了解公司经营事务、依法处分股份、对有不合理之处的股东会决议和董事会决议提起诉讼等权利。

> "保护股东的合法权益"的宗旨在我国公司法中在三个方面得到具体体现：明确规定股东权的基本内容、行使权利的方式以及对股东权利的司法救济方式；注重保护公司小股东的合法权益；强化公司董事、监事和高级管理人员的义务和责任。

2. 注重保护公司小股东的合法权益。为协调现代公司中大、小股东之间的利益冲突，有效保护小股东的合法权益，我国公司法规定了累积投票制、小股东提起召开临时股东会的权利、特殊情况下临时股东会的召集权、特定情况下异议股东的股份回购请求权、司法解散公司的请求权、股东的派生诉讼权等，此外，还规定大股东不得滥用股东权利损害公司或其他股东利益。

3. 强化公司董事、监事和高级管理人员的义务和责任。我国公司法为确保股东权益不受损害，对董事、监事、高级管理人员的任职条件及其在经营管理中的忠实和勤勉义务作出了明确规定。同时针对董事、监事、高级管理人员执行公司职务时违反法律、行政法规或公司章程给公司造成损失的民事责任，规定股东可以通过派生诉讼的方式寻求司法救济。此外，公司法还规定，公司控股股东、实际控制人、董事、监事和高级管理人员不得利用关联关系损害公司利益。

（三）保护公司债权人的合法权益

早在中世纪的商事习惯法中，就已经规定了保护善意第三人合法权由于股东有限责任制度和公司法人制度对公司债权人的不利影响，因此，在公司作为交易主体的情况下，对公司债权人的保护就成为维护市场经济秩序的重要环节。

"保护公司债权人的合法权益"的宗旨在我国公司法中体现为：实行资本确定和资本维持、实行公司经营公示、严格公司清算、确立公司法人人格否认原则等。

益的商事交往原则。商品经济及市场经济发展的历史证明，保护善意第三人的合法权益就是保护社会正常交易的安全，就是保护正常的市场经济秩序。对公司而言保护善意第三人的合法权益就是保护与公司进行正常业务往来的个人和经济组织的合法权益。公司发展的历史证明，由于股东有限责任制度和公司法人制度对公司债权人的不利影响，因此，在公司作为交易主体的情况下，对公司债权人的保护就成为维护市场经济秩序的重要环节。随着公司及整个市场经济的发展，现代公司法更加注重对公司债权人的保护。在外观法则之下，公司法所确立的资本确定和资本维持原则、经营公示主义、公司清算制度、公司法人人格否认原则等充分表明了这一点。

从我国情况看，由于经济处于转型时期，公司在对经济改革和经济发展发挥重要作用的同时，其组织及活动的不够规范也对债权人利益形成了一定威胁。因此，我国公司法以维护社会经济秩序、促进社会主义市场经济的发展完善为出发点，强调保护公司债权人的合法权益。在制度设计方面主要表现为：

1. 公司法规定公司设立的条件及程序，实行法定资本制，贯彻资本维持原则。针对近年来我国公司在资本方面存在的问题，为弥补《公司法》相关规定的不足，最高人民法院于 2011 年发布《关于适用〈中华人民共和国公司法〉若干问题的规定（三）》，对公司股东履行出资义务中的违法行为在认定以及相关权利人司法救济等方面作出了明确规定。

2. 注重运用信息披露手段保护交易安全。公司法规定，公司在每一会计年度终了时编制财务会计报告，并依法经会计师事务所审计；公众可以向公司登记机关申请查询公司登记事项；公司应当依法公开其经营及财务信息等。

3. 强调公司变更和解散时债权人利益的保护。公司法规定了公司合并、分立、资本变动时对债权人的保护程序、公司清算中债权人保护程序。针对近年来我国在公司清算实践中存在的问题，最高人民法院于 2008 年发布《关于适用〈中华人民共和国公司法〉若干问题的规定（二）》，明确规定当有限公司股东、股份公司董事和控股股东、实际控制人等未依法履行清算义务、损害债权人利益时，应承担相应的责任。

4. 针对股东滥用公司法人独立地位和股东有限责任损害公司债权人利益的情况，我国《公司法》借鉴国外立法的成功经验，明确规定了公司法人人格否认原则，第 20 条第 3 款、第 63 条规定，"公司股东滥用公司法人独立地位和股东有限责任，逃避债务，严重损害公司债权人利益的，应当对公司债务承担连带责任"，"一人有限责任公司的股东不能证明公司财产独立于股东自己的财产的，应当对公司债务承担连带责任"。

二、公司法的适用范围

这里所说的适用范围，是指公司法所适用的主体范围。根据《公司法》第 2 条的规定，公司法首先适用于在我国境内符合公司法规定条件、依公司法规定设立的有限责任公司和股份有限公司；根据《公司法》第 217 条的规定，外商投资的有限责任公司和股份有限公司适用公司法，但有关中外合资经营企业、中外合作经营企业、外资企业的法律另有规定的，适用其规定；根据《公司法》第 192 条的规定，依外国法律在中国境外设立的外国公司按照公司法规定在中国境内设立的分支机构，适用公司法关于外国公司分支机构的规定。

第二节 公司设立

一、公司设立概述

（一）公司设立的概念

公司的设立是指发起人为使公司成立而依法进行的一系列法律行为及所经法律程序的总称。发起人、发起行为以及政府对发起行为的监管是公司设立制度的核心。

1. 发起人及其法律地位。首先，从法律行为的角度，发起人及其行为是公司设立的第一个关键点。发起人是先行出资、承担公司筹办事务并承担设立责任的自然人、法人等。就其法律地位而言，发起人为设立中公司的机构，发起人的行为即为设立中公司的行为。因此，发起人对内办理公司设立的各项事务，对外代表设立中的公司。针对审判实践中的问题，《最高人民法院关于适用〈中华人民共和国公司法〉若干问题的规定（三）》第 1 条规定，"为设立公司而签署公司章程、向公司认购出资或者股份并履行公司设立职责的人，应当认定为公司的发起人，包括有限责任公司设立时的股东"。其次，公司依法成立后，发起人即成为公司股东，其发起行为所产生的一切权利义务转归公司承受，若公司不能成立，发起行为的后果则由发起人承担。但当发起人超越其职权范围从事与公司设立无关的行为时，即使公司成立，发起行为的后果原则上也不归公司承受，而由发起人自己承担。针对审判实践中的问题，《最高人民法院关于适用〈中华人民共和国公司法〉若干问题的规定

发起人是处于设立中的公司的机构，发起人的行为即为设立中的公司的行为。因此，发起人对内办理公司设立的各项事务，对外代表设立中的公司。

（三）》第 2 条及第 3 条规定，"发起人为设立公司以自己的名义对外签订合同，合同相对人请求该发起人承担合同责任的，人民法院应予支持。公司成立后对前款规定的合同予以确认，或者已经实际享有合同权利或者履行合同义务，合同相对人请求公司承担合同责任的，人民法院应予以支持"；"发起人以设立中公司名义对外签订合同，公司成立后合同相对人请求公司承担合同责任的，人民法院应予支持。公司成立后有证据证明发起人利用设立中公司的名义为自己的利益与相对人签订合同，公司以此为由主张不承担合同责任的，人民法院应予支持，但相对人为善意的除外"。

2. 发起行为的性质。对此，学术界的看法不尽相同，例如：认为公司设立以当事人的合意为基础，因此发起行为是契约行为；认为公司设立是每个设立人以组织公司为目的单独进行的，因此是单独行为；还有学者认为发起行为是契约行为和单独行为的结合。学界通说认为，发起行为属于公司设立行为的重要组成部分，在一般情况下具有共同行为的性质，即公司设立行为的基础是多数人一致的意思表示，行为人的目的和利益具有一致性。但从发起人所承担的责任看，在公司不能成立时，以及公司设立中发起人过失致使公司受到损害等特殊情况下，发起人的行为则类似合伙契约行为，因此，发起人之间的法律关系被理解为合伙关系。这样，我们不难理解，当公司不能成立时，发起人对设立行为所产生的债务、费用、认股人已缴纳股款的返还等均应承担连带责任。针对审判实践中的问题，《最高人民法院关于适用〈中华人民共和国公司法〉若干问题的规定（三）》第 4 条规定，"公司因故未成立，债权人请求全体或者部分发起人对设立公司行为所产生的费用和债务承担连带清偿责任的，人民法院应予支持。部分发起人依照前款规定承担责任后，请求其他发起人分担的，人民法院应当判令其他发起人按照约定的责任承担比例分担责任；没有约定责任承担比例的，按照约定的出资比例分担责任；没有约定出资比例的，按照均等份额分担责任。因部分发起人的过错导致公司未成立，其他发起人主张其承担设立行为所产生的费用和债务的，人民法院应当根据过错情况，确定过错一方的责任范围"。此外，该解释第 5 条还规定："发起人因履行公司设立职责造成他人损害，公司成立后受害人请求公司承担侵权赔偿责任的，人民法院应予支持；公司未成立，受害人请求全体发起人承担连带赔偿责任的，人民法院应予支持。公司或者无过错的发起人承担赔偿责任后，可以向有过错的发起人追偿。"

3. 政府对发起行为的监管。公司设立必须符合法律规定的条件并按

学术界的通说认为，发起行为具有共同行为的性质，发起人之间的法律关系被理解为合伙关系。

照法定程序进行。按照法律规定，公司设立一般包括发起人之间的协商、订立公司章程、确定资本总额及认缴出资、选举公司机构、进行设立登记等。因此公司设立不仅包括发起人的设立行为，同时也包括公司法规定的所有必经程序，而设立过程中的登记行为则是政府对公司设立进行监督管理的行政行为。公司登记机关通过对发起人行为进行审查并决定是否给予设立登记的过程，实际上是政府对发起行为的监管，不符合法定条件和程序的发起设立行为不能通过登记得到认可，也不能产生发起设立行为应有的法律效果。

应当指出，公司的设立与成立是不同的概念。首先，设立指发起人创建公司的一系列活动，是一种过程，只能发生在公司成立之前。成立标志着公司取得法人资格，取得依法进行生产经营的权利能力和行为能力。因此，设立是成立的前提，成立是设立的目标结果。其次，设立人的意思表示是设立的关键，主要是民事法律行为，而登记机关核发企业法人营业执照是成立的关键，是行政行为，由于这一行政行为，申请成立的公司取得法人资格。

（二）公司设立的一般原则

从各国公司立法的历史看，由于公司与社会生活的紧密联系，公司的设立，特别是股份有限公司的设立历来是国家干预的重要领域。但在经济发展的不同时期国家干预的力度和具体情形有所不同，表现为公司法在不同时期对公司设立奉行不同的立法原则。

1. 特许原则。所谓特许，即公司设立必须经国王或国会的许可。特许原则盛行于 17～19 世纪的英国、荷兰等国。当时，公司制度刚刚诞生，成立股份有限公司是皇家或立法机构的特权，未经许可，经营团体或组织不得以公司法人的名义活动。

2. 核准原则。所谓核准，是指公司设立除符合公司法规定之外，还必须经国家授权的行政机关审查批准。核准与特许的区别在于特许是由国王或国会以立法的形式批准公司设立，而核准则由国家行政机关依法审核批准公司的设立。这一原则盛行于 19 世纪的法国和德国。

3. 准则原则。准则原则的一般情形，是指公司法预先规定公司的设立条件，只要符合设立条件，公司即可登记成立。与上述两个原则相比，准则原则对公司设立的要求较为宽松。此设立原则主要是为了适应 19 世纪末 20 世纪初资本主义社会经济迅速发展、公司大量产生的实际需要。20 世纪后，这一原则为各国公司立法广泛采用。准则原则的另一种情形，是指公司法中对公司设立条件，尤其是对有限责任式公司设立

公司登记机关通过对发起人行为进行审查并决定是否给予设立登记的行为，实际上是政府对发起行为的监管，不符合法定条件和程序的发起设立行为不能通过登记得到认可，也不能产生发起设立行为应有的法律效力。

在公司立法的历史上，特许原则、核准原则、准则原则是公司法在不同时期对公司设立奉行的不同立法原则。

条件的规定较一般准则原则条件下的规定要严格，同时加重发起人的设立责任，而对一些与国计民生关系密切的公司，则仍采用核准原则，即所谓严格准则。这一原则产生的背景是现代公司制度在迅速发展的同时被滥用。准确说，严格准则原则是核准原则和准则原则的折中。

目前，各国公司法对公司设立均采取准则原则。我国《公司法》第6条第1款、第2款规定，"设立公司，应当依法向公司登记机关申请设立登记。符合本法规定的设立条件的，由公司登记机关分别登记为有限责任公司或者股份有限公司；不符合本法规定的设立条件的，不得登记为有限责任公司或者股份有限公司。法律、行政法规规定设立公司必须报经批准的，应当在公司登记前依法办理批准手续"。可见，我国《公司法》对公司设立采取了准则原则。

二、公司登记制度

（一）公司登记的概念

公司登记是指公司为取得、变更或终止经营资格，依商事登记法规定的条件及程序，向国家登记机关申请，以及国家登记机关依法进行审查核准的行为。

公司登记具有以下特征：①公司登记是要式法律行为，登记机关和登记事项均由法律明确规定，因此登记行为的内容、方式、效力必须符合法律设定的要求。②从本质上讲，公司登记是一种公法行为，公司登记作为设立公司的必经法律程序，是国家利用公权对公司设立和组织活动进行监管的行为，集中体现了公司法的公法性。③公司登记是一种创设商事主体资格的行为，因此，只有经过登记，公司才能取得商事主体资格。

公司登记制度具有重要意义。一是公司登记是保护公司合法营业活动的重要手段，即国家通过对公司注册地、住所、经营场所、资本数额、投资人及其责任形式等事项的审核，达到确认公司具备进入市场的实质条件、确认公司的商事活动资格、保护公司合法经营的目的。我国《公司法》第7条规定，"依法设立的公司，由公司登记机关发给公司营业执照。公司营业执照签发日期为公司成立日期。公司营业执照应当载明公司的名称、住所、注册资本、经营范围、法定代表人姓名等事项。公司营业执照记载的事项发生变更的，公司应当依法办理变更登记，由公司登记机关换发营业执照"。二是公司登记是保护商事交易安全、稳定的重要手段。基于股东有限责任和公司法人制度给市场交易带来的风险，为便于第三人和其他社会公众了解公司的信用、能力及责任的基本信息，以选择和决定交易行为，避免商业欺诈，各国法律均规定公司登记信息应以法定方式向社会提供，因此，合法登记的公司信息具有公示的效力，未经法定程序公司不得擅自变更，从而为交易稳定提供了保障。基于此，我国《公司法》第6条第3款规定，公众可以向公司登记机关申请查询公司登记事项，公司登记机关应当提供查询服务。

（二）公司登记制度

1. 设立公司必须向公司所在地的公司登记机关申请设立登记。根据我国《公司登记管理条例》的规定，我国公司登记机关为国家和地方各级工商行政管理部门。2018年3月13日，根据国务院总理李克强提请第十三届全国人民代表大会第一次会议审议的国务院机构改革方案的议案，我国组建国家市场监督管理总局。该议案提出，将国家工商行政管理总局的职责、国家质量监督检验检疫总局的职责、国家食品药品监督管理总局的职责、国家发展和改革委员会的价格监督检查与反垄断执法职责、商务部的经营者集中反垄断执法以及国务院反垄断委员会办公室等职责整合，组建国家市场监督管理总局，作为国务院直属机构。新组建的国家市场监督管理总局于3月21日正式成立。基于上述，目前我国公司登记机关应为国家和地方各级市场监督管理部门。其中，国务院国有资产监督管理机构履行出资人职责的公司以及该公司投资设立并持有50%以上股份的公司、外商投资的公司、依照法律和行政法规或者国务院决定的规定应由国家工商行政管理总局登记的公司均由国家市场监督管理总局负责登记。省、自治区、直辖市市场监督管理部门负责登记的公司为：本辖区内同级人民政府国有资产监督管理机构履行出资人职责的公司以及该公司投资设立并持有50%以上股份的公司；省、自治区、直辖市工商行政管理局规定由其登记的自然人投资设立的公司；依照法律和行政法规或者国务院决定的规定应由省、自治区、直辖市工商行政管理局登记的公司以及国家工商局授权登记的公司。上述范围以外的公司以及上级工商局授权登记的公司由市、县以及直辖市的市场监督管理部门、设区的市的市场监督管理部门在本辖区内负责登记。

公司登记事项包括：名称、住所、法定代表人姓名、注册资本、公司类型、经营范围、营业期限、有限责任公司股东或股份有限公司发起人的姓名或名称。

2. 公司登记的种类及依法应向登记机关提交的文件。根据《公司登记管理条例》的规定，公司登记分为开业登记、变更登记及注销

了解公司登记机关的管辖权，重点掌握公司登记事项。

掌握公司登记的种类。

登记。

公司申请开业登记时应依法报送或提交下列文件：公司法定代表人签署的设立登记申请书；全体股东或董事会指定代表或共同委托代理人的证明；公司章程；股东的主体资格证明或自然人身份证明；载明公司董事、监事、经理的姓名、住所的文件以及有关委派、选举或聘用的证明；公司法定代表人任职文件和身份证明；企业名称预先核准通知书；公司住所证明；国家工商总局规定要求提交的其他文件。募集方式设立股份有限公司的应提交创立大会的会议记录，公开发行股票的应提交国务院证券监督管理机构的核准文件，法律、行政法规或国务院决定规定设立公司必须报经审批的，还应提交有关批准文件。

公司变更登记时，应向公司登记机关申请变更登记，并应依法提交下列文件：公司法定代表人签署的变更登记申请书；依公司法作出的变更决议或决定；国家工商总局规定要求提交的其他文件。公司变更事项涉及修改公司章程的，应提交由公司法定代表人签署的修改后的公司章程或公司章程修正案。变更登记事项依照法律、行政法规或国务院决定规定在登记前须经批准的，还应当向公司登记机关提交有关批准文件。

公司有依法被宣告破产、公司章程规定的营业期限届满或公司章程规定的其他解散事由出现、股东会决议解散、公司因合并或分立解散、公司被依法责令关闭、公司被人民法院依法解散等情形之一时，公司清算组应自公司清算结束之日起30日内向原公司登记机关申请注销登记。公司申请注销登记应提交下列文件：公司清算组织负责人签署的注销登记申请书；人民法院的破产裁定或解散裁定文书；公司依照公司法作出的决议或决定；行政机关责令关闭或公司被撤销的文件；股东会、股东大会、一人有限责任公司的股东、外商投资公司董事会或者人民法院、公司批准机关备案、确认的清算报告；《企业法人营业执照》；法律、法规规定应提交的其他文件。此外，国有独资公司申请注销登记，还应提交国有资产监督管理机构的决定，其中国务院确定的重要国有独资公司还应提交本级人民政府的批准文件。

此外，公司设立分公司时，应向分公司所在地的公司登记机关申请登记。核准登记的，发给《营业执照》。分公司的登记事项包括名称、营业场所、负责人及经营范围。

3. 公司登记程序。公司登记机关收到申请人提交的符合法规规定的全部文件后，发给《公司登记受理通知书》，自该通知书发出之日起30日内，作出核准登记或不予登记的决定；核准登记的，自核准之日起15

日内通知申请人，发给、换发或收缴《企业法人营业执照》或《营业执照》。

4. 违反公司登记规定的法律责任。

（1）《公司法》第 198 条规定，违反公司法规定，办理公司登记时虚报注册资本、提交虚假材料或者采取其他欺诈手段隐瞒重要事实取得公司登记的，由公司登记机关责令改正，对虚报注册资本的公司，处以虚报注册资本金额 5% 以上 15% 以下的罚款；对提交虚假材料或者采取其他欺诈手段隐瞒重要事实的公司，处以 5 万元以上 50 万元以下的罚款；情节严重的，撤销公司登记或者吊销营业执照。

（2）《公司法》第 207 条规定，承担资产评估、验资或验证的机构提供虚假材料的，由公司登记机关没收违法所得，处以违法所得 1 倍以上 5 倍以下的罚款，并可以由有关主管部门依法责令该机构停业、吊销直接责任人员的资格证书，吊销营业执照。承担资产评估、验资或验证的机构因过失提供有重大遗漏的报告的，由公司登记机关责令改正，情节较重的，处以所得收入 1 倍以上 5 倍以下的罚款，并可以由有关主管部门依法责令该机构停业、吊销直接责任人员的资格证书，吊销营业执照。承担资产评估、验资或验证的机构因出具的评估结果、验资或验证证明不实，给公司债权人造成损失的，除能够证明自己没有过错的外，在其评估或证明不实的金额范围内承担赔偿责任。

（3）《公司法》第 208、209 条规定，公司登记机关对不符合公司法规定条件的登记申请予以登记，或者对符合公司法规定条件的登记申请不予登记的，对直接负责的主管人员和其他直接责任人员依法给予行政处分；公司登记机关的上级部门强令公司登记机关进行上述违法公司登记，或者对违法登记进行包庇的，对直接负责的主管人员和其他直接责任人员依法给予行政处分。

（4）《公司法》第 210、211 条规定，未经登记而冒用有限责任公司或者股份有限公司及其分公司的名义的，由公司登记机关责令改正或者予以取缔，可以并处 10 万元以下的罚款；公司成立后无正当理由超过 6 个月未开业的，或者开业后自行停业连续 6 个月以上的，可以由公司登记机关吊销营业执照；公司登记事项发生变更时未依公司法规定办理变更登记的，由公司登记机关责令限期登记，逾期不登记的，处以 1 万元以上 10 万元以下的罚款。

第三节　公司的名称与住所

一、公司名称

（一）公司名称的概念

公司名称是公司用以经营并区别于其他公司或企业的标志。与自然人一样，公司作为法人也有自己的名称，这是公司进行活动，与其他主体建立各种法律关系的重要条件。因此公司名称对保障公司及与其交往的第三人的合法权益，维护市场经济秩序都具有重要的意义。正是基于这一点，各国公司法均规定，公司必须选定自己的名称，将其作为绝对必要事项记入公司章程并登记。

各国法律对公司名称的具体规定不完全相同。一般来说，主要采取有限制的自由主义原则，即公司在法律、法规规定的范围内可以确定其名称。

（二）我国公司法对公司名称的规定

了解我国法律对公司名称的基本规定。

公司法对公司名称的规定，包括《公司法》《公司登记管理条例》以及前国家工商总局发布的《企业名称登记管理规定》及其实施办法中适用于公司的规定：

1. 公司名称是公司章程的必要记载事项，也是公司登记注册事项。

2. 公司只能使用一个名称。公司名称在同一登记机关辖区内不得与已经核准或登记注册的同行业企业的名称字号相同（有投资关系的除外）；公司名称不得与变更名称未满 1 年的企业的原名称相同；公司名称不得与注销登记或被吊销营业执照未满 3 年的企业名称相同。经公司登记机关核准登记的公司名称受法律保护。经核准登记注册，公司即取得公司名称的专用权，在公司名称登记主管机关的辖区内及公司存续期间内，禁止其他个人或企业对该名称的非法使用。《公司法》第 210 条规定，未经登记而冒用有限责任公司或者股份有限公司及其分公司的名义的，由公司登记机关责令改正或者予以取缔，可以并处 10 万元以下的罚款。公司名称是公司商誉的重要组成部分，由于商誉与特定公司的社会形象、商品的市场占有率和影响有紧密联系，经营好、信誉好、商品市场占有率高的公司，其名称本身就是一种给公司带来收益的财产，因此公司的名称权既是人身权，又是一种财产权，可以依法随公司或公司的一部分一并转让。但在转让后，转让方不得继续使用已转让的公司名称，同时，公司名称只能转让给一家公司。

3. 公司名称的构成。除法律法规另有规定的以外，公司名称应当由行政区划、字号、行业、组织形式等依次组成。

（1）行政区划。公司名称中的行政区划是本公司所在地县级以上行政区划的名称或地名。但经国家市场监督管理总局核准，由国务院批准的公司、国家市场监督管理总局登记注册的公司、注册资本不少于5000万人民币的公司以及国家市场监督管理总局另有规定的公司，可以使用不含行政区划的公司名称。应当注意的是，除国务院决定设立的公司外，公司名称不得冠以"中国""中华""全国""国家""国际"等字样；在企业名称中间使用的"中国""中华""全国""国家""国际"等字样必须是行业的限定语。此外，使用外国（地区）出资企业字号的外商独资企业、外方控股的外商投资企业，可以在名称中间使用"（中国）"字样。

（2）字号。公司名称中的字号应由2个以上的字组成，除县以上行政区划的地名具有其他含义的以外，行政区划的名称不得用作字号，公司名称可以使用自然人投资人的姓名作字号。

（3）行业。公司名称中的行业表述应当是反映企业经济活动性质所属国民经济行业或者企业经营特点的用语，其内容应与企业经营范围一致。公司经济活动性质分别属于国民经济行业不同大类的，应当选择主要经济活动性质所属国民经济行业类别用语来表述企业名称中的行业。在符合以下条件时，公司名称中可以不使用国民经济行业类别用语表述企业所从事行业：公司经济活动性质分别属于国民经济行业5个以上大类、公司注册资本1亿元以上或者是企业集团的母公司、与同一市场监督管理机关核准或者登记注册的企业名称中字号不相同。此外，公司为反映其经营特点，可以在名称中的字号之后使用国家（地区）名称或者县级以上行政区划的地名，上述地名不视为企业名称中的行政区划。需要注意的是，企业名称不能明示或者暗示有超越其经营范围的业务。

（4）组织形式。公司名称中的组织形式是指公司类型。按照《公司法》第8条的规定，有限责任公司和股份有限公司必须在公司名称中分别标明"有限责任公司"或"股份有限公司"的字样。

最后应当注意，按照《企业名称登记管理规定》及《企业名称登记管理实施办法》的规定，公司名称不得含有下列内容和文字：有损于国家、社会公共利益的；可能对公众造成欺骗或误解的；外国国家（地区）名称、国际组织名称，政党名称、党政机关名称、群众组织名称、社会团体名称及部队番号，汉语拼音字母、阿拉伯数字，其他法律、法规禁止使用的内容；除非国家工商总局另有规定，公司名称不得含有其他法人的名称；公司名称中也不得含有另一个企业名称。

4. 公司设立分支机构时，总公司及其分支机构的名称应符合法律规定。只有下设3个以上分支机构时才能在总公司名称中使用"总公司"字样；分支机构的名称应冠以所属总公司的名称，并缀以"分公司"的字样，并标明该分公司的行业和所在行政区划的名称或地名。

5. 公司名称登记实行预先核准登记制度。根据《公司登记管理条例》《企业名称登记管理规定》及《企业名称登记管理实施办法》的规定，设立公司应当依法申请名称预先核准。预先核准的公司名称保留期为6个月。在保留期内，该公司名称不得用于从事经营活动，不得转让。

二、公司的住所

作为法人，公司同自然人一样有其法定的住所。根据我国《公司法》第10条的规定，公司以其主要办事机构所在地为住所。公司住所不同于通常所说的"经营场所"，经营场所是公司进行业务活动所必需的一切场地，是公司进行经营的必要条件。公司经营场所除公司住所外，还包括住所之外的各种固定地点和设施，如生产场地、销售网点等，设有分支机构的公司还包括分支机构的所在地。而住所则只能是公司最主要的经营管理及业务活动的核心机构的所在地。《公司登记管理条例》规定，经公司登记机关登记的公司住所只能有一个，公司的住所应当在其公司登记机关辖区内。

根据《公司登记管理条例》第9条规定，住所为公司注册登记事项。确定公司住所有下列法律意义：①确定诉讼管辖。我国《民事诉讼法》规定，对法人提起的民事诉讼，由被告住所地人民法院管辖。②确定诉讼文书收受的处所。我国《民事诉讼法》规定，诉讼文书应直接送达，直接送达有困难时，可邮寄送达。而无论何种方式送达，对公司而言，均以住所地为诉讼文书收受的处所。③确定债务履行地。我国《合同法》第62条第3项规定，对履行地点不明确的债务，给付货币的，在接受货币一方所在地履行，其他标的在履行义务一方所在地履行。这里的所在地，对公司而言即为住所地。④确定公司登记管辖。根据《公司登记管理条例》的规定，公司的住所应当与其公司登记机关辖区一致。⑤在涉外经济及民事诉讼中确定适用何国法律。在涉外经济及民事

了解公司住所与公司经营场所的区别。

诉讼中，当按属人法原则适用当事人本国法律时，一般按公司的住所确定适用何国法律。

第四节 公司章程

一、公司章程的概念与特征

订立章程是公司设立的必备条件和必经程序。我国《公司法》第11条规定，"设立公司必须依法制定公司章程"。

根据我国公司法的有关规定，公司章程是公司股东依法订立的规范公司组织与活动的基本法律文件。法定性、公开性、自治性是公司章程的法律特征。学界一般从作用及性质两个方面理解和定义公司章程：从其作用的角度，公司章程是关于公司组织与活动的基本规则；从其性质的角度，一些公司法学者认为，章程是当事人之间关于其法律行为的契约条款；而大部分学者则认为，章程是公司组织的自治法规。公司章程有以下主要法律特征：

1. 公司章程具有法定性。这可以从以下方面理解：

（1）章程是设立公司的必备法律文件。公司法人最本质的特征是具有独立于股东的法律人格。作为一个组织，公司法人必须具有与其独立法律地位相适应的组织与活动的基本规则，以此作为公司法人设立及活动的基本依据。就其内容而言，公司章程规定了公司的设立宗旨及经营范围，确定了公司资本、公司组织机构、公司利润分配原则，还规定了公司变更、终止等一系列涉及公司组织与活动的重大事项的规则。因此，公司章程是公司法人得以成立并进行活动的基础。在这个意义上说，没有章程就无所谓公司，公司是否应当具备章程不能取决于当事人的选择，公司法必须强制规定公司章程是公司成立的基础和必备法律要件。我国《公司法》和《公司登记管理条例》规定，设立公司必须依法制定公司章程，公司设立登记必须提交公司章程。

（2）公司章程记载内容的法定性。我国《公司法》第25、81条对公司章程的记载事项作出了明确的规定。同时，《公司登记管理条例》也明确规定，公司章程有违反法律、行政法规的内容的，公司登记机关有权要求公司作相应修改。

（3）公司章程制定及修改程序的法定性。我国《公司法》对公司章程的制定及修改在程序上作出了明确的规定，章程的制定和修改必须依

根据我国公司法的有关规定，公司章程的概念可以表述为：公司股东依法订立的规范公司组织与活动的基本法律文件。

照法律规定进行。

（4）公司章程效力的法定性。我国《公司法》第11条明确规定，公司章程对公司、股东、董事、监事以及高级管理人员具有约束力。

2. 公司章程具有公开性。这可以从两个方面理解：

（1）一般而言，公司章程的主要内容是公司登记事项的重要组成部分。公司章程是公司法人组织与活动的基本规则的载体和表现形式。从这一点出发，公司章程对内是公司行为的规范性文件，对外是公司与他人关系的重要准则，因此公司章程是社会公众了解公司的重要途径之一。因此，为保护潜在投资人及与公司交易的相对人、社会公众的合法权益，我国《公司登记管理条例》规定的公司登记事项基本囊括了公司章程的法定记载事项。在这个意义上可以说，公司章程的主要内容通过登记公示而具有了一定的公开性。

（2）为保护投资者的利益，法律规定公司在从事涉及社会利益的活动时（例如募集股份、发行债券）必须承担公开章程的义务。

3. 公司章程具有自治性。这主要表现在以下两个方面：

（1）就公司章程的记载事项而言，由于每个公司的具体情况不同，公司法对公司内部及外部关系的调整不可能具体到单个公司，因此公司法对必须记入公司章程的事项的列举，需要通过全体股东的协商最终具体化；对股东认为需要在章程中载明的其他事项，在不违法的前提下则完全由全体股东自行协商确定。基于上述，章程是股东意思自治的平台，章程制定过程体现了股东自治的精神。因此可以说，公司章程是具有自治性质的公司文件。

（2）制定公司章程是公司发起人和全体初始股东依法所为的法律行为，而该法律行为当事人的最终目的在于创立公司法人。因此公司章程一旦生效，其效力就不仅局限于制定章程的当事人，而且扩展到公司本身，并由此及于公司成立后因承认章程而加入公司的新股东。从这个意义上说，公司章程已经具有了公司法人自治规则的性质。

二、公司章程的记载事项

作为公司生存与活动的重要法律文件，公司法对公司章程的内容有严格而详细的规定。因此，公司章程是要式法律文件，公司章程的记载事项符合法律的要求是章程生效的重要条件。根据我国公司法对公司章程记载事项规定的不同情况，公司章程记载事项可以分为以下两类：

根据公司法的规定，公司章程记载事项分为法定记载事项和任意记载事项。

（一）法定记载事项

法定记载事项是指依公司法规定必须记入章程的事项。法定记载事项一般是涉及公司根本性质的重大事项，缺少其中的任何一项或其中任何一项记载不合法，将导致整个章程的无效。根据我国《公司法》第25条的规定，有限责任公司章程的法定记载事项包括：公司名称和住所，公司经营范围，公司注册资本，股东的姓名或者名称，股东的出资方式、出资额和出资时间，公司的机构及其产生办法、职权、议事规则，公司法定代表人等。根据我国《公司法》第81条的规定，股份有限公司章程的法定记载事项包括：公司名称和住所，公司经营范围，公司设立方式，公司股份总数、每股金额和注册资本，发起人的姓名或者名称、认购的股份数、出资方式和出资时间，董事会的组成、职权和议事规则，公司法定代表人，监事会的组成、职权和议事规则，公司利润分配办法，公司的解散事由与清算办法，公司的通知和公告办法等。

（二）任意记载事项

任意记载事项即在法定记载事项之外的、股东认为需要在章程中载明的其他事项。对这类事项，法律并不列举其内容，我国《公司法》将其表述为：股东会或者股东大会会议认为需要规定的其他事项。尽管可以由股东自行约定是否记载和如何记载，但公司章程的任意记载事项不能违反法律、法规的强制性规定，不能违背社会公共秩序。任意记载事项是否记入章程，由股东会或股东大会决定，记入章程则发生法律效力，不记入也不影响公司章程的效力，如记载违法，则仅该事项无效，不导致整个章程的无效。

三、公司章程的订立和修改

（一）公司章程的订立和生效

1. 公司章程的订立。公司章程的订立是公司股东为设立公司所为的法律行为，这种法律行为是要式法律行为，不仅要求股东意思表示真实，章程内容合法，而且章程订立程序及章程的表现形式也必须符合法律。从各国公司法的规定看，章程的内容、形式及制定程序符合法律规定是其生效的前提条件。也有的国家（如日本、德国、瑞士）规定，章程还必须经公证或认证才能生效。根据我国《公司法》第23、25、76条的规定，有限责任公司章程由全体初始股东共同制定，股东应当在公

根据我国《公司法》的规定，公司章程由全体股东共同制定或由发起人制订，合法有效的公司章程对公司、股东、董事、监事和高级管理人员具有约束力。

司章程上签名、盖章；股份有限公司章程由发起人制订，采用募集设立的经创立大会通过。合法有效的公司章程对公司、股东、董事、监事、高级管理人员具有约束力。

2. 公司章程的生效。关于公司章程何时生效，因各国公司设立体制不同规定也不统一。国内学界存在两种不同观点：一种观点认为，章程自发起设立公司的股东签章时生效；另一种观点认为，章程自公司成立时生效。从实际情况看，由于我国公司法没有规定设立协议是设立公司的必备法律文件，因此后一种观点会导致公司成立前发起人之间法律关系处理的困难。相对符合实际的做法应当是，既要肯定章程与公司成立之间的直接对应关系，又要看到在没有设立协议的情况下，一些应当由设立协议调整的关系大都被规定在公司章程中，即中国公司的章程实际上包括两部分内容：一是调整公司设立过程中发生的民事关系，一是调整公司成立后才可能发生的公司关系。因此对前一部分内容，可以适用合同法的一般规则，自发起人股东签字盖章时成立并生效；而对后一部分内容，则应自公司成立时生效。

（二）公司章程的修改

公司章程修改必须依法定程序进行，并在公司申请变更登记时依法向公司登记机关提交。

公司章程生效后，应保持其内容的稳定，不得随意变更。但由于情况的变化，在某些情况下必须对章程进行修改。由于章程修改涉及全体股东利益，因此公司法规定了严格的修改程序，不符合法定程序，章程修改不产生法律效力。根据我国《公司法》的规定，有限责任公司股东会修改公司章程的决议必须经代表 2/3 以上表决权的股东通过；股份有限公司修改公司章程必须由股东大会作出特别决议。由于公司章程的内容反映了公司的性质和现状，公司章程的修改必然导致公司变更，因此，公司章程修改后，公司应依照《公司登记管理条例》向登记机关提交公司章程，申请变更登记。

第五节　公司的权利能力和行为能力

一、公司的权利能力

权利能力是民事主体参与民事活动，享有民事权利、承担民事义务的资格。各国民法都规定，自然人和法人均具有民事权利能力。我国《民法总则》对此也有明确规定。公司是法人，当然享有权利能力，但由于公司的特性，公司的权利能力不仅与自然人不同，也与其他非公司企业不同。这表现在各国法律对公司权利能力的限制上。这种限制一般分为性质限制和法律限制两大类，具体内容因各国法律的规定不同而各异。

根据我国现行法律的规定，公司的权利能力受到以下限制：

（一）性质限制

根据《民法总则》的规定，公司作为法人，不能享有某些与自然人生理特点密切相连的权利能力。如自然人基于生命、身体、性别、年龄、亲属关系等享有的生命健康权、肖像权、身份权、婚姻权、继承权、受监护权等，公司均不能享有，也不能承担与这些权利相对应的义务，除上述之外，公司权利能力不受性质限制。如公司也可享有名称权、名誉权、荣誉权、专利权、商标权、著作权等。

（二）法律限制

作为具有公司组织特性的企业法人，公司的权利能力在法律上要受到《公司法》以及其他法律、行政法规中适用于公司的规定的限制。根据《公司法》第5条的规定，只有在法律、行政法规规定的范围内，公司的合法权利才能受到法律保护。我国公司权利能力的法律限制有下列内容：

1. 公司对外投资的限制。公司对外投资，是指公司作为投资主体，以公司法人的财产对另一企业投资，从而使自己成为该企业出资人的行为。公司对外投资不仅可以扩大公司的利润来源，而且可以通过形成关联公司和公司集团，形成规模经营效应，从而促进社会生产力的发展。但与此同时，公司对外投资也存在负面作用。

（1）由于公司资产来源于股东出资，因此如果允许公司可以不受限制地向所有不同类型的企业投资，那么公司一旦向投资人负无限责任的企业投资，就将对所投资企业的债务承担连带责任，这将增加公司的投资风险，从而会对公司股东利益和公司债权人利益形成威胁。因此许多国家和地区的公司法明确规定，公司不得成为无限责任股东或合伙组织的合伙人。我国《公司法》第15条明确规定"公司可以向其他企业投资；但是，除法律另有规定外，不得成为对所投资企业的债务承担连带责任的出资人"，换言之，在我国，公司不得向合伙企业、个人独资企业以及其他不具备法人资格的企业投资。

（2）公司对外投资数额过大是否会对公司资本充实及经营产生消极影

我国公司法不限制公司对外投资的数额，只限制接受投资的主体。但为保障股东利益，公司法规定公司章程可以对公司对外投资决定权的行使机构以及对外投资数额的限制作出规定。

响，进而损害股东利益？这是公司对外投资可能产生的另一个问题。对此，我国《公司法》第 16 条规定，公司向其他企业投资，依照公司章程的规定，由董事会或者股东会、股东大会决议；公司章程对投资的总额及单项投资的数额有限额规定的，不得超过规定的限额。这一规定表明，我国《公司法》认为，公司对外投资是否会影响公司及股东利益，应当由股东根据具体情况自己作出判断并在公司内部解决，而解决问题的最好方式是由《公司法》授权公司章程可以对公司对外投资决定权的行使机构以及对外投资数额的限制作出规定。与由《公司法》直接对公司对外投资数额作出强制性限制的方式相比，这种做法既可以保护公司和股东权益，又不至于使公司对外投资的经营行为受到不必要的限制。

我国《公司法》在总体上不限制公司对外担保的权利，但为避免公司对外担保可能给股东带来的损害，《公司法》第 16 条将限制公司对外担保的权利赋予公司章程，并对上市公司在一年内对外担保金额超过公司资产总额 30% 的情况作出适当限制。

2. 公司对外担保的限制。公司是否可以对外进行担保？由于担保的积极作用，在公司作为主要交易主体的市场中，公司对外担保是市场交易得以顺利进行的条件之一。但由于担保关系的特殊性，公司对外担保又会使公司财产处于不稳定之中，可能会影响公司经营，特别是当担保数额超过公司担保能力时会严重损害股东利益。权衡利弊，我国《公司法》在总体上不限制公司对外担保的权利，但为避免公司对外担保造成公司财产流失而可能给股东带来的损害，《公司法》第 16 条将限制公司对外担保的权利赋予公司章程，明确规定：公司为他人提供担保，依照公司章程的规定，由董事会或者股东会、股东大会决议，公司章程对担保的总额或者单项担保的数额有限额规定的，不得超过规定的限额。此外，为防止关联关系担保对公司利益的损害，《公司法》第 16 条还规定："公司为公司股东或者实际控制人提供担保的，必须经股东会或股东大会决议。前款规定的股东或者受前款规定的实际控制人支配的股东，不得参加前款规定事项的表决。该项表决由出席会议的其他股东所持表决权的过半数通过。"

此外，针对上市公司的特点，为防止上市公司经营管理层决定对外担保给股东造成损害，我国《公司法》第 121 条规定，上市公司在一年内对外担保金额超过公司资产总额 30% 的，应当由股东大会作出决议，并经出席会议的股东所持表决权的 2/3 以上通过。

3. 公司经营范围与公司权利能力的关系。经营范围是指政府批准企业从事经营的行业、商品类别或服务项目。经营范围是国家对企业进行宏观管理和指导的重要内容之一。根据我国《民法总则》及《企业法人登记管理条例》的规定，企业法人的经营范围应与其资金、场地、设备、从业人员及技术力量相适应；企业法人的经营范围由登记主管机关根据企业申请及其所具备的条件，依国家法律、法规核准；企业法人应在核准登记注册的经营范围内从事经营活动。

公司权利能力是否受其经营范围的限制？从各国公司法的发展看，公司法对这一问题的回答经历了从由肯定到否定的过程。早期的英国法律和判例认为，公司的活动不能超越其目的范围（经营范围），此即所谓"越权原则"（也称"越围原则"）。由于这一原则在实践中暴露出制约公司发展、使交易不稳定、损害第三人等弊端，"越权原则"经过多次修正，最终在 1989 年英国公司法中被废除。美国作为英国"越权原则"的追随者，也在 1984 年以后放弃了这一原则。在大陆法系，一些国家（瑞士、德国）的法律认为法人的目的范围不构成对法人权利能力的限制，而在另一些曾经采用"越权原则"的国家，在 20 世纪末放弃了这一原则。

从我国情况看，1986 年颁布的《民法通则》规定，企业法人应在核准登记注册的经营范围内从事经营活动，1993 年《公司法》第 11 条规定，公司应当在登记的经营范围内从事经营活动。在 1984 年《最高人民法院关于贯彻执行〈经济合同法〉若干问题的意见》以及 1987 年 7 月《最高人民法院关于在审理经济合同纠纷案件中具体适用〈经济合同法〉若干问题的解答》中，规定超越经营范围或经营方式所签订的合同应认定为无效合同。但在 1999 年 12 月《最高人民法院关于适用〈中华人民共和国合同法〉若干问题的解释（一）》中，又规定"当事人超越经营范围订立合同，人民法院不因此认定合同无效。但违反国家限制经营、特许经营以及法律、行政法规禁止经营规定的除外"。而现行《公司法》第 12 条则规定："公司的经营范围由公司章程规定，并依法登记。公司可以修改公司章程，改变经营范围，但是应当办理变更登记。公司的经营范围中属于法律、行政法规规定须经批准的项目，应当依法经过批准。"综上所述，我国公司法认为，公司经营范围是章程的必要记载事项，应当依法记载和登记公示，但除法律和行政法规规定的以外，经营范围不构成对公司权利能力的限制。

> 我国公司法认为，公司经营范围是章程的必要记载事项，应当依法记载并登记公示，但除法律和行政法规规定的以外，经营范围不构成对公司权利能力的限制。

二、公司的行为能力

（一）公司行为能力的概念

行为能力是指民事主体通过自身所为的行为取得民事权利并承担民事义务的资格。公司是否具有行为能力，由一国立法对法人本质的认识决定。根据法人拟制说，团体人格为法律拟制，法人仅为观念上存在而并非实际存在的民事主体，因而无行为能力，董事或董事长依公司章程公司的行为能力是通过公司股东（大）会、董事会、监事会、经理机构及其组成成员在各自权限范围内的活动得以实现的。在法律规定范围内，公司法定代表人的行为是公司法人行为，其行为后果归属于公司。公司法人以其全部资产对外承担民事责任。

公司行为能力的实现包括两部分内容：通过股东（大）会、董事会、监事会在各自职权范围内的活动形成公司法人的意志，再由公司代表人进行对内或者对外意思表示。

授权所为的行为是代理行为，其行为的法律后果由公司承受。根据法人实在说，法人是有机体或社会组织体，是社会客观存在，因而法人具有团体意思，并通过法人机关对第三人表示，董事或董事会是法人机关，其所为的职务行为是公司行为。在立法实践上，一些国家（德国、日本等）法律对法人行为能力不作规定，仅确认应由法人负责的行为；另一些国家法律则明文规定法人有行为能力，我国亦为此类。根据我国法律规定，公司具有行为能力，公司行为能力是通过公司法规定的公司组织机构实现的。具体说，公司行为能力是通过公司股东（大）会、董事会、监事会及其组成成员在各自权限范围内的活动得以实现的。在法律规定范围内，公司法定代表人的行为是公司法人行为，其行为后果归属于公司。公司法人以其全部资产对外承担民事责任。

（二）公司行为能力的实现

公司组织机构为自然人或自然人的集合体，是公司的组成部分，是公司行为能力的实施者。关于公司组织机构的设置，各国公司法的规定不尽相同。根据我国《公司法》的规定，公司组织机构由股东（大）会、董事会及监事会组成。其中，股东（大）会是由全体股东组成的公司的权力机构，负责公司重大事项的决策；董事会是由股东（大）会依法选举董事组成的公司经营决策及业务执行机构；监事会是由股东（大）会及公司职工依法选举监事组成的公司经营活动的监督机构。由于公司法人意志是通过公司股东（大）会、董事会、监事会在各自职权范围内的活动形成的，因此公司的意思形成实际上是组成这些机构的自然人活动的结果。

由于公司法人所特有的组织机构特性，公司必须有对外进行意思表示的机关，即公司的代表人，公司代表人的代表行为是公司行为能力实现的重要环节。各国公司法对公司代表人制度有不同规定。有的国家（如日本）规定每一个董事均可以对外代表公司；有的国家（如德国）规定除公司章程另有规定外，由董事会成员共同对第三人进行意思表示。我国《公司法》第13条规定："公司法定代表人依照公司章程的规定，由董事长、执行董事或者经理担任，并依法登记。公司法定代表人变更，应当办理变更登记。"由此可以说：①我国的公司法定代表人制度是一种特殊的单独代表制，即只由公司董事长、执行董事或经理单独代表公司；②考虑到每个公司的不同情况，公司法定代表人可以由公司章程在公司董事长、执行董事或经理中作出选择并规定；③公司法定代表人是公司章程的法定记载事项，应当依法登记和公示。

（三）公司法定代表人行为的效力

一般而言，作为公司的表意机关，公司法定代表人的行为即公司的行为，后果应当由公司承受。但在由董事长、执行董事或经理单独代表公司的情况下，公司法定代表人作为自然人，其在实际生活中实施的行为可以是代表公司的行为，也可以是其个人行为。因此在实践中，首先，要确定法定代表人的行为是代表公司还是代表个人；其次，即使是代表公司的行为，公司法定代表人的行为也可能存在不符合法律、法规或者公司章程规定的情况，对这类行为，公司是否要承担责任？上述两方面的问题即公司法定代表人行为的效力问题。显然，只有在代表公司并且符合法律、行政法规或者公司章程规定的情况下，公司法定代表人行为的后果才归公司承受。

那么，如何认定公司法定代表人行为的效力？根据我国公司法规定，有以下三个要件：

1. 董事长、执行董事或经理必须具有法定代表人的身份。按照公司法规定，一个自然人依法定程序被选举或聘任为公司董事长、执行董事或经理，由公司章程规定为公司法定代表人，并依法进行登记和公示，即具有法定代表人的身份。

2. 董事长、执行董事或经理必须以公司法定代表人的名义而不是以个人或其他名义进行活动。

3. 法定代表人的行为不能超越职权范围。除表见代表外，法定代表人的行为超越权限时其代表行为无效。所谓表见代表，是指相对人不知道也不应当知道法人的法定代表人的行为越权，此时法定代表人的行为有效。我国《合同法》第 50 条的规定体现了这一点。

在公司法定代表人行为越权的情况下，公司法依保护善意第三人的原则判断法定代表人行为的效力。大致可以归纳为以下三种情况：

1. 法定代表人的代表行为超越法律、法规的直接规定，就我国公司法的规定看，这是指法定代表人的行为违反公司法对公司机构职权范围的规定。在这种情况下，由于任何相对人有义务了解法律规定，因此代表行为无效。

2. 法定代表人的代表行为超越公司章程的限制。尽管章程是公示的公司文件，相对人能够查阅其内容，但考虑到公司对社会的影响力以及一些相对人的弱势地位，一些国家仍规定章程对公司代表人的限制不得对抗善意第三人。因此在代表行为超越公司章程限制的情况下，代表行为是否有效在各国有不同规定。在我国，由于经济处于转型时期，地区

只有在代表公司并且符合法律、行政法规或者公司章程规定的情况下，公司法定代表人行为的后果才归公司承受。

具有法定代表人的身份、以公司法定代表人的名义进行活动、不超越职权范围是公司法定代表人的行为有效的基本要件。

在公司法定代表人行为越权的情况下，公司法依保护善意第三人的原则判断法定代表人行为的效力。

经济发展不平衡，城乡经济发展不平衡，公司公示文件查阅不够方便，因此，在实践中一般认为公司章程对法定代表人的限制不能对抗善意第三人，如果公司不能证明第三人非善意，则代表行为有效。我国《民法总则》第61条明确规定，法人章程对法定代表人代表权的限制，不能对抗善意相对人。

3. 法定代表人的代表行为超越股东（大）会或董事会决议的限制。由于股东（大）会或董事会决议均属于公司内部决议，相对人不可能知道，也没有义务知道其内容，因此如果公司不能证明第三人非善意，则代表行为有效。我国《民法总则》第61条明确规定，法人权力机构对法定代表人代表权的限制，不能对抗善意相对人。

第六节　公司资本制度

一、公司资本的概念和法律意义

公司法意义上的公司资本是由全体股东出资构成的公司财产，公司资本数额确定了股东对公司责任的最高限度，因此成为公司信用的重要组成部分，进而被法律确定为公司获得独立人格的必备法律要件，也是股东享有有限责任的前提。

在公司法意义上，公司资本是由全体股东出资构成的公司财产。股东有限责任和公司独立人格在降低投资风险方面的巨大作用，使得公司制度成为现代市场经济条件下最佳的集资工具。而由全体股东出资构成的公司资本，在公司存在及运转的全过程中扮演着极其重要的角色：由于公司资本数额确定了股东对公司责任的最高限度，因此来源于全体股东的公司资本成为公司信用的重要组成部分，进而被法律确定为公司获得独立人格的必备法律要件，也是股东享有有限责任的前提。

股东、公司、债权人三者之间关系的发展变化，主宰着公司形成及发展的全过程，因此三者关系的协调平衡是公司法立法及实施的重要目的。公司资本以其在形成公司独立人格以及保护公司债权人方面所具有的重要意义，成为公司制度的重要组成部分，体现了现代公司法协调和平衡股东、公司、债权人利益冲突的基本精神。

二、公司资本形成制度

公司资本形成制度可以划分为法定资本制、授权资本制和折中资本制。

公司资本来源于全体股东对公司的永久性投资，通过公司设立到成立阶段股份和资本的发行和认缴而形成，此即所谓资本形成。由于立法传统和习惯以及司法环境的不同，各国公司法对处于形成阶段的公司资本采用不同的监管方式，大致可归纳为：①公司设立时一次发行、全部认足并缴纳形成公司资本；②公司设立起至成立后分次发行、分次缴纳形成公司资本；③上述两种方式的折中，与此相应有三种不同的资本形成制度。

（一）两大法系公司资本形成制度的比较

1. 法定资本制。法定资本制是指公司设立时，必须在章程中对公司的资本总额作出明确规定，并须一次发行，由股东全部认足或募足，否则公司不得成立的资本形成制度。法定资本制是大陆法系国家公司法采用的资本形成制度。其主要特点是资本或股份在公司设立时必须在章程中确定，一次发行并全额认购缴清。大陆法系国家公司法实施的情况表明，尽管法定资本制对保证公司资本的真实可靠、防止公司设立中的欺诈和投机、维护交易安全具有一定作用，但这一制度不仅导致公司设立困难，而且在公司设立之初还可能出现资本积压和闲置，其后还会使公司增资时程序烦琐。

2. 授权资本制。授权资本制是指公司设立时，须在章程中确定资本总额，但全部资本可以分期发行，发起人或股东只需认足章程中所规定的最低限额资本，公司即可成立；未发行的资本，授权董事会根据公司营业需要随时发行或募集。授权资本制是英美法系国家公司法采用的资本形成制度。授权资本制的主要特点是公司设立时章程确定的资本总额可以分期发行，未发行股份的发行权可授予董事会。因此与法定资本制相比，在实行授权资本制的国家，无论章程确定多大的资本数额，公司都可以迅速成立，同时可避免资金的闲置和浪费，免除公司增资的烦琐程序。可见，授权资本制具有显而易见的方便和灵活性。当然，其缺陷是公司成立后可能出现实收资本与注册资本相差巨大，容易出现实有资本与其生产经营规模严重不符的情况，进而导致公司的欺诈行为。

3. 折中资本制。正是由于法定资本制和授权资本制各自的利弊，随着经济的发展，20世纪50年代以来，一些大陆法系国家在其公司法的修改完善中不同程度地吸收授权资本制，形成了一种介于两者之间的新的资本制度——折中资本制。折中资本制的主要特点是董事会根据公司法或章程的授权在公司成立后享有一定限度的新股发行权。根据对授权资本制吸收的情况不同，折中资本制分为两种情况：

（1）以德国为代表。根据德国《股份法》的规定，公司设立时，公司章程应记载公司资本数额，该资本应全部发行，全额认购，实物出资必须于公司申报成立时全部缴清，现金出资可以分期缴付，但公司设立时必须缴付不低于股票票面价值1/4的股款；同时，公司章程可以授权董事会在公司成立后的一定期限内（5年），在授权时公司资本一定比例的范围内，发行新股增加资本，而无需股东会的特别决议。法国、奥地利等国公

法定资本制是指公司设立时，必须在章程中对公司的资本总额作出明确规定，并须一次发行，由股东全部认足缴清，否则公司不得成立的资本形成制度。

授权资本制是指公司设立时，须在章程中确定资本总额，但公司资本可以分期发行，发起人或股东只认足章程中所规定的最低限额的资本，公司即可成立；未发行的资本，授权董事会根据公司营业需要和市场情况随时发行或募集。

20世纪50年代以来，一些大陆法系国家在其公司法的修改完善中，不同程度地吸收授权资本制，形成了一种介于两者之间的新的资本制度——折中资本制。其主要特点是董事会根据公司法或章程的授权在公司成立后享有一定限度的新股发行权。

司法中也有类似的规定。我国学术界将其称为"认可资本制"。

（2）以日本为代表。根据日本《商法》第二编，公司章程应记载公司发行股份的总数，公司股份可以分期发行，公司设立时发行的股份总数不得低于公司股份总数的1/4，并须由公司发起人或发起人与认股人全额缴清；未发行的股份授权董事会根据需要发行。我国学术界将其称为"折中授权资本制"。这种资本制既保留了法定资本制和授权资本制的优点，又在一定程度上克服了两者的不足。

4. 不同资本形成制度下与资本相关的概念。由于实行不同的资本形成制度，出现了下列与公司资本相关的概念：

资本总额：即公司章程中规定的股份总数与每股面值的乘积。在公司法中也称为股本总额；在实行授权资本制的国家，资本总额即为授权资本。

注册资本：记载于公司章程，在公司登记机关登记注册的公司资本总额。

发行资本：公司分期发行股份时，已经发行的股份总额。在公司全部股份发行完毕之前，发行资本总是低于公司资本总额。

认缴资本：股东在公司设立时向公司承诺缴纳的资本数额。

实缴资本：公司实际收到的股东作为投资而依法实际缴付的财产。

催缴资本：发行资本或认购资本中应当付清而尚未付清，需由公司催缴的部分。

（二）我国公司资本形成制度

我国《公司法》自1993年至今一直采用法定资本制。但适应社会经济及公司发展的需求，在2005年修订《公司法》大幅度降低公司注册资本最低限额，实行注册资本分期缴纳制之后，2013年再次修订《公司法》，取消了注册资本最低限额的规定。

如前所述，由于立法传统和习惯以及司法环境的不同，各国采用不同的公司资本形成制度，而不同制度又基于社会经济发展的需求而产生融合。因此，作为经济转型国家，我国对国外资本形成制度的借鉴，更多地考虑目前经济发展和法制环境的需要。由于我国公司立法深受大陆法系公司法的影响，加之转型经济时期市场体制及法制环境不够健全，法律改革注重对公司债权人以及社会利益的保护，因此，我国《公司法》自1993年至今一直采用法定资本制。与此同时，适应1993年以来社会经济及公司发展的需求，为降低公司设立成本，促进经济发展和扩大就业，2005年修订《公司法》时大幅度降低了公司注册资本最低限额，同时实行注册资本分期缴纳制。其后，为优化营商环境，促进市场主体发展，我国于2013年再次修订《公司法》，将注册资本实缴制改为认缴制，彻底取消了注册资本最低限额的规定。根据我国《公司法》以及前国家工商行政管理总局2014年发布的《公司注册资本登记管理规定》，可以对我国公司资本形成制度做如下归纳：

1. 注册资本认缴登记制。根据我国《公司法》的相关规定，公司设立时，必须在章程中对公司的资本总额作出明确规定，并须一次发行，公司股东认缴的出资总额或者发起人认购的股本总额应当在工商行政管理机关登记，与此相应，公司实收资本不再作为工商登记事项，公司登记时无需提交验资报告。此外，根据《公司法》以及国务院2014年《注册资本登记制度改革方案》，现行法律、行政法规以及国务院决定明确规定实行注册资本实缴登记制的银行业金融机构、证券公司、期货公司、基金管理公司、保险公司、保险专业代理机构和保险经纪人、直销企业、对外劳务合作企业、融资性担保公司、募集设立的股份有限公司，以及劳务派遣企业、典当行、保险资产管理公司、小额贷款公司等，暂不实行注册资本认缴登记制。

实行注册资本认缴登记制。公司股东认缴的出资总额或者发起人认购的股本总额即公司注册资本。

综上，在我国目前的注册资本认缴登记制下，有限责任公司的注册资本为在公司登记机关登记的全体股东认缴的出资额，有限责任公司的股东以其认缴的出资额为限对公司承担责任；股份有限公司采取发起方式设立的，注册资本为在公司登记机关登记的全体发起人认购的股本总额；采取募集方式设立的股份有限公司，其注册资本为在公司登记机关登记的实收股本总额，股份有限公司的股东以其认购的股份为限对公司承担责任。

公司注册资本登记由实缴制改为认缴制，不仅有利于鼓励个人创业，刺激个体经济的发展，而且有利于促进我国公司信用体系的建立。在认缴制下，对公司信用的了解将成为交易相对人防范和降低风险的重要举措，与此相应，政府监管部门也将随之逐步建立起市场主体的信用信息体系。

2. 注册资本分期缴纳制。为方便投资及有利于社会资金的集中，我国《公司法》规定，除募集设立的股份公司以及国务院行政法规规定的其他公司之外，公司章程确定、并由股东和发起人认购的注册资本可以分期缴纳，公司股东（发起人）应当对其认缴出资额、出资方式、出资期限等自主约定，并记载于公司章程。与此相应，除法律、行政法规以及国务院决定对特定行业注册资本最低限额另有规定的外，取消公司注册资本最低限额的限制，不再限制公司设立时股东的首次出资比例以及货币出资比例。以此为基础，公司应当将股东认缴出资额或者发起人认购股份、出资方式、出资期限、缴纳情况通过市场主体信用信息公示系统向社会公示，公司股东（发起人）对缴纳出资情况的真实性、合法性负责。

有限公司和发起设立的股份有限公司，其注册资本可以按章程规定分期缴纳。

3. 股东出资方式。股东可以用何种财产向公司缴纳出资即股东出资方式。股东出资方式有哪些？这个问题涉及股东与债权人之间的利益冲突：股东希望出资方式能够多种多样，而债权人则要求股东出资方式能够满足公司债务偿还的要求。考虑到股东与公司债权人之间的利益平衡，我国《公司法》第 27 条和《公司注册资本登记管理规定》第 5 条规定，除法律法规规定不得作为出资的财产之外，股东可以用货币出资，也可以用实物、知识产权、土地使用权等可以用货币估价并可以依法转让的非货币财产作价出资；但股东不得以劳务、信用、自然人姓名、商誉、特许经营权或者设定担保的财产等作价出资；对作为出资的非货币财产应当评估作价，核实财产，不得高估或者低估作价。

股东可以用货币出资，也可以用实物、知识产权、土地使用权等可以用货币估价并可以依法转让的非货币财产作价出资。

关于实践中长期存在的股权出资和债权出资问题，《公司注册资本登记管理规定》第 6、7 条规定：①股东或者发起人可以以其持有的在中国境内设立的公司（以下称股权所在公司）股权出资。以股权出资的，该股权应当权属清楚、权能完整、依法可以转让。但具有下列情形的股权不得用作出资：一是已被设立质权；二是股权所在公司章程约定不得转让；三是法律、行政法规或者国务院决定规定，股权所在公司股东转让股权应当报经批准而未经批准；四是法律、行政法规或者国务院决定规定不得转让的其他情形。②债权人可以将其依法享有的对在中国境内设立的公司的债权，转为公司股权。转为公司股权的债权应当符合下列情形之一：债权人已经履行债权所对应的合同义务，且不违反法律、行政法规、国务院决定或者公司章程的禁止性规定；经人民法院生效裁判或者仲裁机构裁决确认；公司破产重整或者和解期间，列入经人民法院批准的重整计划或者裁定认可的和解协议。用以转为公司股权的债权有两个以上债权人的，债权人对债权应当已经作出分割。债权转为公司股权的，公司应当增加注册资本。

此外，针对实践中股权出资案件审理的实际情况，《最高人民法院关于适用〈中华人民共和国公司法〉若干问题的规定（三）》第 11 条明确规定：出资人以其他公司股权出资，符合下列条件的，人民法院应当认定出资人已履行出资义务：①出资的股权由出资人合法持有并依法可以转让；②出资的股权无权利瑕疵或者权利负担；③出资人已履行关于股权转让的法定手续；④出资的股权已依法进行了价值评估。当股权出资不符合上述第①～③项的规定，公司、其他股东或者公司债权人请求认定出资人未履行出资义务的，人民法院应当责令该出资人在指定的合理期间内采取补正措施，逾期未补正的，人民法院应当认定其未依法全面履行出资义务。当股权出资不符合上述第④项规定时，公司、其他股东或者公司债权人请求认定出资人未履行出资义务的。人民法院应当委托具有合法资格的评估机构对该财产评估作价。评估确定的价额显著低于公司章程所定价额的，人民法院应当认定出资人未依法全面履行出资义务。

4. 股东出资的缴纳。为确保资本真实，《公司法》第28条规定，股东应当按期足额缴纳公司章程中规定的各自认缴的出资额，包括将货币出资足额存入公司在银行的账户、依法办理非货币财产出资的财产权的转移手续，对作为出资的非货币财产应当评估作价，核实财产，不得高估或者低估作价。有限公司股东不按规定缴纳出资的，除应向公司足额缴纳外，还应向已按期足额缴纳出资的股东承担违约责任；股份公司发起人不按规定缴纳出资的，按照发起人协议承担违约责任。

针对近年来股东出资缴纳中出现的实际问题，《最高人民法院关于适用〈中华人民共和国公司法〉若干问题的规定（三）》第6～10条明确规定：①股份有限公司的认股人未按期缴纳所认股份的股款，经公司发起人催缴后在合理期间内仍未缴纳，公司发起人对该股份另行募集的，人民法院应当认定该募集行为有效。认股人延期缴纳股款给公司造成损失，公司请求该认股人承担赔偿责任的，人民法院应予支持。②出资人以不享有处分权的财产出资，当事人之间对于出资行为效力产生争议的，人民法院可以参照《物权法》第106条的规定予以认定。以贪污、受贿、侵占、挪用等违法犯罪所得的货币出资后取得股权的，对违法犯罪行为予以追究、处罚时，应当采取拍卖或者变卖的方式处置其股权。③出资人以划拨土地使用权出资，或者以设定权利负担的土地使用权出资，公司、其他股东或者公司债权人主张认定出资人未履行出资义务的，人民法院应当责令当事人在指定的合理期间内办理土地变更手续或者解除权利负担；逾期未办理或者未解除的，人民法院应当认定出资人未依法全面履行出资义务。④出资人以非货币财产出资，未依法评估作价，公司、其他股东或者公司债权人请求认定出资人未履行出资义务的，人民法院应当委托具有合法资格的评估机构对该财产评估作价。评估确定的价额显著低于公司章程所定价额的，人民法院应当认定出资人未依法全面履行出资义务。⑤出资人以房屋、土地使用权或者需要办理权属登记的知识产权等财产出资，已经交付公司使用但未办理权属变更手续，公司、其他股东或者公司债权人主张认定出资人未履行出资义务的，人民法院应当责令当事人在指定的合理期间内办理权属变更手续；在前述期间内办理了权属变更手续的，人民法院应当认定其已经履行了出资义务；出资人主张自其实际交付财产给公司使用时享有相应股东权

有限公司股东不按规定缴纳出资的，除应向公司足额缴纳外，还应向已按期足额缴纳出资的股东承担违约责任；股份公司发起人不按规定缴纳出资的，按照发起人协议承担违约责任。

利的，人民法院应予支持。出资人以前款规定的财产出资，已经办理权属变更手续但未交付给公司使用，公司或者其他股东主张其向公司交付、并在实际交付之前不享有相应股东权利的，人民法院应予支持。

5. 虚假出资的法律责任。在公司注册资本认缴登记制下，所谓虚假出资，是指公司股东和发起人未交付或者未按期交付作为出资的货币或者非货币财产的行为。为保证法定资本制的实现，我国《公司法》规定，未按法律及章程规定履行出资义务的股东（发起人）对其出资不足额负补缴责任，有限公司初始股东及股份有限公司的发起人对此负连带责任。针对实践中股东（发起人）履行出资义务中存在的实际问题，《最高人民法院关于适用〈中华人民共和国公司法〉若干问题的规定（三）》第 13 条明确规定：首先，对未履行或者未全面履行出资义务的股东，公司或者其他股东可请求其向公司依法全面履行出资义务；公司债权人可以请求未履行或者未全面履行出资义务的股东在未出资本息范围内对公司债务不能清偿的部分承担补充赔偿责任。其次，股东在公司设立时未履行或者未全面履行出资义务，依法提起诉讼的公司、其他股东或者公司债权人请求公司的发起人与被告股东承担连带责任的，人民法院应予支持，公司的发起人承担责任后，可以向被告股东追偿；股东在公司增资时未履行或者未全面履行出资义务，提起诉讼的公司、其他股东或者公司债权人请求未尽《公司法》第 147 条第 1 款规定的义务而使出资未缴足的董事、高级管理人员承担相应责任的，人民法院应予支持，董事、高级管理人员承担责任后，可以向被告股东追偿。此外，该解释还规定，当公司或者其他股东向未履行或者未全面履行出资义务的股东请求履行时，被告股东不得以诉讼时效为由进行抗辩；公司债权人的债权未过诉讼时效期间，其请求未履行或者未全面履行出资义务的股东承担赔偿责任时，被告股东不得以出资义务超过诉讼时效期间为由进行抗辩。综上，针对实践中股东不按法律及章程规定履行出资义务的行为，我国司法审判实践通过明确原告权利以及对诉讼时效的特殊规定，强化了对股东履行出资义务的监督，加大了对公司、股东和公司债权人保护的力度。

值得关注的是，为加强对股东未履行或者未全面履行出资义务的监督，《最高人民法院关于适用〈中华人民共和国公司法〉若干问题的规定（三）》第 16～17 条明确规定：股东未履行或者未全面履行出资义务，公司根据章程或者股东会决议对其利润分配请求权、新股优先认购权、剩余财产分配请求权等股东权利作出相应的合理限制，该股东请求认定该限制无效的，人民法院不予支持。有限责任公司的股东未履行出

虚假出资是指公司股东和发起人未交付或者未按期交付作为出资的货币或者非货币财产的行为。

资义务，经公司催告缴纳，其在合理期间内仍未缴纳，公司以股东会决议解除该股东的股东资格，该股东请求确认该解除行为无效的，人民法院不予支持。上述表明，尽管我国《公司法》尚未作出规定，但我国司法审判实践已经认可，在股东未履行或者未全面履行出资义务时，公司可对相应股东的权利作出合理限制；而当股东未履行出资义务时，公司可以依法定程序将其除名。

此外，根据我国《公司法》第199条的规定，公司的发起人、股东虚假出资，未交付或者未按期交付作为出资的货币或者非货币财产的，由公司登记机关责令改正，处以虚假出资金额5%以上15%以下的罚款。

三、公司资本维持制度

（一）资本维持原则概述

公司成立时起至公司终止时止，公司处于经营阶段，公司资本处于流转过程。为防止公司在经营期间不正当地减少资本或者公司资本不正当地流向公司控制人，保护公司小股东和公司债权人利益，各国公司资本立法均贯彻资本维持原则。

资本维持（或资本充实）即公司在存续过程中，应经常保持与其资本额相当的实有财产，以防止公司资本的实质性减少，维持公司清偿债务的能力，保护公司债权人的利益。资本维持和资本形成一起，共同构成了公司资本制度的完整体系。其中，各国因其不同的立法传统和司法环境而采用不同的资本形成制度，因此各国对资本维持原则的贯彻方式也不完全相同。归纳起来，主要包括：对公司减资的限制、对公司收购自己股份的限制、对公司利润分配的限制、对公司关联交易的限制、股东对出资不足额的补缴责任等。此外，随着现代公司及市场的发展，公司人格否认在资本维持中发挥着越来越大的作用。

> 公司资本制度是一个由资本形成、资本维持构成的完整体系。资本维持原则的核心在于防止公司资本不正当地流向公司控制人，其主要措施包括：对公司减资的限制、对公司收购自己股份的限制、对公司利润分配的限制、对公司关联交易的限制等。

（二）我国公司资本维持制度

1. 公司不得任意增减资本。为防止公司任意增、减资本可能对股东和公司债权人造成损害，我国《公司法》规定了明确资本变动程序：①公司增减资本必须经股东会决议通过；②减资时公司应编制资产负债表、财产清单；③在法定期限内向债权人发出通知、公告，债权人有权要求公司清偿债务或提供相应的担保。《公司法》第204条规定，公司在减资时不依法通知公司债权人的，由公司登记机关责令改正，对公司处以1万元以上10万元以下的罚款。此外，根据《公司法》和《公司注册资本登记管

> 注意掌握我国《公司法》中有关资本维持的基本规定。

规定》的相关规定，法律、行政法规以及国务院决定规定公司注册资本有最低限额的，减少后的注册资本应当不少于最低限额。

股东在公司经营期间不得抽逃出资。

2. 股东在公司经营期间不得抽逃出资。我国《公司法》第 200 条规定，公司发起人、股东在公司成立后抽逃其出资的，由公司登记机关责令改正，处以所抽逃出资金额 5% 以上 15% 以下的罚款。

关于抽逃出资的认定，《最高人民法院关于适用〈中华人民共和国公司法〉若干问题的规定（三)》第 12 条明确规定：公司成立后，公司、股东或者公司债权人以相关股东的行为符合下列情形之一且损害公司权益为由，请求认定该股东抽逃出资的，人民法院应予支持：①制作虚假财务会计报表虚增利润进行分配；②通过虚构债权债务关系将其出资转出；③利用关联交易将出资转出；④其他未经法定程序将出资抽回的行为。与此同时，该解释第 14 条还明确规定：股东抽逃出资，公司或者其他股东可以请求其向公司返还出资本息，还可以请求协助抽逃出资的其他股东、董事、高级管理人员或者实际控制人对此承担连带责任；公司债权人可以请求抽逃出资的股东在抽逃出资本息范围内对公司债务不能清偿的部分承担补充赔偿责任，还可以请求协助抽逃出资的其他股东、董事、高级管理人员或者实际控制人对此承担连带责任。上述解释还规定，当公司或者其他股东向抽逃出资的股东请求返还时，被告股东不得以诉讼时效为由进行抗辩；公司债权人的债权未过诉讼时效期间，其请求抽逃出资的股东承担赔偿责任时，被告股东不得以出资义务超过诉讼时效期间为由进行抗辩。

为加强对股东抽逃出资行为的惩处，按照《最高人民法院关于适用〈中华人民共和国公司法〉若干问题的规定（三)》第 16~17 条的规定：股东抽逃出资时，公司可以根据章程或股东会决议对其利润分配请求权、新股优先认购权、剩余财产分配请求权等股东权利作出相应的合理限制；有限责任公司股东抽逃全部出资，经公司催告返还，其在合理期间内仍未返还的，公司可以股东会决议解除该股东的股东资格。此外，根据我国《公司法》第 200 条规定，公司发起人、股东在公司成立后抽逃其出资的，由公司登记机关责令改正，处以所抽逃出资金额 5% 以上15% 以下的罚款。

除公司法规定的特殊情形外，公司不得回购其股权或者股份。

3. 对公司回购股份的限制。公司收购本公司股份实际上是股东与发行公司之间的股票交易行为。从资本维持的角度，由于交易主体之间的特殊关系，发行公司作为受让方收购自己发行的股份将造成公司资本的实质性减少，不利于对公司债权人的保护。因此，公司法禁止公司回购其股权或股份。但为解决实践中小股东对公司某些重大经营管理事项存在异议而要求退出公司、处理公司减资时的股份消除等问题，《公司法》第74、142条规定了公司可以回购股权或者股份的例外情形，即有限责任公司有下列情形之一时，对股东会该项决议投反对票的股东可以请求公司按照合理价格收购其股权：公司连续5年不向股东分配利润，而公司该5年连续盈利，并且符合公司法规定的分配利润的条件；公司合并、分立、转让主要财产的；公司章程规定的营业期限届满或者章程规定的其他解散事由出现，股东会会议通过决议修改章程使公司存续的。股份有限公司有下列情形之一时可以收购本公司股份：减少公司注册资本；与持有本公司股份的其他公司合并；将股份奖励给本公司职工；股东因对股东大会作出的合并、分立决议持异议，要求公司收购股份的。

4. 对公司分配的限制。按照《公司法》的规定，在公司经营产生盈余时，股东有权要求分配股利，但为防止公司分配造成公司资本的实际减少，保护公司以及债权人的合法权益，《公司法》第166条明确规定，公司在依法弥补亏损、提取公积金之前，不得向股东分配利润。

除上述之外，《公司法》还规定，股份公司不得以低于股票面额的价格发行股份；公司不得接受本公司的股票作为质押权的标的。上述所有规定的意图均在于贯彻资本维持原则，保护公司股东和债权人的合法权益。

第七节　公司法人人格否认

一、公司法人人格否认的基本含义

（一）公司法人人格否认的概念

就公司法理论而言，在股东出资基础上，公司作为独立法律主体承担财产责任，公司债权人就其债权额只能向公司请求清偿，并且只能在公司财产范围内得到清偿。这是处理公司外部关系的一般原则。但随着社会经济的发展，当股东有限责任被滥用而沦为一些人谋取非法利益的工具时，公司独立人格也就成为违法者损害公司债权人和社会利益的工具。此时继续维护公司的独立人格，必然违反法律所倡导的正义、公平精神。因此在特定情况下，公司法及司法审判实践不考虑公司独立法人的特性，抛开公司法人地位追究被公司法人特性所掩盖的经济实情，从而责令特定的股东直接承担公司的义务和责任，此即"公司法人人格否认"。

> 公司法人人格否认是指在特定情况下，公司法及审判实践不考虑公司独立法人的特性，追究被公司法人特性所掩盖的经济实情，从而责令特定的股东直接承担公司的义务和责任。

（二）公司法人人格否认的特征

公司法人人格否认的基本特点是：①公司人格否认是在特定情形下进行的，所谓特定情形，是指股东滥用公司独立法律地位和股东有限责任、给公司债权人和社会造成严重损害的场合，具体而言有利用公司回避合同义务、利用公司规避法律义务、公司资本显著不足、公司人格形骸化（即公司和股东在财产、组织和业务等方面发生混同）等。②公司人格否认的目的，是当上述特定情形发生时，通过否认公司法人独立地位，最终否认股东有限责任，从而使滥用公司法人独立地位和股东有限责任的股东对公司债权人或社会公共利益直接负责。③由于实践中股东滥用公司人格和有限责任的表现形式多种多样，因此公司人格否认原则的法律表现形式是成文法和判例的结合。

二、公司法人人格否认的理论解释

（一）股东有限责任和公司法人制度的缺陷

公司人格否认的制度根源在于股东有限责任和公司法人制度的缺陷。

尽管股东有限责任与公司法人制度的运用为现代公司的存在和发展开辟了道路，因而成为现代公司制度的两大支柱——没有股东有限责任和公司法人制度就没有现代公司制度，但也正是这两大制度本身的缺陷，使其面临被股东滥用的可能。因此，只有正视两大制度的缺陷，才能保证公司制度得以正常并持续地运用。学术界通说认为，股东有限责任和公司法人制度存在以下缺陷：

1. 股东有限责任和公司独立人格制度对公司债权人不够公正。这可以从以下两方面理解：

（1）为了吸引投资，公司法遵循公平原则，依公司财产的不同来源、根据利益和风险之间的关系区分股东和公司债权人，按照既有财产权保护规则确定两者不同的法律地位并提供相应的保护，因此，股东可以通过行使股权保护自己的投资利益，而债权人却不能通过介入公司经营保护自己债权的实现。这种制度安排随着股份分散化和小额化，尤其是公司内部控制的日益发展，给公司债权人带来了现实威胁，债权投资风险小于股权投资风险的一般判断被质疑。

（2）作为经营组织，公司始终受到自然人的控制，按照公司法的结构，公司控制的力量来自大股东和公司经营者。当控制是恶意的并导致公司经营状况恶化甚至倒闭时，股东有限责任的阻隔会使公司债权人可能得不到清偿或得不到足额清偿，这为股东滥用有限责任和公司独立人格提供了可能性，尤其是当存在关联关系时。因此，股东有限责任和公司独立人格的结合在降低股东投资风险的同时，增加了公司债权人与公司交易的风险。

2. 股东有限责任和公司独立人格制度可能造成股东或者经营者对侵权责任的规避。由侵权损害赔偿而产生的债权债务关系即侵权之债。一般认为，承认公司具有意思能力、行为能力，公司就必然具有侵权能力，因此任何人均可成为公司侵权行为的债权人。此时，应当注意，债权人不仅被迫与公司建立了债权债务关系，而且在一些情况下，债权数额会大到足以使公司倾家荡产（例如一些国家生产者或销售者侵犯消费者权益而导致的损害赔偿责任）；而在另一些情况下（例如公司濒临倒闭时），公司可能无法偿付对雇员的欠薪。因此，股东有限责任和公司独立人格的存在会使受害人的赔偿要求得不到满足。毫无疑问，对这些"被动债权人"而言，这是极不公正的。

（二）对公司法人本质的认识

由于股东有限责任和公司独立人格制度固有的缺陷，并且这种缺陷随着经济的发展在实践中日益显露，因此为解决日益增多的公司人格滥用现象给经济发展带来的不利影响，各国在立法实践中采取了一些保护债权人的措施。美国法院于 20 世纪初首次提出了"揭开公司面纱原则"（the Principle of Piercing the Corporate Veil），又称公司人格否认原则（Disregard of the Corporate Fiction or Corporate Personality）。因此而涉及的问题是，公司人格（面纱）是否可以被否认（揭开）？这涉及对法人本质的认识。

早在 19 世纪，学术界就对这个问题进行了探讨，形成了具有代表意义的几种学说：法人拟制说、法人否认说以及法人实在说。法人制度发展的历史已经证明，这些学说各有其侧重，但又各有其不足。从各国立法情况看，针对法人的具体规定不完全相同，但是，法人之所以成为法人，是由于法律的认可，这一点与自然人成为法律主体并无质的区别。法律只是根据实际生活的需要赋予法人以权利能力和行为能力，而法人因此也具有独立的责任能力。在这个意义上，即使采用法人实在说，也并不意味着必然否定自然人的意志和行为在法人意志和行为中的作用。因为无论是组织体还是有机体，法人只能通过组成机关的自然人的行为进行活动，因此无论采用何种学说，制定一系列规则对这些自然人与法人之间的关系加以规范和调整是法人制度的共性。在这个意义上，法人拟制说具有科学性。从这一点出发，应当说在公司的对外关系中只确定

法人拟制说的科学性决定了在公司对外关系中只确定公司法人的责任是远远不够的，必须充分认识法人为法律拟制的客观事实，并对股东的行为进行规范，才有利于法人制度的生存。

公司法人的责任是远远不够的，必须充分认识法人为法律拟制的客观事实，对股东和经营者的行为进行规范，才有利于法人制度的生存。

综上，我们可以这样归纳公司人格否认原则产生的意义：

1. 公司人格否认原则的产生，首先体现了法律对实质意义上的公平和正义的追求：当一项制度适用的结果违背了法律确定该项制度的本意，甚至走向其反面，进而导致新的不公平时，法律对正义的追求要求对其进行修正。

2. 公司人格否认理论的确立和适用有力地维护了公司债权人的利益，在公司人格被滥用情况下平衡了股东、公司、债权人三者的利益关系，从而维护了交易的安全。因此可以说，公司人格否认原则是弥补股东有限责任和公司独立人格制度缺陷的重要法律措施，充分体现了公司法维护公司、股东、债权人及社会利益的立法精神。

三、我国公司法的基本规定

关于公司人格否认原则的具体情形、立法形式、适用条件以及适用限制等，不同国家的法律规定不尽相同。在我国，学界通说认为，1994年最高人民法院在《关于企业开办的其他企业被撤销或者歇业后民事责任承担问题的批复》中的相关规定，实际上是公司人格否认原则的运用。考虑到目前我国经济转型条件下市场机制和法治环境不完善对公司信用的不利影响，在以放松管制为目的而对公司资本形成制度进行宽松化改革、取消法律对公司对外投资和担保限制的背景下，我国《公司法》第20条确立了公司人格否认原则，明确规定：公司股东应当遵守法律、行政法规和公司章程，依法行使股东权利，不得滥用股东权利损害公司或者其他股东的利益；不得滥用公司法人独立地位和股东有限责任损害公司债权人的利益；公司股东滥用公司法人独立地位和股东有限责任，逃避债务，严重损害公司债权人利益的，应当对公司债务承担连带责任。此外，针对一人公司人格容易被股东滥用的特殊性，《公司法》第63条规定，一人有限责任公司的股东不能证明公司财产独立于股东自己的财产的，应当对公司债务承担连带责任。

第八节　关联关系及其监管

一、关联关系的概念

关联关系是发生在具有控制地位当事人与企业之间的关系，此类控制既包括直接控制，也包括间接控制。2005 年我国《公司法》修订的一个重要内容，是对关联关系作出了规定。《公司法》第 216 条第 4 项规定："关联关系，是指公司控股股东、实际控制人、董事、监事、高级管理人员与其直接或者间接控制的企业之间的关系，以及可能导致公司利益转移的其他关系，但是，国家控股的企业之间不仅因为同受国家控股而具有关联关系。"

我国《公司法》中关联关系的概念具有以下要点：①关联关系的核心或本质是双方当事人之间存在控制与被控制关系，包括直接控制和间接控制关系。②按照《公司法》的规定，关联关系可以分为以下两大类：第一类是公司控股股东、实际控制人、董事、监事、高级管理人员与其直接或间接控制的企业之间的关系；第二类则是可能导致公司利益转移的其他关系。③应当注意，根据我国《企业国有资产法》对国有股权主体的相关规定，国家控股并不是一个严格意义上的法律概念，因此在法律上对同受国家控股的企业之间是否具有关联关系仍然要按照《公司法》对关联关系的相关规定进行判断，而不能仅因其同受国家控股而判断其具有关联关系。

二、关联关系产生的问题——关联企业角度的分析

企业是自然人用于交易的工具，由于关联关系是发生在当事人与企业之间的控制与被控制关系，企业在其中处于被控制地位，因此利用关联关系，控制主体可以通过对多个企业的控制实现其目的。这一点在关联关系双方均为企业，即关联企业的情况下表现最为明显。因此，本节通过对关联企业的分析来评价关联关系。

（一）关联企业的概念

对于关联企业的概念，目前法学界尚无一个公认的统一标准。目前，国际上对关联企业规定最全面的当属德国。德国《股份法》（1965年）第一编用 8 个条文、第三编用 47 个条文对关联企业作了专门规定。美国各州成文法上并没有关联企业的规定，但其秉承英美法系传统，运用判例对关联企业予以规范。我国台湾地区"公司法"于 1997 年 5 月 31 日进行了修订，仿欧美规定增加了第六章之一"关系企业"。该法第 369 条之一规定："本法所称关系企业，指独立存在而相互间具有下列关系之企业：①有控制与从属关系之公司。②相互投资之公司。"

我们认为，关联企业是与单一企业或独立企业相对应的概念，有广义和狭义之分。广义的关联企业，泛指一切与他企业之间具有控制关

关联企业是与单一企业或独立企业相对应的概念，有广义和狭义之分。广义的关联企业，泛指一切与他企业之间具有控制关系、投资关系、业务关系、人事关系、财务关系以及合同关系等利益关系的企业。狭义的关联企业，则是指与他企业之间存在直接或间接控制关系或重大影响关系的企业。

系、投资关系、业务关系、人事关系、财务关系以及合同关系等利益关系的企业。狭义的关联企业，则是指与其他企业之间存在直接或间接控制关系或重大影响关系的企业。本节所讨论的关联企业只限于狭义的关联企业。我国《公司法》中对"关联关系"的定义是从"关系"的角度对"关联"问题进行的界定，它的外延涵盖了以"主体"为切入点的"关联企业"的范围，具体来讲，在第一类关联关系中，只有作为非自然人的公司控股股东和实际控制人与其直接控制企业或间接控制企业之间的关系属于关联企业之间的关联关系；在第二类可能导致公司利益转移的其他关系中，也同样要求关系双方具有企业形态。

（二）关联企业的法律特征

关联企业已经突破了传统上单一企业的范畴，成为现代社会经济生活中一种日趋重要的经济现象。它具有以下几个法律特征：

1. 关联企业是企业联合体的组成部分。依传统的企业概念，企业表现为单体性，它是一个独立的实体，具有民事权利能力和民事行为能力，能够以自己的名义从事交易活动，与其他企业无涉。而关联企业则存在于两个或两个以上的企业组成的联合体中，是企业联合体的组成部分。因此，关联企业的概念是对企业联合体中个体企业之间关系的描述，不是企业联合体的称谓。

2. 各关联企业均具有独立的法律地位。关联企业必须具有独立的法律地位，这是成为关联企业的一个不可或缺的前提条件。德国《股份法》和我国台湾地区"公司法"对此均有明确规定。企业的分支机构（如分公司）、自然人的普通合伙等，因其不具有独立的法律地位不可能成为关联企业。

3. 关联企业之间存在着一定的经济利益联系纽带，这种联系纽带体现着一定的经济利益关系，往往决定着关联企业之间的利益分配或对这种分配有重大影响。从各国立法看，这种联系纽带主要有：

（1）股份。即企业之间通过直接投资方式建立起关联关系。这是关联企业产生的最基本也是最常见的方式。

（2）合同。即企业之间通过合同方式建立起关联关系。这种联系方式在立法上仅见于德国。根据德国《股份法》的规定，关联企业合同包括支配合同、盈余移转合同、盈余共享合同、部分盈余移转合同、营业出租合同和营业转让合同等类型。

（3）人事连锁。人事连锁是公司常用的一种关联纽带。当一公司与他公司的董事、监事、经理有相同者并足以形成控制或重大影响时，该公司与他公司互为关联企业。由于公司董事、监事、经理人选受多数股份控制，人事连锁背后一般有着相应的股份支持，故人事连锁实际上体现了当事公司之间的资本联系。

4. 关联企业之间存在直接或间接的控制关系或重大影响关系。广义的关联企业之间的关系千姿百态，但法律一般只对具有直接或间接的控制关系或重大影响关系的关联企业进行调整。在法律层面上，立法者选择具有直接或间接控制关系或重大影响关系的关联企业作为规制对象，体现了法律的理性。因为法律的控制力不仅是有限的，而且这种控制也有可能损害有积极意义的关联关系。

（三）关联企业对公司法的挑战

关联企业所带来的利益冲突和法律调整问题对公司法提出了挑战，主要表现在以下几个方面：

1. 从属公司少数股东利益的保护问题。由于从属公司的经营受到控制公司的支配和控制，它常常是在为控制公司或公司集团的利益而经营，从属公司的利益因此受到损害，这是显而易见的。从理论上讲，公司的利益受损，作为公司最终所有人的股东（包括控制股东和少数股东）的利益必然受损。但实际上，控制股东（即控制公司）在从属公司中所受到的损害，可以从控制公司本身或公司集团的其他成员公司获得的相应利益中得到补偿。因此，从属公司中真正受到损害的只是少数股东。由此引出对从属公司少数股东利益的保护问题。

2. 从属公司债权人利益的保护问题。在存在控制公司的情况下，从属公司虽然在法律上是独立的主体，但控制公司的指挥使其在经济上丧失了部分或全部的自主性，其经营往往不是为了自身的利益，而是为了控制公司或公司集团的利益。从属公司经常被利用作为追求控制公司或公司集团利益的工具，其营业计划常常只是控制公司或公司集团整体营业计划的一部分或一个环节，其资产或利润往往被不当移转或被迫用于承担控制公司转嫁的经营风险。控制公司则利用从属公司的法人地位及股东有限责任制度获得与其承担的经营风险不相称的利益。在这种情况下，从属公司债权人因从属公司资产的不当减少而承担更大的风险，由此产生对从属公司债权人利益的保护问题。

3. 董事专权问题。法人股东权一般由公司董事会行使。在公司股权分散的情况下，公司董事会权力趋于膨胀，在事实上控制公司。如果公司通过相互转投资而相互参股、交叉持股，各关联公司的董事可能通过协商，以符合对方意愿的方式行使表决权，从而控制公司股东会。这样

从属公司及其少数股东利益的保护、从属公司债权人利益的保护、董事专权问题、虚增资本问题是关联企业所带来的利益冲突和法律问题。

一来，股东会的功能丧失殆尽，董事滥用职权将难以避免。例如，相互持股的甲、乙两个关联公司的董事相互协商，甲公司对乙公司所持有的表决权依据乙公司的董事的意愿行使，乙公司对甲公司所持有的表决权亦依据甲公司的董事的意愿行使。于是，甲、乙两公司的董事均可利用相互投资额，投票选举自己，或以对方意愿表决公司重要议案，达到控制本公司股东会的目的。这样就有可能损害公司股东（主要是少数股东）的利益，增加代理成本。我国《公司法》对这一问题已有所警惕，并在第 124 条规定了具有关联关系的董事的表决权回避制度。

4. 虚增资本问题。公司企业间相互投资，会出现资本虚增问题。例如，甲、乙两公司原各有资本 1 亿元，现两家公司同时增资 4000 万元，相互向对方投资 4000 万元。虽然两家公司均新增资本 4000 万元，但实际上两家公司的资产并未有任何增加。这却使债权人误以为公司资本雄厚，造成资本虚增现象，有碍于公司的资本充实。

通过对关联企业及其问题的分析，可以看出，关联关系对公司法的三大基本制度——公司法人人格、股东有限责任和公司治理结构——提出了挑战，控制主体滥用被控制公司的法人人格和股东有限责任制度，利用被控制公司股东会的资本多数决原则，追求自身利益的最大化，忽视被控制公司的股东及其债权人的利益。因此，公司法不得不通过改革寻找新的利益平衡点，重塑有关当事人之间的权利义务关系。

三、我国公司法对关联关系的监管

各国公司法均有对关联关系监控的规定，控制重点是对可能造成股东利益和公司债权人利益损害的关联交易的监管。为抑制关联关系可能带来的弊端，我国公司法采取以下措施对其进行监管：

1. 规定利用关联关系损害公司利益的赔偿责任。根据《公司法》第 21 条规定，公司的控股股东、实际控制人、董事、监事、高级管理人员不得利用其关联关系损害公司利益，违反上述规定给公司造成损失的，应当承担赔偿责任。

2. 对关联关系担保的限制。根据《公司法》第 16 条规定，公司为公司股东或者实际控制人提供担保的，必须经股东会或者股东大会决议。股东会或者股东大会就该项担保表决时，被担保的股东或者受被担保的实际控制人支配的股东不得参加表决，表决由出席会议的其他股东所持表决权的过半数通过。

3. 规定上市公司具有关联关系的董事表决权回避制度。针对上市公司的特殊性，《公司法》第 124 条规定，上市公司董事与董事会会议决

我国公司法对关联关系监管的主要措施为：规定利用关联关系损害公司利益的赔偿责任；对关联关系担保的限制；规定具有关联关系的董事表决权回避制度；直接禁止明显会损害公司利益的关联交易。

议事项所涉及的企业有关联关系的，不得对该项决议行使表决权，也不得代理其他董事行使表决权。该董事会会议由过半数的无关联关系董事出席即可举行，董事会会议所作决议须经无关联关系董事过半数通过。出席董事会的无关联关系董事人数不足 3 人的，应将该事项提交上市公司股东大会审议。

4. 直接禁止明显会损害公司利益的关联交易。根据《公司法》第 115 条规定，公司不得直接或者通过子公司向董事、监事、高级管理人员提供借款。

应当指出，尽管上述规定对关联关系的弊端具有抑制作用，但其在系统性、可操作性以及对公司债权人的保护方面还存在缺陷，需要结合我国公司的实际情况进一步完善。

第九节 公司的社会责任

一、公司社会责任及其立法概述

传统的公司法理论认为，由于股东投资设立公司并承担公司经营的风险，因此公司为股东利益而存在，公司的目的在于股东利益的最大化。但随着经济的发展，股权的分散、公司之间互相参股的增加、战略合作伙伴关系的发展，以及知识资本对企业经营日益重要，上述公司法理论受到越来越多的质疑：①公司价值增值的资源不仅仅是财务资本；②在人力资本是企业价值增值重要资源的企业，职工也与股东一样承担了与企业经营效益相关的风险；③股权的分散和流动使股东承担的风险下降，其关注企业经营效益的动力减弱；④经营环境的变化使越来越多的个人和群体的利益受到企业经营业绩的影响。

鉴于大企业行为引发了诸多社会问题，20 世纪 30 年代起，美国公司理论和实务界开始对包括股东、公司债权人、公司雇员、消费者及其他与公司业绩密切相关的社会公众的权益给予全面的关注和研究，认为在追求利润最大化情形下，公司不仅应当对股东负责，而且应当对其他利益相关者负责，在此基础上，他们将研究的重点放在对其他利益相关者的保护方面，将公司对后者利益的关注称之为公司的社会责任。

在公司社会责任理论研究中，利益相关者理论具有重要意义，其核心内容是：公司是各种投入的组合，是由不同生产要素提供者组成的一个系统。股东仅仅是资本的提供者，除此之外，债权人、经营者，特别是公司职工对公司都作出了专门化的特殊投资，他们提供的投资有许多是公司的专用资产（例如专用性人力资本），他们是公司的利益相关者，因而，他们对公司享有剩余索取权和剩余控制权并有权参与公司治理。公司经营除了要考虑股东利益外，还要考虑其他利益相关者的利益。公司经营不仅仅是为股东利益最大化服务，也应当为利益相关者创造财富服务。

尽管经过近一个世纪的讨论，但公司（企业）社会责任（Corporate Social Responsibility）至今仍然是一个存在争议的概念。我国学术界认为，公司社会责任是指公司不仅应当追求股东利润最大化，同时还负有最大限度地增进包括其他利益相关者利益在内的社会利益的义务。因此从法律角度理解，公司社会责任实际上是公司对除股东以外的其他利益相关者所承担的义务，是对传统的股东利益最大化原则的修正和补充。

公司社会责任作为公司的义务，它包括哪些内容，如何通过立法来实现？这是公司社会责任的立法问题。从各国立法情况看，尽管表现形式不同，但毫无疑问，公司社会责任理论极大地影响了立法，所涉及的法律领域不仅包括劳动法、消费者法、环境和自然资源保护法、公益事业捐赠法、税法等，也涉及公司法。在公司法方面，许多法律改革体现了公司社会责任，例如：美国 1917 年以来各州公司法赋予公司以实施慈善捐赠的权力、1983 年允许公司经理为保护其他利益相关者而拒绝恶意收购；德国 1937 年的《股份法》规定董事必须追求股东利益、公司雇员利益和公共利益，并在此基础上建立了完善的职工参与制度。

二、我国《公司法》对公司社会责任的规定

（一）公司承担社会责任的一般性规定

我国《公司法》第 5 条第 1 款明确规定："公司从事经营活动，必须遵守法律、行政法规，遵守社会公德、商业道德，诚实守信，接受政府和社会公众的监督，承担社会责任。"应当指出，尽管公司社会责任概念的提出已将近一个世纪，其研究成果极大地影响了立法及法律改革，但到目前为止，包括美国、德国在内的其他国家并没有直接在公司法典中对公司社会责任作出一般性规定。因此直接并明确规定了公司必须承担社会责任是我国《公司法》的一大特色。毫无疑问，这一规定不仅为《公司法》规定保护其他利益相关者的具体条款开辟了道路，而且也有利于《公司法》与其他相关法律的衔接，有利于《公司法》在实施

我国学术界认为，公司社会责任是指公司不仅应当追求股东利润最大化，同时还负有最大限度地增进包括其他利益相关者利益在内的社会利益的义务。因此从法律角度理解，公司社会责任实际上是公司对除股东以外的其他利益相关者所承担的义务，是对传统的股东利益最大化原则的修正和补充。

中保护利益相关者利益。

（二）《公司法》维护职工合法权益

1. 一般规定。我国《公司法》对公司职工合法权益的维护作出了两个方面的规定。

（1）公司职工依法组织工会维护自己的合法权益。《公司法》第18条第1款规定，公司职工依照《中华人民共和国工会法》组织工会，开展工会活动，维护职工的合法权益。公司应当为本公司工会提供必要的活动条件。公司工会代表职工就职工的劳动报酬、工作时间、福利、保险和劳动安全卫生等事项依法与公司签订集体合同。

（2）公司职工依法参与公司管理并对公司重大决策提出意见和建议。《公司法》第18条第2款和第3款规定，公司依照宪法和有关法律的规定，通过职工代表大会或者其他形式，实行民主管理。公司研究决定改制以及经营管理方面的重大问题、制定重要的规章制度时，应当听取公司工会的意见，并通过职工代表大会或者其他形式听取职工的意见和建议。

2. 规定职工董事和职工监事制度。进入公司机构参与公司经营决策，是我国《公司法》维护职工权益的重要制度安排。

（1）根据《公司法》第44条第2款、第108条第2款的规定，两个以上的国有企业或其他两个以上的国有投资主体设立的有限责任公司，其董事会成员中应当有公司职工代表；其他有限责任公司和股份有限公司董事会成员中可以有公司职工代表。董事会中的职工代表由公司职工通过职工代表大会、职工大会或者其他形式民主选举产生。

（2）根据《公司法》第51条第2款、第117条第2款的规定，有限责任公司和股份有限公司的监事会应当包括适当比例的公司职工代表，监事会中职工代表的比例不得低于1/3，具体比例由公司章程规定。监事会中的职工代表由公司职工通过职工代表大会、职工大会或者其他形式民主选举产生。

□ 小　结

本章主要阐述公司法总则中的重要制度。其中包括公司法的宗旨、公司设立、公司名称与住所、公司章程、公司权利能力和行为能力、公司资本制度、公司法人人格否认、关联关系监管、公司社会责任等，其主要内容如下：

一、公司法的宗旨及适用范围

1.

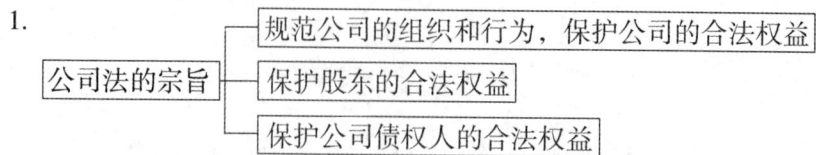

公司法的宗旨 —— 规范公司的组织和行为，保护公司的合法权益
—— 保护股东的合法权益
—— 保护公司债权人的合法权益

2. 公司法 的适用范围

二、公司设立

1.

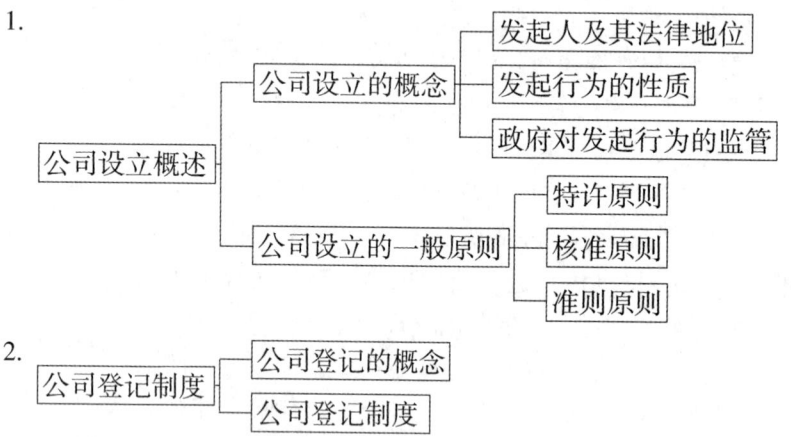

公司设立概述 —— 公司设立的概念 —— 发起人及其法律地位
—— 发起行为的性质
—— 政府对发起行为的监管
—— 公司设立的一般原则 —— 特许原则
—— 核准原则
—— 准则原则

2.

公司登记制度 —— 公司登记的概念
—— 公司登记制度

三、公司的名称与住所

1.

公司名称 —— 公司名称的概念
—— 我国公司法对公司名称的规定

2.

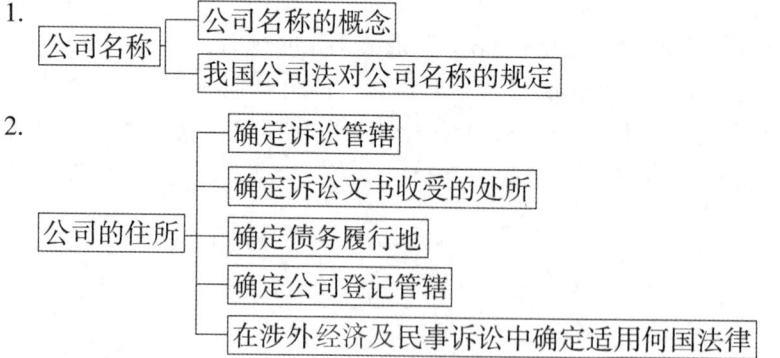

公司的住所 —— 确定诉讼管辖
—— 确定诉讼文书收受的处所
—— 确定债务履行地
—— 确定公司登记管辖
—— 在涉外经济及民事诉讼中确定适用何国法律

四、公司章程

1.

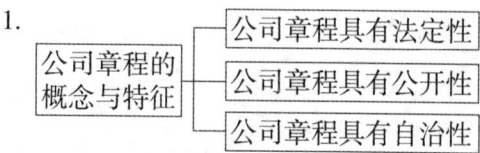

公司章程的概念与特征 —— 公司章程具有法定性
—— 公司章程具有公开性
—— 公司章程具有自治性

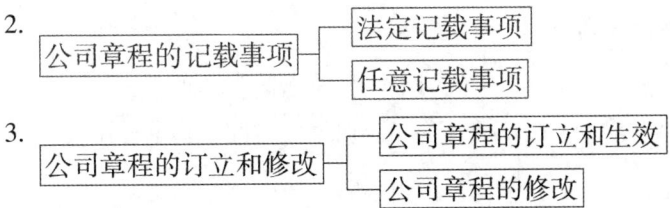

2. 公司章程的记载事项 ─┬─ 法定记载事项
　　　　　　　　　　　 └─ 任意记载事项

3. 公司章程的订立和修改 ─┬─ 公司章程的订立和生效
　　　　　　　　　　　　 └─ 公司章程的修改

五、公司的权利能力和行为能力

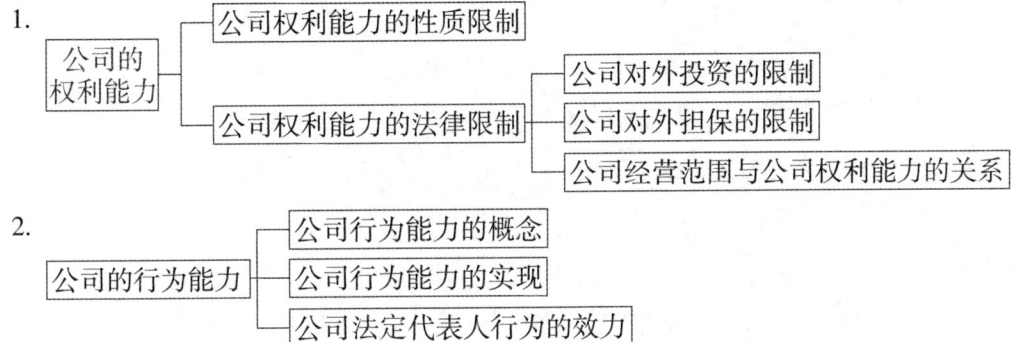

1. 公司的权利能力 ─┬─ 公司权利能力的性质限制
　　　　　　　　　 └─ 公司权利能力的法律限制 ─┬─ 公司对外投资的限制
　　　　　　　　　　　　　　　　　　　　　　　├─ 公司对外担保的限制
　　　　　　　　　　　　　　　　　　　　　　　└─ 公司经营范围与公司权利能力的关系

2. 公司的行为能力 ─┬─ 公司行为能力的概念
　　　　　　　　　 ├─ 公司行为能力的实现
　　　　　　　　　 └─ 公司法定代表人行为的效力

六、公司资本制度

1. 公司资本的概念和法律意义 ─┬─ 概念
　　　　　　　　　　　　　　 └─ 法律意义

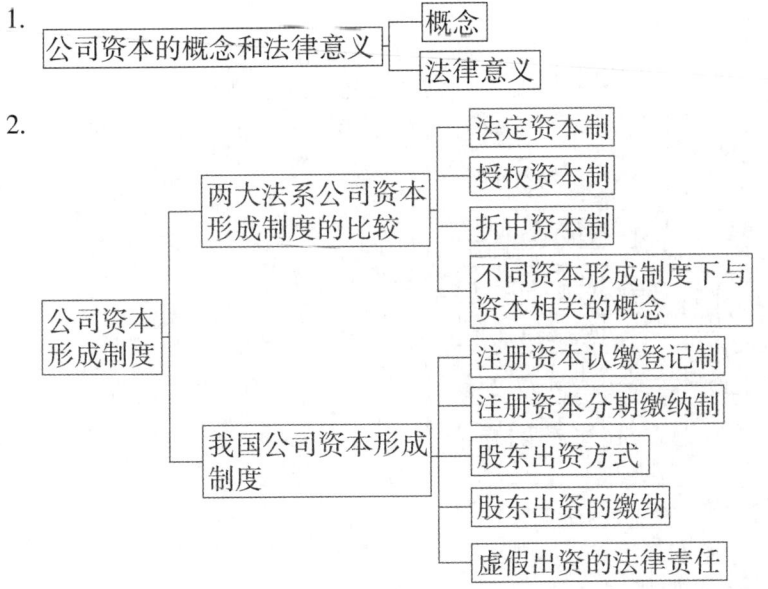

2. 公司资本形成制度 ─┬─ 两大法系公司资本形成制度的比较 ─┬─ 法定资本制
　　　　　　　　　　　│　　　　　　　　　　　　　　　　　├─ 授权资本制
　　　　　　　　　　　│　　　　　　　　　　　　　　　　　├─ 折中资本制
　　　　　　　　　　　│　　　　　　　　　　　　　　　　　└─ 不同资本形成制度下与资本相关的概念
　　　　　　　　　　　└─ 我国公司资本形成制度 ─┬─ 注册资本认缴登记制
　　　　　　　　　　　　　　　　　　　　　　　├─ 注册资本分期缴纳制
　　　　　　　　　　　　　　　　　　　　　　　├─ 股东出资方式
　　　　　　　　　　　　　　　　　　　　　　　├─ 股东出资的缴纳
　　　　　　　　　　　　　　　　　　　　　　　└─ 虚假出资的法律责任

3.

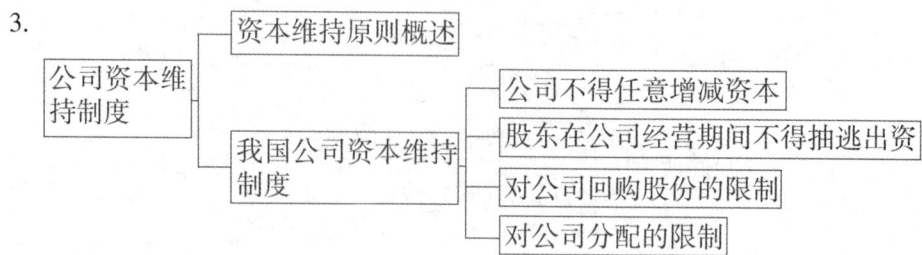

公司资本维持制度

- 资本维持原则概述
- 我国公司资本维持制度
  - 公司不得任意增减资本
  - 股东在公司经营期间不得抽逃出资
  - 对公司回购股份的限制
  - 对公司分配的限制

七、公司法人人格否认

1. 公司法人人格否认的基本含义
   - 公司法人人格否认的概念
   - 公司法人人格否认的特征

2. 公司法人人格否认的理论解释
   - 股东有限责任和公司法人制度的缺陷
   - 对公司法人本质的认识

3. 我国公司法的基本规定
   - 《公司法》第20条
   - 《公司法》第63条

八、关联关系及其监管

1. 关联关系的概念

2.

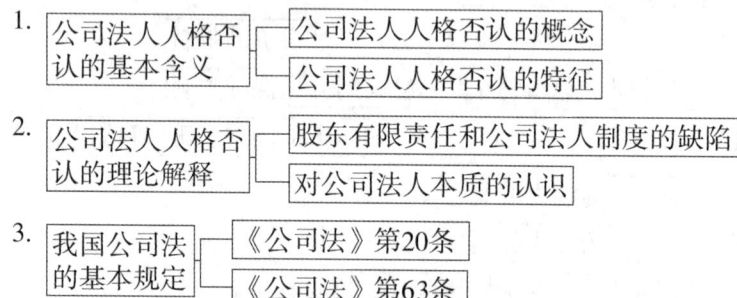

关联关系产生的问题

- 从属公司少数股东利益的保护问题
- 从属公司债权人利益的保护问题
- 董事专权问题
- 虚增资本问题

3.

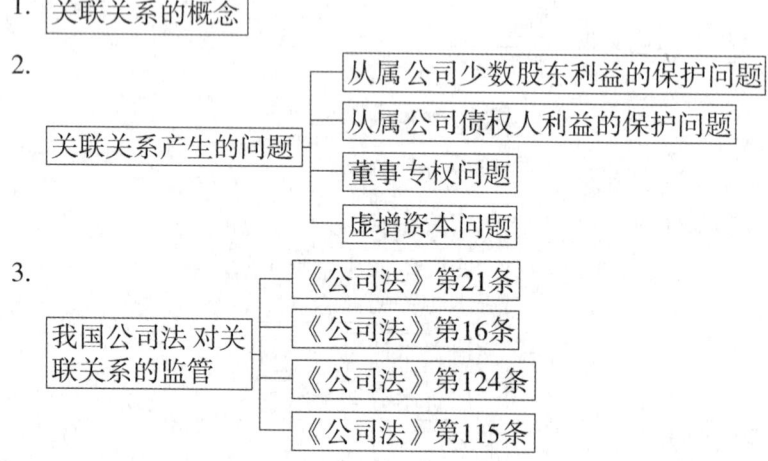

我国公司法对关联关系的监管

- 《公司法》第21条
- 《公司法》第16条
- 《公司法》第124条
- 《公司法》第115条

九、公司的社会责任

1. 公司社会责任及其立法概述

2. 我国《公司法》对公司社会责任的规定
   - 公司承担社会责任的一般性规定
   - 《公司法》维护职工合法权益

□ 练习与思考

一、名词解释

法定资本制　授权资本制　公司章程　注册资本　关联关系　利益相关者　公司社会责任

二、简答题

1. 简述发起人的法律地位及发起行为的性质。
2. 简述公司章程的特点。
3. 简述公司人格否认原则的理论解释。
4. 论我国公司法对资本形成的规定。
5. 阐述我国公司法对公司资本维持的规定。

三、思考题

1. 论公司法对股东权益的保护。
2. 论公司法对公司债权人利益的保护。
3. 我国公司法对公司的权利能力有何限制，为什么？
4. 谈谈公司法定代表人行为的效力。
5. 为什么公司法要规制股东出资方式？
6. 公司法为什么要对关联关系进行监管？
7. 公司应当承担社会责任吗？为什么？

第三章

有限责任公司

■学习目的和要求

通过本章学习，要求学生

● 重点掌握：有限责任公司的概念和法律特征；股东出资制度；股东会的职权、决议种类；董事会的职权；董事、监事、高级管理人员的义务和责任。

● 掌握：有限责任公司的设立条件；一人有限责任公司；国有独资公司。

● 一般了解：有限责任公司的分类；有限责任公司的评价。

第一节 有限责任公司概述

一、有限责任公司的概念

有限责任公司，亦称为有限公司，是指依照公司法设立，由法律规定的一定人数的股东共同出资组成，每个股东以其所认缴的出资额为限对公司承担责任，公司以其全部资产对公司的债务承担责任的企业法人。

　　有限责任公司是我国《公司法》肯定的两种公司形态之一。对有限责任公司这一企业形态的法律界定需要从两个角度进行。第一个角度——责任形式，股东对公司承担有限责任是有限责任公司与其他企业形态（例如合伙企业、独资企业）的本质区别。因此，我国《公司法》第 3 条第 2 款规定，有限责任公司的股东以其认缴的出资额为限对公司承担责任。第二个角度——股东人数，多数国家、地区的法律均对有限责任公司的股东人数进行限定，目前主要表现为最高人数限制，例如日本法和英国法规定不得超过 50 人。所以，强调有限责任公司的股东人数必须符合法律规定的要求是有限责任公司的另一重要特征所在，一般而言，立法对股东人数的要求差异是有限责任公司与股份有限公司的最明显区别所在。我国《公司法》第 24 条对有限责任公司的股东人数也作了具体规定，"有限责任公司由 50 个以下股东出资设立"，改变了过去至少需要两人的最低人数限制，承认了一人有限责任公司的合法性。概而言之，应该从上述两个角度出发，才可以把握有限责任公司的法律内涵。

二、有限责任公司的法律特征

（一）有限责任公司的一般特征

　　有限责仟公司与其他公司形态相比，除了具有诸种公司形态共有的特征之外，还具有自己的特征：

　　1. 有限责任公司兼具资合性和人合性。有限责任公司的性质介于股份有限公司和合伙企业之间，兼具资合性和人合性，资金的联合以及股东间的信任是构成有限责任公司信用的两大基础。作为资合性组织，有限责任公司的信用状况由公司资本总额体现，公司注册资本和实有资产总额越高，公司的对外信用越高。因此，有限责任公司的股东负有缴纳出资的义务，不出资的人不能成为股东；同时，有限责任公司的股东仅以其缴纳出资为义务，除非特别情形，股东对公司债权人不负任何责任。作为人合性组织，有限责任公司中股东具有较强的信任依赖性。有限责任公司不从社会公开募集股本，股东之间往往基于某种特定的私人关系才共同出资，如果一个人仅有资金，而与其他出资人没有信任关系，则不可能成为股东。而且，各国立法对有限责任公司一般有最高人数限额，大多数不超过 50 人，这样有助于股东的交流沟通，形成股东之间的向心力和凝聚力，股东更加愿意积极地参加公司管理。

人合性与资合性之分，具有理论意义和实践意义。

　　2. 有限责任公司具有封闭性。有限责任公司在美国立法的对应公司

封闭性是有限责任公司最为重要的法律特征之一。

形态接近于"封闭性公司"（Close Corporation）。所谓封闭性，指公司的股权与资本结构、管理与财务信息相对稳定闭锁，没有较强的开放性、公开性、变动性，因此公司较少承担公示义务。具体体现在：

（1）股权与资本结构的封闭。公司设立时，出资总额由全部发起人按法律规定认缴，不面向社会公众开放集资；发起人人数一般不超过50人，所以股权结构较为简单。公司成立后，股东获得出资证明书，股东的出资不能随意自由转让，《公司法》第71条第2款规定，有限责任公司"股东向股东以外的人转让股权，应当经其他股东过半数同意"；而且有限责任公司的出资证明书更无法像股票上市交易，所以公司的资本状况相对稳定。

（2）管理与财务信息的封闭。公司在运作过程中，无需向外界披露经营财务信息，社会公众一般不了解公司的财务经营状况。股份有限公司作为社会性公司，应当定期公布财务状况，而且法律还要求其公布一些重大事件，以便股东和社会各界的监督，否则视为违法。但是有限责任公司不公开发行股票，出资证明书不能上市交易，所以，有限责任公司无需向社会公开经营财务信息资料。但是，如果有限责任公司公开发行了公司债券，则应当依法公开披露信息。

有限责任公司的灵活性源于其人合性的特点，在公司法中表现为任意性规范。

3. 有限责任公司具有很强的灵活性。有限责任公司和股份有限公司相比，封闭性较强，公众性较弱，因此，法律对有限责任公司的规范中，强制性规范较少，任意性规范较多，许多事项法律不予以规定，由股东利用章程等内部契约自行约定调节，如此，有限责任公司在设立运行方面较为灵活。

（1）公司设立方面。有限责任公司基本采取准则主义原则，除了从事特殊行业的经营，只要符合法律规定的条件，政府均给予注册，没有烦琐的审查批准程序。有限责任公司的设立程序相当于股份有限公司的发起设立方式，手续相对简易，一般由全体出资人制定章程并签名盖章，认购缴纳出资验资，向登记机关申请设立即可。

（2）公司组织方面。各国立法在有限责任公司的组织机构设置方面均遵循股份有限公司组织机构的基本模式，但考虑到有限责任公司通常为中小型企业，所以有限责任公司在股东会、董事会、监事会等组织机构的具体设置上有较多的自由选择余地以及灵活空间。

第一，关于股东会。根据我国公司法规定，股东会是有限责任公司必设的权力机构。但在其他一些国家，例如日本、英国、法国等国的立法例规定，除非章程另有规定，股东会决定有限责任公司所有事务。这表明，有限责任公司在公司组织机构方面的灵活，甚至表现为公司股东可以通过章程自行约定创设公司特有的权力机构——用董事会取代股东会的地位。

第二，关于董事会。我国《公司法》第 50 条第 1 款明确规定，股东人数较少或者规模较小的有限责任公司，可以设 1 名执行董事，不设董事会。因此，有限责任公司是否成立董事会，根据公司规模大小，可以由股东意思自治决定，这也是国外公司立法的通常模式。

第三，关于监事会。我国《公司法》第 51 条第 1 款规定，有限责任公司设监事会，其成员不得少于 3 人。股东人数较少或者规模较小的有限责任公司，可以设 1~2 名监事，不设监事会。这一规定表明，是否设立监事会可以由股东根据情况自行选择。

（二）有限责任公司与股份有限公司的比较

有限责任公司和股份有限公司是两种重要的公司形态，它们均具有独立的法人人格，而且以股东有限责任制度作为基础。但是由于有限责任公司具有资合性、人合性、封闭性的特点，而股份有限公司具有彻底的资合性、公众性，决定了两者存在许多不同之处。

> 通过比较，强化对有限责任公司的认识。

1. 公司规模不同。

（1）股东规模。有限责任公司股东通常不超过 50 人，股份有限公司没有最高人数限制。在现实生活中，股份有限公司的股东人数往往达几万人、几十万人甚至几百万人。有限责任公司人合因素的存在，使得有限责任公司不可能像股份有限公司那样接纳成千上万的股东。

（2）资本规模。有限责任公司的资本规模通常低于股份有限公司。有限责任公司的人合性，这决定了其资本规模远不如以资合性为特征的股份有限公司。

2. 公司治理结构不同。

（1）股东对公司控制程度。传统的所有权在公司中转换为股权和公司法人权利，两种权利的存在与制衡是设计公司治理结构的基础。按照公司法的规定，股东在不直接占有公司财产的情况下，通过股东会决定公司的重大事项，实现对公司的最终控制。但在股份有限公司中，因为股份小额化、分散化、转让高度自由化，大多数股东热衷于股票市场的投机获利，失去了参加公司经营管理的热情，所以，股份有限公司股东对公司的控制趋于间接化以及淡化。但是，有限责任公司股东范围小，股东之间建立在互相信任的基础上，股东出资转让的自由度小，所以，股东一般积极行使公司经营管理权，通过股东会选举罢免董事，并通过股东会对董事会控制，从而实现对公司的有效控制。

> 公司类型不同，股权结构不同，股东对公司的控制程度不同，因此其治理结构也不同。

（2）组织结构的繁简。公司的治理结构主要包括股东（大）会、董事会、监事会。股份有限公司由于规模庞大，加之公司股东对公司的控制力降低，董事会权力扩张，因此，为保护股东权益，法律对股份公司治理结构的制度安排十分完善，而且有诸多详尽的强制性规范。有限责任公司规模相对较小，股东不仅愿意积极行使共益权，而且也能够充分运用经营管理的权利，所以，法律对有限责任公司的治理结构的规定较为灵活宽松，留给股东较大的意思自治空间。

3. 公司资本规则不同。

（1）资本的募集。股份有限公司通过发行股票筹集资本，有限责任公司通过认购出资筹集资本，前者具有社会性、公开性，后者只是少数人的共同行为。股份有限公司筹集资本的方式有定向募集（发起设立）与非定向募集（募集设立）两种方式，有限责任公司募集资本的方式则只有类似于股份有限公司定向募集的方式。

（2）资本的划分。股份有限公司股东认购的资本称为股份，股份有限公司全部资本划分为等额股份，股份的法定表现形式是股票，股份是公司资本的基本单位，每股金额相等。有限责任公司股东认购的资本称为出资，出资比例份额大小可以不一，出资的法定表现形式是出资证明书。值得一提的是，有限责任公司的资本也可以划分为等额股份，每个股东依其认购的股份数额行使权利，这种公司被称为"有股份划分的有限责任公司"，虽然类似股份有限公司，但它的设立和组织均依照有限责任公司的法律规定，股份同样不能像股份有限公司的股票自由转让交易。

（3）资本的转让。股份有限公司股份的转让完全自由，股票是一种有价证券，可以在证券市场流通。有限责任公司股东的出资证明书是一种权利证书，不能自由买卖，股东的出资转让受到严格限制。

三、有限责任公司的分类

（一）我国公司法肯定的有限责任公司形态

1. 根据股东数量，有限责任公司可分为一人有限责任公司和多人投资的有限责任公司。

（1）一人公司，又称独资公司，指单一投资主体设立的具有法人资格的公司。独资公司又可以分为自然人的独资公司和法人型的独资公司，《公司法》第57条第2款规定，一人有限责任公司是指只有一个自然人股东或者一个法人股东的有限责任公司；第64条第2款规定，国有独资公司，是指国家单独出资、由国务院或者地方人民政府授权本级人民政府国有资产监督管理机构履行出资人职责的有限责任公司。

（2）多人投资的有限责任公司，指 2 个以上 50 个以下股东共同出资设立的有限责任公司。

2. 根据资本所有权的性质，有限责任公司可分为国有有限责任公司和非国有有限责任公司。

（1）国有有限责任公司，即国有的独资公司和两个以上的国有企业或者其他两个国有投资主体投资设立的有限责任公司。我国《公司法》对国有有限责任公司进行了专门规范。

（2）非国有有限责任公司，除国有有限责任公司之外，其他有限责任公司都是非国有有限责任公司。

3. 根据适用的法律规范，有限责任公司可分为《公司法》上的有限责任公司和特别法上的有限责任公司。

（1）仅仅受《公司法》调整的有限责任公司是《公司法》上的有限责任公司。

（2）除受《公司法》调整之外，还受其他特别法调整的有限责任公司是特别法上的有限责任公司。例如，根据《中外合资经营企业法》《中外合作经营企业法》《外资企业法》设立的中外合资有限责任公司、中外合作有限责任公司、外资有限责任公司；以及根据特殊行业立法设立的专业性公司，例如依据《保险法》设立的保险公司等。

（二）国外立法中的有限责任公司形态

在大陆法系，有限责任公司的典型形态是，股东以出资额为限承担有限责任，股东的出资必须是实际出资，公司以股东实际出资构成的资本及全部资产承担责任。但在英美法系，有限责任公司的形态则稍有不同。

1. 英国的保证有限公司。保证有限公司（Company Limited by Guarantee），又译为保证责任有限公司、担保有限公司、担保责任有限公司。这种公司形态出现在英国以及我国香港特别行政区的公司法上。保证有限公司一般不以营利为目的，而是作为社会机构的组织形式（例如学校、医院），旨在促进公益事业的开展。

保证有限公司指股东在公司清盘时所承担的责任以其所保证的数额为限，公司以其全部资产对公司债务承担责任的公司。也就是，股东的责任以他们已作出的保证在公司清算时向公司提供资产的数额为限，而不是或不仅是以其实际出资额对公司承担责任。股东承诺的保证金额带有储备债务的性质，公司没有清算时，不得催缴。但是当公司清算时，公司股东必须按照公司章程中各自承诺的担保数额出资，以清偿公司债务和支付公司清算费用。保证有限公司分为无股本保证有限公司和有股本保证有限公司。前者的股东无需实际出资，只需在公司清盘时以其承诺的保证金额承担责任。后者的股东在公司设立时需向公司缴资，但公司清盘时，还应该就实际出资以外的保证金额承担责任。

2. 美国的有限责任公司。按照美国各州《有限责任公司法》，有限责任公司（Limited Liability Company，简称 LLC）主要是为鼓励公司发展，给予公司更多的自主性和灵活性，并提供税收的优惠而产生。LLC 具有以下特征：①LLC 的设立需要向州政府备案组织章程（Article of Organization）；②LLC 的出资人称为"公司成员"（Members）；③LLC 成员制订经营协议（Operation Agreement），根据经营协议，LLC 由公司成员经营，或由公司成员选举的经理（Manager）经营；④LLC 的成员、经理对公司债务、义务不承担个人责任，仅以其出资额为限负责；⑤LLC 作为公司实体不必缴税，公司利润分配给公司成员，由公司成员缴纳个人所得税。

可见，LLC 虽然与大陆法系以及我国的有限责任公司在名称上相同，但却有一定的区别：二者都是以有限责任为基础，但是 LLC 的组织结构类似于合伙企业，是介于传统的公司和合伙企业之间的组织形式，它集美国合伙企业的税收优势与公司的有限责任制度的长处于一体。

四、有限责任公司的评价

（一）有限责任公司的历史演变

有限责任公司在公司的几种形态中是出现较晚的一种公司形态。1892 年德国制定了世界上第一部《有限责任公司法》，在立法上首次创设了有限责任公司这一新的公司法律形态。该法经多次修改，目前依旧具有法律效力。

有限责任公司能够在德国产生，是因为它适应了德国企业家族式经营的特点，能够比较好地适应于关系比较密切的投资者之间，有助于保持公司股东的稳定。有限责任公司一产生，便被证明是一项成功的制度设计，它吸收无限公司和股份公司的长处，在一定程度上克服了两种公司的缺陷，尤其适应广大中小企业的发展。因此，百余年来，有限责任公司得到蓬勃发展，被各国普遍认同，从而引发了世界性有限责任公司立法运动。自德国以后，葡萄牙、英国、法国、瑞士、日本、西班牙纷纷仿效，确立有限责任公司制度。尽管各国各地区公司法所规范的公司种类存在差别，公司法立法形式不同，但确认有限责任公司的法律地位，规范有限责任公司设立、运作已是普遍性的做法。

（二）有限责任公司的制度评价

有限责任公司介于无限公司和股份有限公司之间，具有资合性与人合性特点，设立方式与组织机构简便灵活，因此特别适合中小企业。但作为一种企业制度，有限责任公司也有其自身局限，主要表现为：

1. 筹资功能较差。有限责任公司的出资转让不像股份转让那样自由，一般需要其他股东的同意，而且一旦出资转让，必须变更修改公司章程。对股东而言，这不利于实现投资的流动性和提高变现能力，投资风险较高。所以，有限责任公司无法像股份有限公司一样具有庞大的筹资功能。虽然，现实生活中，有限责任公司在数量上多于股份有限公司，但从资本总额上来说，它远远比不上股份有限公司。

2. 股东容易滥用公司人格。有限责任公司采用了有限责任制度，但由于具有人合性的特点，公司股东通常为关系较为密切的亲朋好友组成，公司治理结构具有较大弹性，而且缺乏公开性以及公众监督，所以股东常有可能利用公司形式从事个人事务，不当地逃避责任和风险。

第二节　有限责任公司的设立

一、有限责任公司设立的特点

有限责任公司的设立，是指发起人为使公司成立、取得公司法人资格而进行的一系列法律行为的总称。有限责任公司的设立在设立行为的内容及设立方式上与股份有限公司有所区别。有限责任公司设立行为一般包括：订立发起人协议、订立公司章程、申请设立登记。股份有限公司设立行为则包括：订立发起人协议、订立公司章程、股份认购、召开创立大会、申请设立登记等。相比于股份有限公司的设立行为，有限责任公司的设立行为较为简单。由于有限责任公司的封闭性特征，所以有限责任公司的设立方式是发起设立，即由发起人认购出资，不向发起人之外的任何人募集。股份有限公司的设立方式则可以是发起设立和募集设立。

二、有限责任公司的设立条件

根据我国《公司法》第 23 条的规定，设立有限责任公司应当符合下列条件：

（一）股东符合法定人数

强调有限责任公司的股东人数必须符合法律规定的要求是有限责任公司的重要特征，也是有限责任公司与股份有限公司的最明显区别。我国《公司法》第 24 条作了一般规定：有限责任公司由 50 个以下股东出资设立。与此同时《公司法》分别对一人有限责任公司和国有独资公司作了特别规定。

（二）有符合公司章程规定的全体股东认缴的出资额

有限责任公司具有资合性。其资本的意义，一是表明公司的基本财力，二是表明公司股东对外承担债务的限度。因此多数国家的公司法特别是大陆法系国家的公司法对有限责任公司的资本限额均有严格限制。由于有限责任公司的资本是由股东的出资构成的，因此公司在设立时，必须有符合公司章程规定的全体股东认缴的出资额，否则公司不得设立。

在有限公司注册资本的最低限额问题上，国外公司法向来采取比较宽容的态度。德国《有限责任公司法》第 51 条规定，有限责任公司的基本资本不得少于 5 万马克，法国《有限公司法》规定不得少于 5 万法郎，日本有限公司不得少于 10 万日元。在英美公司法中，甚至不要求公司成立时具备最低资本额，使得设立有限责任公司变得非常容易，并导致了英美法国家中出现了所谓的"One-Dollar Company"。国外立法例不太看重公司资本最低限额的理论依据是：其一，要求公司具备基本资本或此项资本过高，就会阻碍营业自由原则的实现；其二，公司开始营业时未必需要较大数量的注册资本；其三，公司是投资者选择的利润实现工具，而不是向债权人承担责任的唯一保证；其四，公司成立后其资本始终处于变动之中，高额注册资本不仅不意味着公司资产及偿债能力增强，相反会导致公司相对人的误解。

与国外相比，我国 1993 年《公司法》对有限公司资本最低限额要求相对较高。2005 年修订的《公司法》虽然降低了公司设立的门槛，但依然规定了有限责任公司注册资本的最低限额。2013 年修改的《公司法》将注册资本登记由实缴制改为认缴制，与此相应，除对公司注册资本最低限额有另行规定的以外，取消了有限责任公司、一人有限责任公司、股份有限公司最低注册资本分别应达 3 万元、10 万元、500 万元的限制；取消了公司设立时股东首次出资比例以及货币出资比例的限制；取消了一人有限责任公司股东应一次足额缴纳出资的规定；公司实收资本不再作为登记事项。公司登记时，也无需再提交验资证明。这表明

《公司法》再次放宽了有限责任公司设立的条件，尤其是对资本的要求，简化了设立程序，进一步完善了公司设立制度，有限责任公司的设立将会变得更为便捷，更能适应市场的需要，从而在鼓励个人创业、刺激个体经济的发展方面，有限责任公司将充分发挥其重要作用。

　　按照《公司法》第 23 条、第 26 条的规定，设立有限责任公司，应当有符合公司章程规定的全体股东认缴的出资额。有限责任公司的注册资本为在公司登记机关登记的全体股东认缴的出资额。法律、行政法规以及国务院决定对有限责任公司注册资本实缴、注册资本最低限额另有规定的，从其规定。例如，依《商业银行法》规定，设立商业银行的注册资本最低限额仍为 10 亿元人民币，设立城市商业银行的注册资本最低限额为 1 亿元人民币，设立农村商业银行的注册资本最低限额为 5000 万元人民币；根据《保险法》的规定，保险公司的注册资本最低限额为 2 亿元人民币；根据《证券法》第 125、127 条的规定，证券公司注册资本最低限额因经营业务范围的不同而有所差异。根据证券公司经营业务范围的大小，注册资本最低限额由人民币 5000 万元至人民币 5 亿元不等。

<aside>注册资本最低限额的要求，有时与产业政策、外资政策、竞争政策相关。</aside>

　　法律、行政法规以及国务院决定规定公司注册资本实缴的，公司虚报注册资本，取得公司登记的，或者股东虚假出资，未交付作为出资的货币或者非货币财产的，或者股东在公司成立后抽逃其出资的，由公司登记机关依照《公司登记管理条例》的相关规定予以处理。法律、行政法规以及国务院决定规定公司注册资本有最低限额的，减少后的注册资本应当不少于最低限额。

　　可见，我国《公司法》取消了普通有限责任公司注册资本最低限额的要求。而特殊行业的有限公司注册资本最低限额的规定依然保留。

（三）股东共同制定公司章程

　　公司章程是规定公司组织及行为的基本规则的重要文件，章程之于公司，如同宪法之于国家。没有章程的公司是不存在的，各国公司法都要求设立有限责任公司必须订立章程。订立公司章程是股东的共同行为，它要求体现公司与股东、股东与股东之间的权利、义务。章程在公司成立后全面生效，对公司、股东、董事、监事、经理具有约束力。所以，公司章程的好坏直接影响到公司日后的生产经营活动及股东之间的合作。公司章程是要式法律文件，我国《公司法》第 25 条，对有限责任公司章程应载明的事项作了明确规定：①公司的名称和住所；②公司的经营范围；③公司的注册资本；④股东的姓名或者名称；⑤股东的出资方式、出资额和出资时间；⑥公司的机构及其产生办法、职权、议事规则；⑦公司法定代表人；⑧股东会会议认为需要规定的其他事项。

（四）有公司名称，建立符合有限责任公司要求的组织机构

公司名称是公司组成的一部分，是一个公司与其他公司区别的标志。更重要的是，公司名称是司法管辖和公司对外交往中的重要工具。经公司登记机关核准登记的公司名称受法律保护。公司名称应当符合国家有关规定。有限责任公司作为独立的法人，应当有自己的意思形成机关和意思表示机构，独立地为意思表示，享受权利并承担义务。所以，有限责任公司应在设立阶段组建法定的组织机构，从而构建完善的法人治理结构。

（五）有公司住所

公司的住所是公司主要办事机构所在地。经公司登记机关登记的公司住所只能有一个。公司的住所应当在其公司登记机关辖区内。与生产经营场所不同，公司住所是其主要办事机构所在地，只能有一个。生产经营场所可能有多个，可以在公司住所，也可以在其他生产经营地点。《公司法》规定设立有限责任公司要有住所，其法律意义在于不仅为公司进行法律活动而且为行政机关管理公司确定管辖、履行地以及适用准据法等提供了便利。

三、有限责任公司的设立程序

（一）订立发起人协议

有限责任公司只能由发起人发起设立。经过可行性分析，发起人可以签订发起人协议，对拟设立公司的基本情况作出意向性规定，并明确各方权利义务。在公司成立前，发起人之间被视为合伙关系，对设立费用及相关债务承担无限连带责任。

值得注意的是，对有限公司而言，发起人协议并不是公司设立的必备法律文件。

（二）制定公司章程

公司章程与发起人协议不同，主要是规范公司成立后各方行为。公司章程由设立公司的全体股东共同制定，股东应当在章程上签名、盖章。公司章程内容必须记载法定记载事项，任意记载事项不得与国家法律法规的内容相抵触。

（三）申请名称预先核准

根据我国《公司登记管理条例》的规定，设立有限责任公司，应当

由全体股东指定的代表或者共同委托的代理人向公司登记机关申请名称预先核准。申请名称预先核准，应当提交下列文件：①有限责任公司的全体股东签署的公司名称预先核准申请书；②全体股东或者发起人指定代表或者共同委托代理人的证明；③国家市场监督管理总局规定要求提交的其他文件。公司登记机关作出准予公司名称预先核准决定的，应当出具《企业名称预先核准通知书》。预先核准的公司名称保留期为6个月。预先核准的公司名称在保留期内，不得用于从事经营活动，不得转让。

（四）股东缴纳出资

股东应当按照其在发起人协议以及公司章程中认购的出资额出资，这是股东对公司以及其他股东应尽的义务。股东应当按期足额缴纳公司章程中规定的各自所认缴的出资额。股东以货币出资的，应当将货币出资足额存入准备设立的有限责任公司在银行开设的账户；以非货币财产出资的，应当依法办理其财产权的转移手续。其中涉及国有资产的，应由国有资产管理部门确认产权归属。股东办理公司登记应当将现金出资一次足额存入公司的临时账户，并办理实物出资的转移手续。现金以外的其他形式的出资，即以非货币财产出资的，应当评估作价，核实财产，不得高估或者低估作价。法律、行政法规对评估作价有规定的，从其规定。

股东不按照规定缴纳出资的，除应当向公司足额缴纳外，还应当向已按期足额缴纳出资的股东承担违约责任。

（五）建立公司的组织机构

股东出资缴纳完毕后，应依法建立公司组织机构。根据公司法规定，有限责任公司要视情况分别建立以下组织机构：

1. 股东会。除了一人有限责任公司和国有独资公司以外，都应该设立股东会，作为公司权力机构。

2. 董事会。除股东人数较少或者规模较小的有限责任公司可不设董事会外，其余有限责任公司均应该设立董事会，作为公司的业务执行机构。

3. 监事会。除股东人数较少或者规模较小的有限责任公司可设1~2名监事外，其余均应设立监事会，作为公司监察机构。只有确立了公司组织机构及公司高级管理人员后，才可申请设立登记。

（六）设立登记

根据《公司登记管理条例》，设立有限责任公司，应当由全体股东指定的代表或者共同委托的代理人向公司登记机关申请设立登记。设立国有独资公司，应当由国务院或者地方人民政府授权的本级人民政府国有资产监督管理机构作为申请人，申请设立登记。法律、行政法规或者国务院决定规定设立有限责任公司必须报经批准的，应当自批准之日起90日内向公司登记机关申请设立登记；逾期申请设立登记的，申请人应当报批准机关确认原批准文件的效力或者另行报批。

申请设立有限责任公司，应当向公司登记机关提交下列文件：①公司法定代表人签署的设立登记申请书；②全体股东指定代表或者共同委托代理人的证明；③公司章程；④股东的主体资格证明或者自然人身份证明；⑤载明公司董事、监事、经理的姓名、住所的文件以及有关委派、选举或者聘用的证明；⑥公司法定代表人任职文件和身份证明；⑦企业名称预先核准通知书；⑧公司住所证明；⑨国家工商行政管理总局规定要求提交的其他文件。

应当注意的是，法律、行政法规或者国务院决定规定设立有限责任公司必须报经批准的，还应当提交有关批准文件。

公司的登记事项包括：名称；住所；法定代表人姓名；注册资本；公司类型；经营范围；营业期限；有限责任公司股东或者发起人的姓名或者名称。公司的登记事项应当符合法律、行政法规的规定。不符合法律、行政法规规定的，公司登记机关不予登记。

公司登记机关收到申请人提交的符合本条例规定的全部文件后，对申请人到公司登记机关提出的申请予以受理的，应当当场作出准予登记的决定。除此之外，公司登记机关决定予以受理的，应当出具《受理通知书》；决定不予受理的，应当出具《不予受理通知书》，说明不予受理的理由，并告知申请人享有依法申请行政复议或者提起行政诉讼的权利。对申请人通过信函方式提交的申请予以受理的，应当自受理之日起15日内作出准予登记的决定。通过电报、电传、传真、电子数据交换和电子邮件等方式提交申请的，申请人应当自收到《受理通知书》之日起15日内，提交与电报、电传、传真、电子数据交换和电子邮件等内容一致并符合法定形式的申请文件、材料原件；申请人到公司登记机关提交申请文件、材料原件的，公司登记机关应当当场作出准予登记的决定；申请人通过信函方式提交申请文件、材料原件的，公司登记机关应当自受理之日起15日内作出准予登记的决定。公司登记机关自发出《受理通知书》之日起60日内，未收到申请文件、材料原件，或者申请文件、材料原件与公司登记机关所受理的申请文件、材料不一致的，应当作出不予登记的决定。作出准予公司设立登记决定的，应当出具《准予设立登记通知书》，告知申请人自决定之日起10日内，领取营业执照；经公司登记机关核准设立登记并发给《企业法人营业执照》，公司即告成立，取得法人资格，具有权利能力和行为能力。

第三节　有限责任公司的股东出资及股权转让

一、有限责任公司的股东出资

（一）概念

有限责任公司的资本由股东的出资额构成，股东的出资额之和即公司的资本总额。股东的出资额是有限责任公司的资本构成单位。从国内外情况看，有限责任公司的股东出资额主要有以下几种立法体例。

1. 出资平等主义。出资平等主义，又称复数出资制，即有限责任公司股东的每份出资额是均等的，如同股份有限公司的股份一样，每份出资的金额相同。股东认购出资时，可以认购一份，也可以认购数份。例如日本《有限责任公司法》第10条规定，有限责任公司股东的每股出资额应归一律，并不得低于5万日元。尽管有限责任公司出资与股份有限公司的股份在本质上相同，但二者的不同之处在于：有限责任公司股东出资的表现形式是股单，股单是股东出资的权利证书，不是有价证券，不能自由转让交易；股份有限公司股东的股份表现形式为股票，股票是有价证券，可以自由流通转让。为区分有限责任公司出资份额与股份有限公司的股份，日本在《有限责任公司法》中将前者称为"持份"，在《商法》中将后者称为"株式"。有限责任公司采用出资平等主义是目前的一种趋势，因为这种方式便于股东表决权的行使及计算。

2. 出资不平等主义。出资不平等主义，也称单一主义或者单一出资制，指股东只认购一份出资，但各股东所认购的出资数量可以不同，也不要求其为多少的整倍数。我国的《公司法》不要求有限责任公司资本分成等额的出资份额。在实践中，大多数有限责任公司采用这种制度。单一出资制的有利之处在于股东的出资额大小可以根据自身情况及公司资本的需求而定，简便易行，但是这种方式在股东表决权的行使及计算上不够方便。

3. 基本出资制。基本出资制，即股东出资额不分成均等份额，但规定一个基本的最低出资数额，各股东最少认足最低基本出资数额，如果多认购，那么该多出的部分必须为最低基本出资成比例的整数。例如德国《有限责任公司法》第5条规定，每一个股东只能认购一份出资，每份出资可以不同，但必须是100德国马克的整倍数。基本出资制原则也比较科学，股东的权益计算也比较方便，同时考虑了股东之间资本实力的差异，因此这种方式在国外广为采用。

（二）出资方式

根据我国《公司法》以及2016年2月6日修订的《公司登记管理条例》和2014年2月20日前国家工商行政管理总局公布的《公司注册资本登记管理规定》的规定，有限责任公司的股东可以用货币出资，也可以用实物、知识产权、土地使用权等可以用货币估价并可以依法转让的非货币财产作价出资。股东不得以劳务、信用、自然人姓名、商誉、特许经营权或者设定担保的财产等作价出资。对作为出资的非货币财产应当评估作价，核实财产，不得高估或者低估作价。法律、行政法规对评估作价有规定的，从其规定。股东或者发起人应当以自己的名义出资。

1. 货币。货币是公司资本和资产的最基本的构成要素，也是公司资本和资产的最基本的载体。1993年《公司法》规定，全体股东的货币出资金额不得低于有限责任公司注册资本的30%。2005年《公司法》取消了该规定，这意味着进一步提高了无形资产的出资比例。

2. 实物。股东的实物出资，应当为公司生产经营所需的建筑物、设备或其他物资，并应当委托具有资格的资产评估机构进行资产评估，数额不大的，可由股东各方按照国家有关规定确定实物作价。其中用国有资产出资的，国有资产评估结果应由国有资产管理部门核资、确认。股东应当将出资实物的购买凭证、会计文件（如账簿）等转交公司，根据公司章程，还应当向公司转移实物的实际占有。有的实物如房屋、车辆和船舶等，根据国家管理规定，应当办理登记和过户手续。

3. 知识产权。知识产权包括商标权、专利权、著作权以及其他知识产权。2005年《公司法》取消了全体股东的货币出资金额不得低于有限责任公司注册资本的30%的规定。这意味着进一步提高了无形资产的出资比例，更有利于鼓励自主创新，促进经济增长方式的转变和经济质量的提高。

根据《公司法》的规定，对作为出资的知识产权应当评估作价，核实财产，不得高估或者低估作价。法律、行政法规对评估作价有规定的，从其规定。同时，作为出资的知识产权，股东应当依法办理财产权的转移手续。这里应当指出，尽管在学理上，知识产权的使用权也可以用于出资，但从现实看，股东将知识产权的使用权作为出资投入公司后，自己仍然继续使用该知识产权的其他权利，在控制条件下容易侵犯公司的财产权利。因此本书认为，股东以知识产权出资时，作为出资的财产应当是知识产权的专用权而非使用权。与此相应，知识产权出资的评估作价和财产转移，也应当是专用权而不是使用权。

4. 土地使用权。股东以土地使用权作价出资的，应当符合以下原则：①集体所有制单位不得以其拥有的集体土地所有权作为出资，如果使用集体土地出资的，必须首先办理土地征用手续，将集体土地转为国家土地，然后以国家土地使用权形式出资；②能够作为出资的国有土地，必须按照规定向国家土地管理机关交纳土地使用权出让金，凡是未交纳土地出让金的，土地使用权不得作为出资；③以土地使用权出资的，应当到土地登记管理机关办理权属转移手续，将原本属于股东名下的土地使用权转移到公司名下。

5. 符合法定条件的非货币财产。除上述出资方式外，股东是否可以以其他方式出资（如劳务和信用），《公司法》的规定并不明确。笔者认为，回答这一问题的关键在于如何理解《公司法》第 27 条"股东可以用货币出资，也可以用实物、知识产权、土地使用权等可以用货币估价并可以依法转让的非货币财产作价出资"这句话。单从字面上这句话有两种理解：①凡是可以用货币估价并可以依法转让的非货币财产均可用于出资；②将"等"字理解为对"实物、知识产权、土地使用权"的修饰，那么第 27 条可理解为只能以货币、实物、知识产权、土地使用权出资，而不能以此之外的其他方式出资。

从立法目的上看，笔者更倾向于第一种理解。理由是：

首先，法律如果不允许股东以其他方式出资，就没有必要强调"可以用货币估价并可以依法转让的非货币财产作价出资"，因为知识产权、土地使用权在"估价"和"依法转让""非货币财产"等方面无疑是非常确切的，实物在上述方面也是比较确切的。另外，法条如此表述可以理解为一个兜底条款，其目的在于增强法律的灵活性和适应性，以便视实际情况的需要，允许股东以其他符合条件的方式出资。其次，根据该条款的规定，股东出资方式是否得到认可，关键在于用于出资的非货币财产是否符合如下要求：①可以货币估价，即价值上的确定性；②可以依法转让，即财产的可转让性。这是公司法在出资方式问题上对股东利益和公司债权人利益平衡的结果——既使股东拥有尽可能多的出资方式的选择权，又确保公司财产的可流通性以便确保公司债务的偿还。

那么，如何理解股东不得以劳务、信用、自然人姓名、商誉、特许经营权或者设定担保的财产等作价出资的规定？笔者认为，这些出资方式要么不便于用货币估价，要么不能依法转让，故不宜作为出资方式。

综上所述，公司法一般性地规定股东可以用货币估价并可以依法转让的非货币财产作价出资，为其他出资方式的合法性预留了空间。从而使得出资形式更具有灵活性，更符合生产经营的需要。实践中，根据《公司注册资本登记管理规定》，在符合规定的情况下，股东或者发起人可以以其持有的在中国境内设立的公司股权出资，债权人也可以将其依法享有的对在中国境内设立的公司的债权，转为公司股权。具体详细规定详见本教材第二章第六节，此处不赘述。

（三）股东认缴出资后的义务和民事责任

如前所述，股东如何缴纳出资，在实行不同资本制度的国家地区有不同规定。在授权资本制或折中资本制下，股东只需认足其中一部分资本；在法定资本制下，大多数国家也允许股东分期缴纳出资。在 2013 年修改之前，我国《公司法》允许分期缴纳注册资本，但有资本最低限额和首次出资额的要求，修改之后的《公司法》取消了资本最低限额和首次出资额的规定，第 26 条只规定："有限责任公司的注册资本为在公司登记机关登记的全体股东认缴的出资额。法律、行政法规以及国务院决定对有限责任公司注册资本实缴、注册资本最低限额另有规定的，从其规定。"

《公司法》第 28 条第 2 款规定，股东不按照前款规定缴纳出资的，除应当向公司足额缴纳外，还应当向已按期足额缴纳出资的股东承担违约责任。因此，股东不按照《公司法》规定履行出资义务的，首先负有向公司足额补缴的义务；其次向其他已经按期足额缴纳出资的股东承担违约责任。出资的违约有两种情形：①承诺出资而未出资，此时未出资的股东应该向已经足额缴纳出资的股东承担违约责任；②未足额出资，有限责任公司成立后，发现作为出资的非货币财产的实际价额显著低于公司章程所定价额的，应由交付该出资的股东补足其差额，公司设立时的其他股东承担连带责任。

（四）出资的共有

出资的共有指的是数人依法或者根据协议共同拥有某一份出资。发

侧栏批注：

法律之所以规定，股东的出资必须符合可以用货币估价并可以依法转让的条件，旨在保证出资价值的确定性和公司资本的真实性。

生出资共有，主要有两种情况：一是根据法律规定，例如有限责任公司的股东死亡后，其出资由数个继承人共同继承该出资额所形成的共有；二是根据当事人约定，数人共同认购一份出资额而形成的共有。出资共有所涉及的法律关系十分复杂，包括如何行使表决权、如何分配利润、如何承担风险等，我国《公司法》对此没有规定。德国《有限责任公司法》对此作了规定："关于共有出资的缴纳，共同所有人向公司负连带责任，除共同所有人与共同代理人外，公司对出资共同所有人所为的法律行为，即使是其中一人所为，亦为有效。公司对股东的数名继承人所为的法律行为仅以该行为是在继承发生 1 个月后所为的为限。"

（五）出资证明书

出资证明书，又称出资证明，传统公司法理论称之为股单。它是有限责任公司股东出资的表现形式，即表示股东出资的凭证。有限责任公司的各种出资都表现为出资证明，股东在召开股东会议时，就是凭借出资证明书所记载的出资份额计算表决权。出资证明书是一种证明文书，不能流通。根据我国《公司法》规定，有限责任公司成立后，应签发证明股东已缴纳出资额的出资证明书。出资证明书应当记载下列事项：公司名称，公司成立日期，公司注册资本，股东姓名或者名称、缴纳的出资额和出资日期，出资证明书的编号和核发日期。出资证明书由公司盖章。

二、有限责任公司的股权转让

（一）股权转让的概念

股权转让，是指有限责任公司股东将向公司缴纳的出资及因此产生的权利和义务，部分或全部地、概括地转移给其他股东或股东以外投资者的行为。

股权转让是既有股东全部或部分退出公司的一种机制。

1. 股权转让是股权买卖行为。股权是因出资形成的与股东身份相联系的权利义务的集合，股权是股东地位的概括性表述，本质上是股东对公司及其事务的控制权。有限责任公司股权的转让，从转让方的角度来看，它所转让的是对公司的控制权；从接受转让方的角度来看，它所获得的是对公司的控制权。

2. 股权转让不影响公司的法人资格。随着股权转让的完成，公司股东发生变化，出让方的原股东地位被受让方取代，受让方成为公司的股东。但就公司本身来说，除了因股东变更而发生若干登记事项的改变外，公司法人资格没有改变；公司债权和债务，无论是已发现的或是潜在的债权和债务均没有变化；公司与第三人之间的关系也没有发生改变。公司债权人仍只能向公司主张权利，公司也不因为其股东变更而影响其对第三人的权利。

3. 股权转让是要式行为。股权转让除符合实体条件，还应履行转让的法定程序，即股权转让还必须履行相关的登记手续。我国《公司法》第 73 条规定，股东依法转让股权后，公司应当注销原股东的出资证明书，向新股东签发出资证明书，并相应修改公司章程和股东名册中有关股东及其出资额的记载。《公司登记管理条例》第 34 条规定，有限责任公司变更股东的应当自变更之日起 30 日内申请变更登记，并应当提交新股东的主体资格证明或者自然人身份证明。有限责任公司的自然人股东死亡后，其合法继承人继承股东资格的，公司应当依照前款规定申请变更登记。有限责任公司的股东改变姓名或者名称的，应当自改变姓名或者名称之日起 30 日内申请变更登记。

（二）股权转让的限制

从有限责任公司兼有资合性与人合性的特点的角度理解股权转让制度。

股权转让有两种情形：一是股东将股权转让给现有股东，此所谓公司内部的股权转让；二是股东将股权转让给现有股东以外的其他投资者，此所谓公司外部的股权转让。由于有限公司具有资合兼人合的特点，因此公司法对有限责任公司股东的股权在公司内部转让不作限制，而对股权向公司外部人转让则限制较严。这使得上述两种转让在条件及程序上存在差异。

1. 有限责任公司内部的股权转让。《公司法》第 71 条第 1 款规定："有限责任公司的股东之间可以相互转让其全部或者部分股权。"由于公司股权内部转让并不涉及第三人的利益，对重视人合因素的有限公司来说，其存在基础即股东之间的相互信任也没有变化，所以各国公司法对股权内部转让不作特殊限制。内部股权转让方式可以分为两个步骤：①出让方和受让方签署股权转让协议；②办理与股权转让相关的股东名册过户和公司变更登记。在公司股权的内部转让过程中，可能出现几种特殊情形：

（1）有限责任公司只有两名股东，其中一名股东要求将其股权转让给另一名股东的情况，此时如果允许转让全部股权，则出现一人公司。我国公司法允许有限责任公司只有一名股东，因此当公司只有两名股东时，股东之间也可以转让全部股权。

（2）有限责任公司有三个以上股东，其中一个股东要求将其股权全部转让给其他股东，其他股东提出的受让条件相同。例如，甲、乙、丙三方曾共同出资设立有限公司，丙方决定以内部转让方式退出公司，甲和乙均提出接受丙转让的股权，且各方提出的受让条件相同。在此情况下，有三种可能：一是丙方将其股权全部转让给甲、乙中的一方；二是丙方将其股权等份地转让甲、乙双方；三是丙方将其股权不均等地转让给甲、乙双方。如果甲、乙、丙三方对上述三种情况均自愿接受，依照意思自治原则，当然不发生问题和争议。但如果甲、乙均坚持单方全部购买丙方转让的股权或者购买丙转让的大部分股权，丙方若不同等地转让其股权，就必然会打乱原有的资本结构，形成一方股东对公司的实际控制权。依照合同自愿原则，这种安排并无不妥，但就改变公司资本结构来看，似乎存在强制法施加干预的必要。显然，最好的方法是制定章程时出资各方就类似问题作出安排，如果制定章程时未作安排，则公司法有必要针对这种情况推定转让方应按均等比例转让给其余各方股东。这种推定虽然有碍于合同自愿原则，但却有利于受让出资各方在未来的良好合作。

（3）有限责任公司的股东死亡或与其配偶因离异而清算共有财产时，股东的继承人、受遗赠人或其配偶能否继受股权而成为股东？这种情况下，鉴于股东的继承人、受遗赠人或其配偶的特殊关系，股权的移转不应该简单视为对股东以外的人的股权转让。法国《商事公司法》第44条规定，"公司股份通过继承方式或在夫妻之间清算共同财产时自由转移，并在夫妻之间以及直系尊亲属和直系卑亲属之间自由转让。但是章程可规定，配偶、继承人、直系尊亲属、直系卑亲属只有按章程规定的条件获得同意后，才可成为股东"。我国《公司法》第75条规定，自然人股东死亡后，其合法继承人可以继承股东资格；但是公司章程另有规定的除外。也就是说，除非章程有相反约定，否则股东的继承人、受遗赠人或其配偶因继受出资而成为有限责任公司的股东。

2. 有限责任公司外部的股权转让。我国《公司法》第71条对有限责任公司股东向股东以外的人转让股权作出了明确规定，其要点是：优先保护出让股东的利益，同时提供优先购买权方式保护其他股东利益。其立法出发点在于：考虑到股权向股东以外的人转让可能会因吸收新股东加入公司而影响股东间的信任关系，因此一方面要保证股权转让方相对自由地转让其股权，另一方面尽可能维护公司股东间的信任关系。《公司法》第71条从以下几方面体现了这一点：

（1）当股东提出向公司外其他投资者转让股权时，公司其他股东如果不同意，应该自己接受该转让，如果不接受转让的，就视为同意进行外部转让。因此，只要股东决定以转让股权方式退出公司，就肯定可以实现其退出公司的目的。但存在的问题是，《公司法》没有规定不同意转让的股东购买转让股权的价格应该是多少，因此拟转让股权的股东可以把转让价格定得很高，使得不同意转让的股东无力购买，这种情况下，只能让公司以外的人购得股权进入公司，这违背有限责任公司的人合特征，也不利于保护其他股东的合法权益。对此，法国《商事公司法》第45条规定："只有在征得至少代表3/4公司股份的多数股东的同意后，公司股份才可以转让给公司无关的第三者……公司拒绝同意转让的，股东必须在自拒绝之日起3个月的期限内，以按民法典1843-4条规定的条件确定的价格购买或让人购买这些股份。"这样的规定可以比较公正地保护其他股东的利益。因此，笔者认为，《公司法》应该就不同意转让的股东购买转让的股权的价格认定作出规定，避免不同意转让的股东因为"无力购买"而被认定为同意转让。

（2）《公司法》第71条第3款规定："经股东同意转让的股权，在同等条件下，其他股东有优先购买权。两个以上股东主张行使优先购买权的，协商确定各自的购买比例；协商不成的，按照转让时各自的出资比例行使优先购买权。"因此，经过公司其他股东过半数同意的对外出资转让，股东应当将其向股东以外第三方提出的转让条件告知公司其他股东；公司其他股东可以优先于该第三方购买该转让的出资。这是《公司法》保护有限责任公司人合因素的重要手段。为了更好地贯彻这一立法意图，《公司法》第72条还规定："人民法院依照法律规定强制执行程序转让股东的股权时，应当通知公司及全体股东，其他股东在同等条件下有优先购买权。其他股东自人民法院通知之日起满20日不行使优先购买权的，视为放弃优先购买权。"

针对近年来有限责任公司股东在优先权行使方面存在的问题，2017年8月发布、2017年9月1日起施行的《最高人民法院关于适用〈中华人民共和国公司法〉若干问题的规定（四）》第16~21条作出了以下规定：①有限责任公司的自然人股东因继承发生变化时，其他股东主张依据《公司法》第71条第3款规定行使优先购买权的，人民法院不予支持，但公司章程另有规定或者全体股东另有约定的除外。②经股东同意转让的股权，其他股东主张转让股东应当向其以书面或者其他能够确认收悉的合理方式通知转让股权的同等条件的，人民法院应当予以支持。③人民法院在判断是否符合《公司法》第71条第3款及本规定所称的"同等条件"时，应当考虑转让股权的数量、价格、支付方式及期限等因素。④有限责任公司的股东主张优先购买转让股权的，应当在收到通知后，在公司章程规定的行使期间内提出购买请求。公司章程没有规定行使期间或者规定不明确的，以通知确定的期间为准，通知确定的期间短于 30 日或者未明确行使期间的，行使期间为 30 日。⑤有限责任公司的转让股东，在其他股东主张优先购买后又不同意转让股权的，对其他股东优先购买的主张，人民法院不予支持，但公司章程另有规定或者全体股东另有约定的除外。其他股东主张转让股东赔偿其损失合理的，人民法院应当予以支持。⑥有限责任公司的股东向股东以外的人转让股权，未就其股权转让事项征求其他股东意见，或者以欺诈、恶意串通等手段，损害其他股东优先购买权，其他股东主张按照同等条件购买该转让股权的，人民法院应当予以支持，但其他股东自知道或者应当知道行使优先购买权的同等条件之日起 30 日内没有主张，或者自股权变更登记之日起超过 1 年的除外。上述规定的其他股东仅提出确认股权转让合同及股权变动效力等请求，未同时主张按照同等条件购买转让股权的，人民法院不予支持，但其他股东非因自身原因导致无法行使优先购买权，请求损害赔偿的除外。股东以外的股权受让人，因股东行使优先购买权而不能实现合同目的的，可以依法请求转让股东承担相应民事责任。

3. 股权转让规则及程序。

（1）公司章程优先适用。在有限责任公司对外转让股权问题上，如何平衡自由与强制的关系，以及如何平衡股东之间的利益关系，是公司法研究的一个永恒课题。尊重自由，兼顾强制，应该是确立有限责任公司对外转让股权规则的价值所在。之所以兼顾自由与强制，均源于有限责任公司"人资两合"的性质。因此，《公司法》在对有限责任公司对外转让股权，进行严格限制的同时，依然给公司、给股东留有自治的空间，即确立了"公司章程对股权转让另有规定的，从其规定"的优先适用规则。

由于有限责任公司股权的转让主要涉及的是股东之间的利益，没有必要采取强制性规范，所以《公司法》允许公司根据自身情况，通过章程的方式，自行约定，并赋予章程优先适用的效力。我国《公司法》未对股权对外转让的限制性条件统一作强制性规定，而是将此问题交由股东自行处理，允许公司、股东通过章程或合同等形式对股权对外转让的限制性条件作出具体的、适合本公司的约定。股权的对外转让，必须符合法律、章程的规定方为有效。但只有当章程没有约定的情况下才适用《公司法》第 71 条第 1～3 款的规定。

（2）表决是否同意。我国《公司法》第 71 条以人数主义作为投票权的计算基础，规定：股东向股东以外的人转让股权，应经其他股东过半数同意；在程序上，股东应就其股权转让事项书面通知其他股东征求同意，其他股东自接到书面通知之日起满 30 日未答复的，视为同意转让。其他股东半数以上不同意转让的，不同意的股东应当购买该转让的股权；不购买的，视为同意转让。

这里需要注意的是同意权的归属问题。"过半数同意"是指除出让股东以外的"其他股东过半数同意"，且表决采取的是人头主义。此处强调的是其他股东的同意权，而作为股权转让决议事项的直接利害关系人，出让股东不享有同意权。这一规则表明，我国《公司法》与世界多数国家通行的做法保持一致，在股东同意权的归属问题上采取了利害关系股东回避制，即股东会在决议与某股东有直接利害关系的事项时，该股东应当回避，以保证决议的公正性。故此我国《公司法》排除了出让股东的表决权。

（3）注销与签发。根据《公司法》第 73 条的规定，股东依法转让股权后，公司应当注销原股东的出资证明书，向新股东签发出资证明书，并相应修改公司章程和股东名册中有关股东及其出资额的记载，但对公司章程的上述修改不需要再由股东会表决。

（三）对异议股东股权的收购

股东退出公司的途径，除了股东之间、股东与股东以外的人之间通过协议的方式转让股权外，还有一条途径是股东"请求公司收购其股权"，或称"回购"（从公司的角度）、"退股"（从股东的角度）。但此种途径乃股权转让的特例，而非常态，故其需要在法定情形下进行。其理论依据是出于对公司法人财产、法人人格独立性的保障，以避免公司成立后股东随意撤回出资。

根据我国《公司法》第 74 条，对异议股东股权的收购是指当出现《公司法》规定的情形时，经有限责任公司股东请求，公司收购其股权，股东退出公司的行为。由此可见，对异议股东股权的收购实际上是有限责任公司股东与公司之间的股权转让行为。一方面，由于受让方是公司本身，因此股权收购的结果是股东通过将股权转让给公司达到了退股的目的，这显然与有限责任公司的资合性特点相悖；但另一方面，如果在股东对公司重大事项持有异议的情况下不允许其退出公司，显然又违背有限责任公司人合性的特点，因此不利于股东权益保护，不利于有限责任公司的发展。因此许多国家的公司法规定，一般情况下有限责任公司不认可股东退股，即一般情况下公司不能收购本公司股东的股权，但允许对公司某些重大事项持有异议的股东通过请求公司收购股权的方式退出公司。

股东间之所以愿意在一起共事，成立有限责任公司，是出于相互信赖。当这种信赖关系不复存在时，公司便失去了存在的基础，尤其是有限责任公司以人合性为其核心特征。如果不允许股东退股，再强行绑在一起，一是对小股东保护不利；二是有碍资本流动性属性的发挥，不利于吸引投资者；三是会加剧大小股东间的对抗，对公司发展无益。因此，当大股东利用资本多数决原则欺压小股东，致使股东间良好的信赖关系已破坏殆尽时，有必要赋予小股东退股权，允许其主动选择退出公司。

股权回购作为股权转让的特例，实行特殊规则。我国《公司法》第74条规定，有下列情形之一的，对股东会该项决议投反对票的股东可以请求公司按照合理的价格收购其股权：①公司连续5年不向股东分配利润，而公司该5年连续盈利，并且符合本法规定的分配利润的条件的，即公司在5年中每一年都盈利，并且每一年在依法弥补亏损、提取公积金后，尚有利润可以分配给股东，但公司却没有一年向股东分配利润；②公司合并、分立、转让主要财产的；③公司章程规定的营业期限届满或者章程规定的其他解散事由出现，股东会会议通过决议修改章程而使公司存续的。按照该条规定，有限责任公司收购本公司股东股权时，应当与股东达成收购协议。为防止公司拖延，规定自股东会会议决议通过之日起60日内，股东与公司不能达成股权收购协议的，股东可以自股东会会议决议通过之日起90日内向人民法院提起诉讼。从上述规定中可见，股权回购不仅要求满足法定情形，还要求股东与公司通过协商，达成股权收购协议。如若协商不成，公司拒绝收购股权或者就股权收购价格无法达成一致的，《公司法》为股东提供了司法救济的手段，即股东可以自股东会会议决议通过之日起90日内向人民法院提起诉讼。

另外，根据2014年2月20日发布的《最高人民法院关于适用〈中华人民共和国公司法〉若干问题的规定（二）》第5条的规定，人民法院审理解散公司诉讼案件，允许当事人协商由公司或者股东收购股份。经人民法院调解公司收购原告股份的，公司应当自调解书生效之日起6个月内将股份转让或者注销。股份转让或者注销之前，原告不得以公司收购其股份为由对抗公司债权人。

尽管有限责任公司的股份收购和股份有限公司的股份收购都是股份转让的特殊方式，但二者存在着明显不同：

注意区别有限责任公司的股份收购和股份有限公司的股份收购。

（1）制度价值不同。有限责任公司的股份收购制度，旨在保护特定股东，特别是中小股东的利益；股份有限公司的股份收购制度，旨在保护公司及全体股东的利益。

（2）出让方不同。作为有限责任公司的股份收购，出让方的股东是特定的；作为股份有限公司的股份收购，出让方的股东是不特定的。

（3）公司的地位不同。在有限责任公司的股份收购中，公司居于被动的地位；在股份有限公司的股份收购中，公司居于主动地位。

（4）适用的情形不同。有限责任公司的股份收购，适用的是《公司法》第74条规定的，不向股东分配利润，合并、分立、转让主要财产，使公司不合理存续的三种情形。股份有限公司的股份收购，适用的是《公司法》第142条规定的，减资、合并、奖励职工、对股东大会的决议有异议要求公司收购的四种情形。

（四）实践中的热点问题

1. 瑕疵出资形成的股权转让问题。股权转让不仅涉及股权转让合同，还涉及股东之间的关系、公司股东的变更问题。瑕疵出资形成的股权转让问题，包括股权本身有瑕疵，如基于贪污、受贿、挪用等原因形成的股权、未出资或未足额出资形成的股权、出资不实等形成的股权，在转让时所引发的问题。

这里着重探讨实践中常出现的，有限责任公司的股东未履行或者未全面履行出资义务即转让股权所引发的问题，包括当出资存在瑕疵时，其所形成的股权能否转让？股权转让的效力如何？股权转让合同的效力如何？责任如何承担？从我国公司法的规定来看，有限责任公司设立时，即便股东未履行或者未全面履行出资义务，公司成立后该股东也依然保有股东资格，享有股权。既然其享有股权，就有可能转让。公司法目前尚没有有关瑕疵出资形成的股权不得转让的禁止性规定，应该理解为允许其转让，承认其转让的有效性。

至于股权转让合同的效力问题，只能依照合同法和相关司法解释的规定来判断。按照《最高人民法院关于适用〈中华人民共和国合同法〉若干问题的解释（二）》第14条的规定，《合同法》第52条合同无效的情形中第5项规定的"违反法律、行政法规的强制性规定"是指有关合同的"效力性强制性规定"。纵观《公司法》第三章关于"有限责任公司的股权转让"的规则，基本上是囿于公司内部，约束股东行为的规范。其并未触及股权转让的合同问题，更无有关股权转让合同的效力方面的强制性规定。由此我们认为，瑕疵出资并不属于"违反法律、行政法规的强制性规定"导致合同无效的情形。

那么是否属于可变更或可撤销的情形呢？对此不能一概而论。这要视受让方是否知情，分两种情况来探讨：

（1）一种是在受让方不知情的情况下。如股权转让时，出让方股东故意隐瞒未履行或者未全面履行出资义务即转让股权事实，在与受让方签订股权转让合同时，未告知其出资存在瑕疵的真实情况，致使受让方对此并不知情的，该股权转让合同属于存在欺诈情形，应确认为可变更或可撤销合同。受让方可以以被欺诈为由，请求人民法院或仲裁机构予以变更或撤销该股权转让合同。但是股权转让依然有效，受让方不能以此对抗善意的公司债权人。受让方在向公司债权人承担责任后，有权向转让方追偿。这里需要强调的是，股权转让的效力和股权转让合同的效力是两个问题。

（2）另一种是在受让方知情的情况下。如出让方股东在与受让方签订股权转让合同时，如实将出资存在瑕疵的事实告知了受让方，致使受让方知道或应当知道这一事实，仍然受让该股权的，则股权转让合同有效。自然股权转让也有效。

根据《公司法》的规定，履行出资义务是股东的一项法定义务。为确保公司资本的充实，保护债权人的利益，股东履行出资的义务并不因股权的转让而免除。因此，未履行或者未全面履行出资义务的股东，即便是转让了股权，也必须全面履行出资义务。同时，受让方对此承担连带责任。按照2014年2月20日发布的《最高人民法院关于适用〈中华人民共和国公司法〉若干问题的规定（三）》的规定，有限责任公司的股东未履行或者未全面履行出资义务即转让股权，受让人对此知道或者应当知道，公司请求该股东履行出资义务、受让人对此承担连带责任的，人民法院应予支持；公司债权人请求未履行或者未全面履行出资义务的股东在未出资本息范围内对公司债务不能清偿的部分承担补充赔偿责任的，人民法院应予支持；未履行或者未全面履行出资义务的股东已经承担上述责任，其他债权人提出相同请求的，人民法院不予支持。公司债权人依照上述规定向未履行或者未全面履行出资义务即转让股权的有限责任公司的股东提起诉讼，同时请求前述受让人对此承担连带责任的，人民法院应予支持。受让人根据上述规定承担责任后，向该未履行或者未全面履行出资义务的股东追偿的，人民法院应予支持。但是，当事人另有约定的除外。从中我们也不难看出，司法实践中，受让人在明知或应知股权存在瑕疵仍受让时，法院对此股权转让合同的有效性是认可的。作为公司新股东的受让人，应该应公司的请求，对公司承担履行或补足出资的责任；应债权人的请求，对公司债权人承担补充赔偿责任。

综上，可以认为：当出资存在瑕疵时，其所形成的股权是可以转让的，股权转让是有效的。至于股权转让合同的效力问题和责任的承担问题视不同情况而定。

2. 名义股东转让股权问题。名义股东转让股权所引发的问题，包括名义股东转让股权，实际出资人主张无效的如何处理？名义股东因转让股权，给实际出资人造成的损失如何处理？在探讨这些问题前，我们必须明确实践中如何确定名义股东与实际出资人的投资权益的归属问题。按照《最高人民法院关于适用〈中华人民共和国公司法〉若干问题的规定（三）》的规定，有限责任公司的实际出资人与名义出资人订立合同，约定由实际出资人出资并享有投资权益，以名义出资人为名义股东，实际出资人与名义股东对该合同效力发生争议的，如无《合同法》第52条规定的情形，人民法院应当认定该合同有效。上述规定的实际出资人与名义股东因投资权益的归属发生争议，实际出资人以其实际履行了出资义务为由向名义股东主张权利的，人民法院应予支持。名义股东以公司股东名册记载、公司登记机关登记为由否认实际出资人权利的，人民法院不予支持。实际出资人未经公司其他股东半数以上同意，请求公司变更股东、签发出资证明书、记载于股东名册、记载于公司章程并办理公司登记机关登记的，人民法院不予支持。从上述可以看出，实践中，当名义股东和实际出资人就投资权益的归属问题发生纠纷时，实际出资人的出资行为和投资权益是得到确认与肯定的。

那么名义股东转让股权，实际出资人主张无效的如何处理？名义股东因转让股权，给实际出资人造成的损失又如何处理？按照《最高人民法院关于适用〈中华人民共和国公司法〉若干问题的规定（三）》的规定，名义股东将登记于其名下的股权转让、质押或者以其他方式处分，实际出资人以其对于股权享有实际权利为由，请求认定处分股权行为无效的，人民法院可以参照《物权法》第106条关于善意取得的规定处理。《物权法》第106条规定，无处分权人将不动产或动产转让给受让人的，所有权人有权追回；除法律另有规定外，符合下列情形的，受让人取得该不动产或动产的所有权：①受让人受让该不动产或动产时是善意的；②以合理的价格转让；③转让的不动产或动产依照法律规定应当登记的已经登记，不需要登记的已经交付给受让人。受让人依照前款规定取得不动产或动产的所有权的，原所有权人有权向无处分权人请求赔偿损失。当事人善意取得其他物权的，参照前两款规定。按照上述规定我们认为，在确认名义股东转让股权的效力时，需要考虑作为善意取得第三人的受让人的利益。原则上，名义股东作为无处分权人，将股权转让给受让人，作为所有权人的实际出资人有权追回。但法律另有规定除外，即符合善意取得情形的，作为善意取得第三人的受让人取得股权，名义股东转让股权的行为有效。至于名义股东因转让股权，给实际出资人造成的损失，名义股东应负责赔偿。司法实践中，实际出资人如果就此提起诉讼，请求名义股东承担赔偿责任的，人民法院应予支持。

按照《最高人民法院关于适用〈中华人民共和国公司法〉若干问题的规定（三）》第 26 条的规定，公司债权人以登记于公司登记机关的股东未履行出资义务为由，请求其对公司债务不能清偿的部分在未出资本息范围内承担补充赔偿责任，股东以其仅为名义股东而非实际出资人为由进行抗辩的，人民法院不予支持。名义股东根据前款规定承担赔偿责任后，向实际出资人追偿的，人民法院应予支持。

3. 优先购买权是否可以部分行使的问题。如前所述，《公司法》第 71 条第 3 款确认了股东在同等条件下对转让股权的优先购买权。优先购买权是否可以部分行使？对此有两种观点：一种观点认为可以，一种观点认为不可以。我们认为优先购买权可以部分行使。理由是：其一，有限责任公司的股权是可以进行分割的。既然可以进行分割，股东就有可能受让部分股权，股东也就有可能就部分股权转让行使优先购买权。其二，公司法并未明确禁止股东部分行使优先购买权，既然未禁止即意味着可以。其三，股东受让股权，是为了实现对公司的控制。既然部分受让股权，就可以实现控制，就没必要受让全部股权。其四，既然优先购买权是赋予受让股东的，就表明立法在平衡受让股东与出让股东利益时，更倾向于受让股东，即公司的老股东，以巩固老股东在公司中的地位与贡献，进而维持和强化有限责任公司的人合性。

《公司法》第 71 条第 3 款规定，两个以上股东主张行使优先购买权的，协商确定各自的购买比例；协商不成的，按照转让时各自的出资比例行使优先购买权。《公司法》第 72 条还规定，人民法院依照法律规定的强制执行程序转让股东的股权时，应当通知公司及全体股东，其他股东在同等条件下有优先购买权。其他股东自人民法院通知之日起满 20 日不行使优先购买权的，视为放弃优先购买权。从上述规定可以看出，在处理股东的优先购买权问题上，公司法非常注重维护公司股东之间的利益平衡及公司的稳定。因为一旦有股东出让股权，就可能引起其他股东出资比例的改变，进而影响他们对公司的控制。所以股权转让对其他股东利益，以及公司的稳定都将产生重大影响。为此，维护公司原有股东之间的利益平衡及公司的稳定至关重要。

4. 股权转让的登记问题。股权转让的登记问题，如实践中常遇到的，普通有限责任公司股权转让后，未办理工商变更登记手续的，股权转让是否有效？对此学界有观点认为，未办理工商变更登记手续的，股权转让无效。我们认为未办理工商变更登记手续的，股权转让依然有效。理由是，首先，股权转让的效力与是否办理工商变更登记手续无关。股权转让行为系转让双方当事人之间的合同行为。按照《合同法》第32条、第44条的规定，双方当事人只要就股权转让合同的内容达成一致，合同即自双方当事人签字或盖章时成立。依法成立的合同自成立时生效。除非法律、法规规定，应当办理批准、登记等手续生效的，才自批准、登记时生效。按照目前法律、法规的规定，只有特殊的公司，如国有独资公司转让股权需经批准外，普通的有限责任公司的股权转让一般无需经过批准、登记。再者，工商变更登记属于一般性的行政管理行为，其与股权转让的效力无关。而只是对双方当事人业已发生的股权转让事实加以确认而已。所以，普通有限责任公司的股权转让，未办理工商变更登记手续的，也依然有效。其次，办理工商变更登记手续并非是对股权转让效力的要求，而是对转让后股东变更的要求。《公司法》第73条规定，依照本法第71条、第72条转让股权后，公司应当注销原股东的出资证明书，向新股东签发出资证明书，并相应修改公司章程和股东名册中有关股东及其出资额的记载。对公司章程的该项修改不需再由股东会表决。《公司登记管理条例》第34条规定，有限责任公司变更股东的，应当自变更之日起30日内申请变更登记，并应当提交新股东的主体资格证明或者自然人身份证明。有限责任公司的自然人股东死亡后，其合法继承人继承股东资格的，公司应当依照上述规定申请变更登记。有限责任公司的股东或者股份有限公司的发起人改变姓名或者名称的，应当自改变姓名或者名称之日起30日内申请变更登记。根据上述规定来看，办理工商变更登记手续，只是对股权转让后，股东变更的要求，而不是对股权转让效力的要求。最后，从程序上来说，股权转让在先，工商变更登记在后。工商变更登记恰恰是建立在对业已变动的股权转让事实予以确认的基础上的。因此不能以发生在后的是否办理工商变更登记手续，来否定发生在先的股权转让的效力。综上，我们认为未办理工商变更登记手续的，股权转让依然有效。只不过是工商变更登记具有公示效力。办理了工商变更登记手续后方可对抗第三人。未办理工商变更登记手续的，不得对抗第三人。

另外，按照《最高人民法院关于适用〈中华人民共和国公司法〉若干问题的规定（三）》第27条、第28条的规定，股权转让后尚未向公司登记机关办理变更登记，原股东将仍登记于其名下的股权转让、质押或者以其他方式处分，受让股东以其对于股权享有实际权利为由，请求认定处分股权行为无效的，人民法院可以参照《物权法》第106条的规定处理。原股东处分股权造成受让股东损失，受让股东请求原股东承担赔偿责任、对于未及时办理变更登记有过错的董事、高级管理人员或者实际控制人承担相应责任的，人民法院应予支持；受让股东对于未及时办理变更登记也有过错的，可以适当减轻上述董事、高级管理人员或者实际控制人的责任。冒用他人名义出资并将该他人作为股东在公司登记机关登记的，冒名登记行为人应当承担相应责任；公司、其他股东或者公司债权人以未履行出资义务为由，请求被冒名登记为股东的承担补足出资责任或者对公司债务不能清偿部分的赔偿责任的，人民法院不予支持。

第四节　有限责任公司的组织机构

一、公司组织机构概述

（一）公司组织机构设置的基本原则

从法律角度，作为企业法人的有限责任公司必须具有形成其法人意志、对内进行管理、对外代表公司的机构。从公司管理的角度，尽管有限责任公司股东人数不多，但股东与公司经营者之间关系仍然需要法律调整，这是有限责任公司组织机构建立的基础。因此与股份公司相同，公司法所规定的有限公司组织机构制度，是对有限公司股东与公司经营阶层在公司经营管理中所处的地位及相互关系的法律调整，其核心是使公司股东会和董事会在分权与制衡的基础上正常运转。在机构的设置上，有限公司组织机构的设置也要遵循以下基本原则：

1. 分权与制衡。公司的全部权力在股东会、董事会、监事会之间的划分是现代公司机构设置的基本框架。其中，由全体股东组成的股东会是公司的最高权力机构，行使重要事项的决策权；由股东民主选任产生的董事会是公司的业务执行机构，行使经营管理权；由股东或职工选任产生的监事会是公司的内部监督机构，代表股东对董事及经理的业务执行活动进行监督。权力分立提高了公司的运营效率，同时产生了权力制衡的基础和必要性。在分权的基础上，公司法对公司各组织机构的权力

学习本节一定要注意公司法中的任意性规范，高度重视公司章程对健全和完善有限责任公司治理机制的重要作用。

配置注重权力之间的相互制衡，并由此在公司组织机构之间形成一个相互独立、相互制衡的完整系统。公司组织机构设置与运行中的权力分立与制衡平衡了公司股东与公司经营者之间的关系，使独立于股东会、董事会、监事会的公司意志和利益得以形成，公司得以正常运转。

2. 权、责、利相统一原则。这一原则要求在公司组织机构设置与运行中，公司各机构的权利、义务和责任必须相一致。不应当有有权无责或有责无权现象的存在。其一，权、责、利统一原则中的"权"指的是权利和权力。其二，权、责、利统一原则中的"责"是指一种掌握在国家手中的纠恶或纠错的机制。法律责任的实质是国家对违反法定义务、超越法定权利或滥用权利的违法行为所作的法律上的否定性评价和谴责，是国家强制违法者作出一定行为或禁止其作出一定行为，从而补救受到侵害的合法权益，恢复被破坏的法律关系（社会关系）和法律秩序（社会秩序）的手段。其三，权、责、利统一原则中的"利"指的是利益。将行为人的利益，同其在公司中所扮演的角色及其工作成效有机地结合起来，一方面能够起到激励行为人更好地履行职责和义务的作用，另一方面可以为行为人承担责任提供物质基础。总之，权、责、利统一要求权责相当，权义相对，责利（益）相称，这是股东与公司经营者之间关系及其法律调整对公司组织制度设置的基本要求。

（二）公司治理与有限责任公司组织机构

一般认为，公司治理问题产生的根源在于 20 世纪现代大型股份公司中由内部控制所激化的股东与公司、公司与社会之间的利益冲突。从公司治理的含义看，狭义上的公司治理，基本就是围绕公司组织机构，即股东会、董事会、监事会的设置、组成、分权与制衡来展开的。从公司治理的模式看，其中的内部治理模式就是通过严密的组织机构来制约公司的经营者，由公司内部的控制机制对管理层进行直接监控的。因此可以说，公司治理与公司组织机构具有密切联系：公司组织机构是公司治理的重要组成部分；公司治理的许多制度设计都是以组织机构为依托的。

应当肯定，作为现代公司的组织形式之一，有限公司组织机构制度的改革和完善也要受到公司治理的影响，调整股东和公司利益相关者的利益也是有限公司组织机构制度改革的发展趋势。在一些大型的有限公司中，例如我国的国有独资公司，我们可以看到公司治理运动对公司机构设置和改革的影响。但是，不能因此否定有限责任公司与股份有限公司的区别。我们应当看到，有限公司由于其规模较小、股东人数较少，其公司机构设置有很大的任意性。因此，在公司机构设置中如何给股东和公司以足够的自治空间，以适应有限公司特殊的治理需求，是公司法理论与实务应当研究的重要课题。

二、有限责任公司股东与股东会

（一）有限责任公司的股东

1. 概念。有限责任公司股东，即在有限责任公司中合法地拥有投资权利的人。股东是一种身份上的标志，凡是作为公司股东的，就享有公司法上规定的股东各项权利。确定公司股东身份的标志有两个：

（1）有限责任公司股东必须是公司的投资者。投资者既可因为向公司投资而获得股东的资格，享有相应的权利和义务，也可以是因为其他合法原因获得该项投资的人。例如，因受赠、继承等原因取得股权。

（2）有限责任公司股东须在公司股东名册上记载姓名或者名称；经注册登记方可被确认为具有股东身份。

有限公司股东，可以分为初始股东和后继股东。初始股东有时又称创设股东，是指签署有限公司章程并按照章程规定缴纳出资的人。后继股东则指依照法定程序获得出资权利的其他合法投资者。无论是初始股东还是后继股东，股东必须登记在册。

我国《公司法》第32条第1款规定，"有限责任公司应当配置股东名册，记载下列事项：①股东的姓名或者名称及住所；②股东的出资额；③出资证明书编号"。记载于股东名册的股东，可以依股东名册主张行使股东权利。公司应当将股东的姓名或者名称及其出资额向公司登记机关登记；登记事项发生变更的，应当办理变更登记。未经登记或者变更登记的，不得对抗第三人。

2. 股东资格的取得。

（1）设立取得。这是指通过公司设立而获得股东资格。这是初始股东获得股东资格的唯一方式。公司完成设立登记后，签署公司章程并据此向公司缴纳出资的人，均为通过设立而获得股东资格的人。

（2）受让取得。这是指在公司成立后，通过接受公司股东出资转让行为，依法获得股东资格。例如公司股东在与拟受让其出资的受让投资者签署协议并经法定程序后，该受让投资者即获得股东资格。这是后继股东获得股东资格的主要方式。

（3）增资取得。这是指公司为了扩大资本规模而向公司外的投资者提供出资认购权后，公司外新的投资者因出资而获得股东资格的情况。

（4）合并取得。这是指公司合并时，因合并而丧失法人资格的原股东依法获得存续公司或新设公司的股东资格。这是依照公司合并规则而获得股东资格的情况。

（5）继承取得。继承取得是指公司股东的继承人于股东死亡后，依照继承法有关规定继承股东出资，并经法定程序获得股东资格。

3. 股东资格的消灭。所谓股东资格消灭，是指公司现有股东因法定原因而丧失股东身份。主要包括：

（1）股东转让全部出资。这是实践中比较常见的股东资格消灭原因。在出资转让情况下，全部出让其出资的股东因此丧失股东资格。但部分出让其出资的，股东身份并不发生改变，所改变的只是该股东在公司中享有的权益比例。

（2）公司法人解散或破产。法人解散或破产将导致法人资格的消灭，公司股东资格也因此而消灭。

（3）股东死亡。唯指公民死亡而丧失股东资格，股东全部或部分丧失行为能力并不导致股东资格的消灭。

4. 股东的权利。有限责任公司股东与其他公司股东一样，享有法律规定以及章程约定的一切权利。根据《公司法》第 4 条规定，"公司股东依法享有资产收益、参与重大决策和选择管理者等权利"。在公司法理论上，依照不同的标准，可以对股东的权利作不同的划分：

（1）以行使目的为准，股东权可分为自益权与共益权。自益权是股东仅为自己利益而行使的权利，而共益权是股东为自己利益的同时兼为公司利益而行使的权利。例如股利分配请求权、剩余财产分配请求权、新股认购优先权、股份买取请求权、股份转换请求权、股份转让权、股票交付请求权、股东名义更换请求权和无记名股份向记名股份的转换请求权等均为股东的自益权；表决权、代表诉讼提起权、股东大会召集请求权和召集权、提案权、质询权、股东大会决议撤销诉权、股东大会决议无效确认诉权、累积投票权、新股发行停止请求权、新股发行无效诉权、公司设立无效诉权、公司合并无效诉权、董事会违法行为制止请求权、公司解散请求权和公司重整请求权等则属于股东的共益权。

（2）以行使方法为准，股东权可分为单独股东权与少数股东权。单独股东权是指不问股东的持股数额多寡，仅持有一股的股东即可单独行使的权利。少数股东权是指持有股份占公司已发行股份总数一定百分比的股东才能行使的权利。行使少数股东权的股东既可是持股达一定百分比的数个股东，也可是持股达一定百分比的单个股东。股东的自益权从性质上而言均属单独股东权；而共益权中既有单独股东权，也有少数股东权，前者如表决权，后者如股东大会召集请求权。自股东权保护的基

自益权与共益权是股东权最为重要的一种分类，但是两者之间的界限并不是绝对的。由于共益权是作为自益权的手段来行使，因此此种权利兼具共益权和自益权的特点，例如会计文件查阅权、会计账簿查阅权、新股发行停止请求权等即属此类，一些学者将股东的查阅权乃至代表诉讼提起权视为自益权。

本理念而言，股东的共益权原则上应为单独股东权，但为预防股东权滥用、维护公司整体利益和其余广大股东的利益，遂有少数股东权之设。

（3）以行使主体为准，股东权可分为一般股东权与特别股东权。所谓一般股东权，是指公司的普通股东即得行使的权利；特别股东权则是指专属于股东中特定人的权利，如公司发起人和特别种类的股东（优先股股东、劣后股股东、混合股股东和偿还股股东）所享有的股东权。特别股东权似乎有违股东平等原则，但实则不然：首先，特别股东的权利与义务是对等的，在某些方面的利益虽优于其他股东，但在其他方面的利益逊于其他股东，反之亦然，无表决权的优先股即其适例；其次，特别种类的股份之设立源于公司章程，合乎意思自治原则；最后，属于同一特别种类的股东间仍有股东平等原则之适用。

（4）以产生的法律渊源为准，股东权可分为法定股东权与章定股东权。前者是指由法律（含公司法、证券法等）所规定的权利，而后者是指由公司章程所规定的权利。公司章程可以进一步在法律范围内赋予股东各项权利。根据我国公司法的规定，有限责任公司股东的权利具体如下：①按照实缴的出资比例分取红利；②新增资本的优先认缴权；③出资转让权；④同等条件下，优先购买其他股东转让的出资；⑤按照出资比例剩余分配财产权；⑥按照出资比例在股东会会议上行使表决权；⑦选举或被选举为董事、监事；⑧代表 1/10 以上表决权的股东可以提议召开临时股东会；⑨查阅、复制公司章程、股东会会议记录、董事会会议决议、监事会会议决议和财务会计报告，依法要求查阅公司会记账簿；⑩公司章程规定的其他权利。

应当指出，近年来我国有限责任公司股东在行使知情权方面出现了诸多问题。针对这些问题，前述《最高人民法院关于适用〈中华人民共和国公司法〉若干问题的规定（四）》第 7 ~ 12 条作出了以下规定：①股东依据《公司法》第 33 条、第 97 条或者公司章程的规定，起诉请求查阅或者复制公司特定文件材料的，人民法院应当依法予以受理。公司有证据证明前款规定的原告在起诉时不具有公司股东资格的，人民法院应当驳回起诉，但原告有初步证据证明在持股期间其合法权益受到损害，请求依法查阅或者复制其持股期间的公司特定文件材料的除外。②有限责任公司有证据证明股东存在下列情形之一的，人民法院应当认定股东有《公司法》第 33 条第 2 款规定的"不正当目的"：股东自营或者为他人经营与公司主营业务有实质性竞争关系业务的，但公司章程另有规定或者全体股东另有约定的除外；股东为了向他人通报有关信息查阅公司会计账簿，可能损害公司合法利益的；股东在向公司提出查阅请求之日前的 3 年内，曾通过查阅公司会计账簿，向他人通报有关信息损害公司合法利益的；股东有不正当目的的其他情形。③公司章程、股东之间的协议等实质性剥夺股东依据《公司法》第 33 条、第 97 条规定查阅或者复制公司文件材料的权利，公司以此为由拒绝股东查阅或者复制的，人民法院不予支持。④人民法院审理股东请求查阅或者复制公司特定文件材料的案件，对原告诉讼请求予以支持的，应当在判决中明确查阅或者复制公司特定文件材料的时间、地点和特定文件材料的名录。股东依据人民法院生效判决查阅公司文件材料的，在该股东在场的情况下，可以由会计师、律师等依法或者依据执业行为规范负有保密义务的中介机构执业人员辅助进行。⑤股东行使知情权后泄露公司商业秘密导致公司合法利益受到损害，公司请求该股东赔偿相关损失的，人民法院应当予以支持。辅助股东查阅公司文件材料的会计师、律师等泄露公司商业秘密导致公司合法利益受到损害，公司请求其赔偿相关损失的，人民法院应当予以支持。⑥公司董事、高级管理人员等未依法履行职责，导致公司未依法制作或者保存《公司法》第 33 条、第 97 条规定的公司文件材料，给股东造成损失，股东依法请求负有相应责任的公司董事、高级管理人员承担民事赔偿责任的，人民法院应当予以支持。

5. 股东的义务。根据我国公司法规定，有限责任公司的股东应当承担如下义务：①按期足额缴纳公司章程中规定的各自所认缴的出资额；②出资填补责任，即有限责任公司成立后，发现作为出资的非货币财产的实际价额显著低于公司章程所定价额的，应当由交付该出资的股东补交其差额，公司设立时的其他股东对其承担连带责任；③股东在公司成立后，不得抽回出资；④以其认缴的出资额对公司承担责任，一旦公司破产或者其他原因造成公司资不抵债时，股东无权收回其投资；⑤遵守公司章程的规定。

（二）有限责任公司的股东会

1. 股东会的法律地位。公司股东会是由全体股东组成的行使公司权力的机构。《公司法》第 36 条规定，有限责任公司股东会由全体股东组成，是公司的权力机构，依照公司法行使职权。据此，有限公司股东会具有如下特点：

（1）股东会是有限责任公司的必设机构。除了法律特殊规定，各个有限责任公司无论其规模及人数存在何种差异，都必须设置股东会。

（2）公司股东会是公司的权力机构。所谓权力机构，即是公司重大事项的意思决定机构。

2. 股东会的职权。有限责任公司股东会应当依照《公司法》第37条和公司章程的规定行使其职权：①决定公司的经营方针和投资计划；②选举和更换非由职工代表担任的董事、监事，决定有关董事、监事的报酬事项；③审议批准董事会的报告；④审议批准监事会或者监事的报告；⑤审议批准公司年度财务预算方案、决算方案；⑥审议批准公司的利润分配方案和弥补亏损方案；⑦对公司增加或者减少注册资本作出决议；⑧对发行公司债券作出决议；⑨对公司的合并、分立、变更公司形式、解散和清算等重要事项作出决议；⑩修改公司章程；⑪公司章程规定的其他职权。对前列事项股东以书面形式一致表示同意的，可以不召开股东会会议，直接作出决定，并由全体股东在决定文件上签名、盖章。

3. 公司股东会的会议制度。

（1）股东会的种类。公司股东会是以会议形式行使其职权的。根据我国《公司法》第39条第1款的规定，有限责任公司股东会会议有定期会议和临时会议两种。定期会议应当按公司章程规定的时间召开，由于实践中该期限多为一年，故又称年度会议。临时会议是指根据公司情况，依照法定程序不定期召开的股东会会议。根据《公司法》规定，代表1/10以上表决权的股东、1/3以上董事，监事会或者不设监事会的公司的监事，可以提议召开临时股东会会议。

（2）股东会的召开及议事规则。根据我国公司法的规定，有限责任公司股东会的召开及议事规则包含以下内容：①首次股东会。首次股东会由出资最多的股东召集和主持。②召开股东会的通知。召开股东会会议，应当于会议召开15日以前通知全体股东；但是，公司章程另有规定或者全体股东另有约定的除外。③股东会的召集和主持。股东会由公司董事会召集，董事长主持，董事长因特殊原因不能履行该项职责或者不履行职责时，由副董事长主持；副董事长不能履行职务或者不履行职务的，由半数以上董事共同推举一名董事主持。有限责任公司不设董事会的，股东会会议由执行董事召集和主持。董事会或者执行董事不能履行或者不履行召集股东会会议职责的，由监事会或者不设监事会的公司的监事召集和主持；监事会或者监事不召集和主持的，代表1/10以上表决权的股东可以自行召集和主持。④股东会决议的种类。有限公司股东会决议分为普通决议和特别决议。普通决议的形成条件在我国公司法中并无明确规定，它通常由公司章程规定，一般应由超过1/2表决权的股东同意。特别决议需经代表2/3以上表决权的股东同意方可作出，根据公司法规定，特别决议事项包括修改公司章程、增加或减少注册资

在学习过程中，应当有意识地将股东会与董事会的职权进行比较。

注意分析临时股东会制度的价值。

本、公司合并、分立、解散或变更公司形式等。⑤股东表决权的分配。《公司法》第42条规定，股东会会议由股东按照出资比例行使表决权，但公司章程另有规定的除外。⑥股东会会议记录。股东会应当对所议事项的决定作成会议记录，出席会议的股东应当在会议记录上签字。

公司法允许公司章程规定股东会的议事规则，因此，如何发挥章程的功能是一个需要不断探索的问题。另外需要注意，公司章程可以规定不按出资比例行使表决权。

注意归纳总结无效制度与撤销制度的差异。

除上述规定之外，出于对有限责任公司人合性的尊重，《公司法》第43条规定，股东会的议事方式和表决程序，除本法有规定的外，由公司章程规定。因此，投资者需要对公司章程予以高度重视。

4. 股东会会议决议的无效和撤销。股东会行使权利不得违反法律、行政法规和公司章程的有关规定。根据《公司法》第22条规定，公司股东会的决议内容违反法律、行政法规的无效。同时，如果股东会的会议召集程序、表决方式违反法律、行政法规或者公司章程，或者决议内容违反公司章程的，股东可以自决议作出之日起60日内，请求人民法院撤销。为了防止股东滥用诉权，股东依照上述规定提起诉讼的，人民法院可以应公司的请求，要求股东提供相应担保。公司根据股东会决议已办理变更登记的，人民法院宣告该决议无效或者撤销该决议后，公司应当向公司登记机关申请撤销变更登记。

按照《最高人民法院关于适用〈中华人民共和国公司法〉若干问题的规定（四）》的规定，公司股东、董事、监事等请求确认股东会或者董事会决议无效或者不成立的，人民法院应当依法予以受理。依据《公司法》第22条第2款，请求撤销股东会或者董事会决议的原告，应当在起诉时具有公司股东资格。原告请求确认股东会或者董事会决议不成立、无效或者撤销决议的案件，应当列公司为被告。对决议涉及的其他利害关系人，可以依法列为第三人。一审法庭辩论终结前，其他有原告资格的人以相同的诉讼请求申请参加前款规定诉讼的，可以列为共同原告。股东请求撤销股东会或者董事会决议，符合《公司法》第22条第2款规定的，人民法院应当予以支持，但会议召集程序或者表决方式仅有轻微瑕疵，且对决议未产生实质影响的，人民法院不予支持。股东会或者董事会决议存在下列情形之一，当事人主张决议不成立的，人民法院应当予以支持：公司未召开会议的，但依据《公司法》第37条第2款或者公司章程规定可以不召开股东会或者股东大会而直接作出决定，并由全体股东在决定文件上签名、盖章的除外；会议未对决议事项进行表决的；出席会议的人数或者股东所持表决权不符合公司法或者公司章程规定的；会议的表决结果未达到公司法或者公司章程规定的通过比例的；导致决议不成立的其他情形。股东会或者股东大会、董事会决议被人民法院判决确认无效或者撤销的，公司依据该决议与善意相对人形成的民事法律关系不受影响。

三、有限责任公司的董事会和执行董事

（一）董事

1. 董事的概念。董事是董事会的组成人员。董事的法律地位是指董事与公司间的法律关系。我国《公司法》对此没有明确规定，大陆法系与英美法则有不同主张。大陆法系国家和地区公司法理论通常认为，董事是公司的受任人，董事因股东会的选任而与公司发生委任关系。所谓委任，指当事人一方（委任人）委托他方（受任人）处理事务。例如，日本《商法》第 254 条第 3 项规定，"公司和董事的关系，依照有关委任的规定"；我国台湾地区"公司法"第 192 条规定，"公司与董事间之关系，除本法另有规定外，依民法关于委任之规定"。英美法系根据公司法理论通常认为，董事是公司的受信托人（Fiduciaries），董事与公司是一种信托关系，董事对公司负有忠诚义务（Duty of Loyalty）和勤勉义务（Duty of Care）。

2. 董事的选任。在中国，有限公司董事产生方式有三种：①股东会选举产生，即由股东会按公司章程的规定，以一定表决权方式选举产生公司董事会成员。②股东单方委派产生，即依照股东单方意志确定董事。例如，国有独资公司的董事由国家授权投资的机构或者国家授权的部门委派；中外合资和合作企业，如果采取有限责任公司的形式，董事由合营、合作各方委派。③职工民主选举产生，这是根据《公司法》第 44 条第 2 款规定采用的董事产生方式，即"两个以上的国有企业或者两个以上的其他国有投资主体投资设立的有限责任公司，其董事会成员中应当有公司职工代表；其他有限责任公司董事会成员中可以有公司职工代表。董事会中的职工代表由公司职工通过职工代表大会、职工大会或者其他形式民主选举产生"。

有限责任公司的董事人数为 3～13 人。董事任期由公司章程规定，但每届任期不得超过 3 年，董事任期届满，可以连选连任。董事在任期届满前，股东会不得无故解除其职务。

（二）董事会

1. 董事会的法律地位。有限公司董事会是由股东选举董事组成的、股东会领导下的公司业务执行机构。除了特殊形式的国有独资公司以及规模较小、人数较少的有限责任公司，有限责任公司必须设置董事会，

其成员为 3 ~ 13 人。公司董事会采用集体议事制度。在该公司机构中，设董事长一名，可以设副董事长。董事长、副董事长的产生办法由公司章程规定。董事长负责主持股东会会议，并负责召集和主持董事会会议。副董事长协助董事长工作，在董事长因特殊原因不能履行职务时，可以被指定主持股东会会议，并被指定召集和主持董事会会议。

2. 董事会的职权。各国公司法对董事会权利的规定有的采取概括方式，有的采取列举方式。根据我国《公司法》第 46 条的列举式规定，有限责任公司的董事会可以行使下列职权：①召集股东会会议，并向股东会报告工作；②执行股东会的决议；③决定公司经营计划和投资方案；④制订公司的年度财务预算方案、决算方案；⑤制订公司的利润分配方案和弥补亏损方案；⑥制订公司增加和减少注册资本以及发行公司债券的方案；⑦拟订公司分立、合并、解散或者变更公司形式及终止和清算等重大事项的方案；⑧决定公司内部管理机构的设置；⑨聘任或者解聘公司经理（总经理）及其报酬事项，根据经理提名，聘任或者解聘公司副经理、财务负责人及其报酬事项；⑩制定公司的基本管理制度；⑪公司章程规定的其他职权。

3. 董事会的议事规则。我国公司法对有限公司董事会的召开时间没有强制性规定，由公司章程自行规定。董事会会议由董事长召集和主持；董事长因特殊原因不能履行职务时，由副董事长召集和主持；副董事长不能履行职务或者不履行职务的，由半数以上董事共同推举一名董事召集和主持。董事会的议事方式和表决程序，除公司法有规定的外，由公司章程规定。董事会决议的表决，实行一人一票。

我国公司法对于董事会议事方式和表决程序没有具体规定，实践中出现的许多问题，例如有效董事会会议的参加人数或比例、表决方式（投票或举手）、表决权计算方法（一人一票或有无一票否决权制度）、有效决议的表决权数（1/3 或者 1/2）、代理人投票的效力等，应当由公司章程作出规定。

根据《公司法》规定，有限责任公司的董事会应当对所议事项的决定作成会议记录，出席会议的董事应当在会议记录上签名。起草公司章程时，股东还可以就董事会会议记录的保存及查问进行规定。

4. 董事会会议决议的无效和撤销。董事会会议决议不得违反法律、法规和公司章程的有关规定。根据《公司法》第 22 条规定，公司董事会的决议内容违反法律、行政法规的无效。同时，如果董事会的会议召集程序、表决方式违反法律、行政法规或者公司章程，或者决议内容违反公司章程的，股东可以自决议作出之日起 60 日内，请求人民法院撤销。为了防止股东滥用诉权，股东依照上述规定提起诉讼的，人民法院可以应公司的请求，要求股东提供相应担保。公司根据董事会决议已办理变更登记的，人民法院宣告该决议无效或者撤销该决议后，公司应当向公司登记机关申请撤销变更登记。

（三）执行董事

在国外公司法中，执行董事为代表公司执行业务的董事，其范围相当广泛，不仅董事长可以是执行董事，其他董事凡是执行公司业务的，也可以称为执行董事。在我国公司法中，执行董事有其特定含义。《公司法》第 50 条规定："股东人数较少或者规模较小的有限责任公司，可以设 1 名执行董事，不设董事会。执行董事可以兼任公司经理。执行董事的职权由公司章程规定。"由此可见，我国《公司法》规定的执行董事是股东人数较少和规模较小的有限责任公司的业务执行机构。执行董事具有以下特点：①执行董事只适用于公司没有设立董事会的场合；②执行董事是个人制的公司执行机构，与以董事会形式存在的集体制机构明显存在差异，但具有相当于董事会的职权；③执行董事具有相当于其他公司董事长的职权，因为有限责任公司不设董事会的，执行董事可以根据公司章程规定成为公司的法定代表人；④兼任公司经理的执行董事，执行董事还拥有公司经理的职权。

四、有限责任公司的经理

（一）经理的概念

有限责任公司经理是指公司董事会聘任的，对董事会负责的公司经营管理人员。许多国家的公司法并不规定公司必须设经理，公司经理由公司章程自行决定是否设立。我国《公司法》规定有限责任公司必须设经理，但经理并不是公司独立的组织机关，而是受聘于董事会的公司高级管理人员，是公司日常经营管理的总负责人，在公司章程作出规定的情况下，经理可以成为公司的法定代表人。

（二）经理的职权

根据《公司法》第 49 条规定，公司经理由董事会决定聘任或解聘，并对公司董事会负责，可列席董事会会议。经理可以行使以下职权：①主持公司的生产经营管理工作，组织实施股东会、董事会决议；②组织实施公司的年度经营计划和投资方案；③拟订公司内部管理机构设置方案；④拟订公司基本管理制度；⑤制定公司的具体规章；⑥提请聘任或者解聘公司副经理、财务负责人；⑦聘任或者解聘除应由董事会聘任或者解聘以外的负责管理人员；⑧董事会授予的其他职权。公司章程对经理职权另有规定的，从其规定。

五、有限责任公司的监事会及监事

（一）监事会的地位

监事会是公司经营事务的监督机构。公司监事会或者监事的设置主要为大陆法系国家所采用，其设置目的在于保证董事会的运行合乎公司及股东利益。英美等国的公司组织机构中，没有监事会或监事的设置，而是通过外部董事制度、股东代表诉讼制度以及公司账目的专门审计制度实现对股东利益的特别保护。我国公司法仿效大陆法系传统，规定监事及监事会为有限制的任意设置机构。同时根据有限公司的特点，规定股东人数较少或规模较小的有限公司，可以设 1~2 名监事而不组成监事会。根据这一规定，监事会为规模较大的有限公司的必设机构，监事为较小规模公司的任意设置机构。

（二）监事会的职权

按照我国《公司法》的规定，有限责任公司监事的任职资格与董事的任职资格相同，而且董事、经理及财务负责人均不得兼任监事。监事的任期每届为 3 年。监事任期届满，可以连选连任。监事或者监事会的职权如下：①检查公司财务；②对董事、高级管理人员执行公司职务的行为进行监督，对违反法律、行政法规、公司章程或者股东会决议的董事、高级管理人员提出罢免的建议；③当董事和高级管理人员的行为损害公司的利益时，要求董事和高级管理人员予以纠正；④提议召开临时股东会，在董事会不履行本法规定的召集和主持股东会会议职责时召集和主持股东会会议；⑤向股东会会议提出提案；⑥依法对董事、高级管理人员提起诉讼；⑦公司章程规定的其他职权。

（三）监事的选任

根据我国《公司法》的规定，经营规模较大的有限公司应当设立监事会，其成员不得少于 3 人，其中 1 人充当召集人。监事会应当包括股东代表和适当比例的公司职工代表，其中职工代表的比例不得低于 1/3，具体比例由公司章程规定。监事会中的职工代表由公司职工通过职工代表大会、职工大会或者其他形式民主选举产生。监事会设主席 1 人，由全体监事过半数选举产生。监事会主席召集和主持监事会会议；监事会主席不能履行职务或者不履行职务的，由半数以上监事共同推举一名监事召集和主持监事会会议。

六、有限责任公司的董事、监事、高级管理人员的任职资格和义务

（一）董事、监事、高级管理人员的任职资格

由于董事、监事、高级管理人员（有限公司的经理、副经理、财务负责人和公司章程规定的其他人员）在公司中的特殊重要地位，各国公司法均对其任职资格作出规定。我国《公司法》第 146 条规定，有下列情形之一的，不得担任有限责任公司的董事、监事、高级管理人员：①无民事行为能力或者限制行为能力；②因贪污、贿赂、侵占财产、挪用财产或者破坏社会主义市场经济秩序，被判处刑罚，执行期满未逾 5 年，或者因犯罪被剥夺政治权利，执行期满未逾 5 年；③担任破产清算的公司、企业的董事或者厂长、经理，并对该公司、企业的破产负有个人责任的，自该公司、企业破产清算完结之日起未逾 3 年；④担任因违法经营被吊销营业执照、责令关闭的公司、企业的法定代表人，并负有个人责任的，自该公司、企业被吊销营业执照之日起未逾 3 年；⑤个人所负数额较大的债务到期未清偿。

公司违反上述规定选举、委派董事、监事或者聘任高级管理人员的，该选举、委派或者聘任无效。董事、监事、高级管理人员在任职期间出现以上所列情形的，公司应当解除其职务。

（二）董事、监事、高级管理人员的义务

我国《公司法》第 147 条明确规定，董事、监事、高级管理人员应当遵守法律、行政法规和公司章程，对公司负有忠实义务和勤勉义务。

忠实义务是指董事、监事、高级管理人员在执行公司业务时所承担的以公司利益作为自己行为和行动的最高准则，不得追求自己和他人利益的义务。在经营公司业务时，必须忠诚于公司和股东的利益，以最大限度实现和保护公司、股东的利益作为自己执行董事、监事及高级管理人员职务的目标。当其自身利益（包括与自己有利害关系的第三人的利益）与公司和股东的利益发生冲突时，董事、监事、高级管理人员必须以后者的最佳利益为重，不得将自身利益或与自己有利害关系的第三人的利益置于后者利益之上。

公司法规定董事、监事、高级管理人员要忠实于公司和股东的利益是十分必要的。股东在履行出资义务后，就与该资产的直接经营管理相对分离，仅通过股东会行使对公司的控制权，因此，董事、监事以及公司高级管理人员的经营管理活动对公司和股东利益的实现至关重要。但与此同时，董事、监事、高级管理人员有自己的个体利益追求，难免会在职务执行中偏离公司和股东的利益，从事私利活动。因此，如果不要求董事、监事、高级管理人员在经营管理活动中处处以公司和股东的利益为第一考虑，在董事、监事、高级管理人员利益与公司和股东利益发生冲突时，就不能保证公司及股东的利益不受侵害。从这个意义上说，董事、监事、高级管理人员的忠实义务也是民法中诚实信用原则在公司法领域的具体体现。

如果说"忠实"是董事、监事、高级管理人员履行义务在内容上的要求，那么"勤勉"则是董事、监事、高级管理人员履行义务在形式（方式）上的表现。董事、监事、高级管理人员勤勉义务的基本含义应当是：董事、监事、高级管理人员必须尽职尽责地对公司履行其作为董事、监事、高级管理人员的职责；其行为的方式须能使他人合理地相信，其为了实现和维护公司的最佳利益，已按董事、监事、高级管理人员岗位职责的要求尽己所能地做他应该做的。从勤勉义务的含义可知，勤勉义务强调的是董事履行义务的方式而非履行义务本身的内容。也就是说，它要求的是董事、监事、高级管理人员如何履行职责，而不是要求其履行何种职责。勤勉义务是董事、监事、高级管理人员尽职与否的标准，实际上包含了对义务人两个层次的要求：

（1）勤勉义务首先要求董事、监事、高级管理人员必须履行作为董事、监事、高级管理人员的职责。董事、监事、高级管理人员是公司治理结构中的重要组成部分，而不是可有可无的装饰品。董事、监事、高级管理人员不履行义务直接导致公司经营管理权行使的缺位，会对公司的利益，进而对股东和第三人的利益造成损害。

（2）董事、监事、高级管理人员履行义务必须是勤勉的。也就是说，董事、监事、高级管理人员必须积极主动地、勤奋努力地履行自己的职责，而不应有所疏忽和懈怠。

利益冲突交易的禁止、公司商业机会篡夺的禁止、竞业禁止、勤勉义务是董事义务的重要内容。

基于上述原因，我国《公司法》第147条明确规定，董事、监事、高级管理人员应当遵守法律、行政法规和公司章程，对公司负有忠实义务和勤勉义务。董事、监事、高级管理人员不得利用职权收受贿赂或者其他非法收入，不得侵占公司的财产。《公司法》第148条规定，董事、高级管理人员不得有下列行为：①挪用公司资金；②将公司资金以其个人名义或者以其他个人名义开立账户存储；③违反公司章程的规定，未经股东会、股东大会或者董事会同意，将公司资金借贷给他人或者以公司财产为他人提供担保；④违反公司章程的规定或者未经股东会、股东大会同意，与本公司订立合同或者进行交易；⑤未经股东会或者股东大会同意，利用职务便利为自己或者他人谋取属于公司的商业机会，自营或者为他人经营与所任职公司同类的业务；⑥接受他人与公司交易的佣金归为己有；⑦擅自披露公司秘密；⑧违反对公司忠实义务的其他行为。

（三）董事、监事、高级管理人员的责任

董事、监事、高级管理人员的责任，是指他们违反法律、行政法规和公司章程给公司或者股东造成损害应当承担的不利后果。我国《公司法》第 149 条规定，有限责任公司董事、监事、高级管理人员执行公司职务时违反法律、行政法规或者公司章程的规定，给公司造成损失的，应当承担赔偿责任。该法第 152 条规定，董事、高级管理人员违反法律、行政法规或者公司章程的规定，损害股东利益的，股东可以向人民法院提起诉讼。

1. 董事、监事、高级管理人员责任的承担方式。董事、监事、高级管理人员承担责任的方式有民事责任、行政责任或刑事责任，但《公司法》主要规定了民事责任方式：赔偿损失、返还财产、公司行使归入权。在情节严重时，可能承担刑事责任。

2. 董事责任的免除。我国《公司法》第 112 条第 3 款规定："董事应当对董事会的决议承担责任。董事会的决议违反法律、行政法规或者公司章程，致使公司遭受严重损失的，参与决议的董事对公司负赔偿责任。但经证明在表决时曾表明异议并记载于会议记录的，该董事可以免除责任。"虽然该条规定针对股份有限公司，但对于有限责任公司的董事有参照价值。

（四）对董事、监事、高级管理人员的诉讼

1. 公司的直接诉讼。《公司法》第 151 条第 1 款规定："董事、高级管理人员有本法第 149 条规定的情形的，有限责任公司的股东、股份有限公司连续 180 日以上单独或者合计持有公司 1% 以上股份的股东，可以书面请求监事会或者不设监事会的有限责任公司的监事向人民法院提起诉讼；监事有本法第 149 条规定的情形的，前述股东可以书面请求董事会或者不设董事会的有限责任公司的执行董事向人民法院提起诉讼。"

2. 股东的派生诉讼。股东派生诉讼，又称股东代表诉讼，是指当公司利益受到他人，尤其是受到控股股东、董事、监事及高级管理人员等侵害，而公司怠于追究侵害人责任时，符合法定条件的股东以自己的名义为公司利益对侵害人提起诉讼，追究侵害人法律责任的诉讼制度。股东派生诉讼具有以下特点：①派生诉讼是由公司的直接诉讼衍生而来，而衍生的基础在于股东是公司损失的最终承担者；②派生诉讼的被告包括公司的董事、监事、高级管理人员以及其他侵犯公司合法权益的人；③股东派生诉讼的提起条件比较严格，为了保障股东通过派生诉讼维护公司利益的权利，又防止股东滥用诉权，我国《公司法》第151条规定，只有符合下列情况时股东才能提起派生诉讼：监事会、不设监事会的有限责任公司的监事，或者董事会、执行董事收到有限公司股东、股份公司连续180日以上单独或者合计持有公司1%以上股份的股东的书面请求后拒绝提起诉讼，或者自收到请求之日起30日内未提起诉讼，或者情况紧急、不立即提起诉讼将会使公司利益受到难以弥补的损害的；④派生诉讼的法律效果归于公司，这是由派生诉讼的代位性质决定的。

按照《最高人民法院关于适用〈中华人民共和国公司法〉若干问题的规定（四）》的规定，监事会或者不设监事会的有限责任公司的监事依据《公司法》第151条第1款规定对董事、高级管理人员提起诉讼的，应当列公司为原告，依法由监事会主席或者不设监事会的有限责任公司的监事代表公司进行诉讼。董事会或者不设董事会的有限责任公司的执行董事依据《公司法》第151条第1款规定对监事提起诉讼的，或者依据《公司法》第151条第2款规定对他人提起诉讼的，应当列公司为原告，依法由董事长或者执行董事代表公司进行诉讼。符合《公司法》第151条第1款规定条件的股东，依据《公司法》第151条第2款、第3款规定，直接对董事、监事、高级管理人员或者他人提起诉讼的，应当列公司为第三人参加诉讼。一审法庭辩论终结前，符合《公司法》第151条第1款规定条件的其他股东，以相同的诉讼请求申请参加诉讼的，应当列为共同原告。股东依据《公司法》第151条第2款、第3款规定直接提起诉讼的案件，胜诉利益归属于公司。股东请求被告直接向其承担民事责任的，人民法院不予支持。股东依据《公司法》第151条第2款、第3款规定直接提起诉讼的案件，其诉讼请求部分或者全部得到人民法院支持的，公司应当承担股东因参加诉讼支付的合理费用。

3. 股东的直接诉讼。《公司法》第152条规定，董事、高级管理人

派生诉权的滥用，可能会损害公司的整体利益，因此需要对提起派生诉讼的前提、条件和程序进行相应的规定。

注意归纳股东派生诉讼与股东直接诉讼的区别。

员违反法律、行政法规或者公司章程的规定，损害股东利益的，股东可以向人民法院提起诉讼。

第五节　特殊形态的有限责任公司

一、一人有限责任公司

（一）一人有限责任公司的概念和特征

一人公司的出现，乃是对传统公司理论的挑战，长期以来，理论界对于一人公司的观点不一。随着社会经济的发展，越来越多的国家或地区的公司立法逐渐承认因股权转让等原因而形成的一人公司，从允许一人公司的存续，到进而确认一人公司的设立。以成文立法的形式肯定一人公司的法律地位的开先河者是列支敦士登。1925 年 11 月 5 日列支敦士登制定《自然人和公司法》之法令，并于 1926 年 1 月 20 日颁布，它规定股份有限公司和有限责任公司都可由一人设立，并可由一个股东维持公司的存续，而股东不承担个人责任（Personal Liability）。德国、法国、日本以及我国台湾地区都已承认一人公司的合法地位。可见，承认一人公司已经成为世界范围公司立法的一种趋势。

所谓一人公司，是指由单一股东（自然人或者法人）拥有公司的全部出资或者股份的公司，我国目前只承认一人有限责任公司。因此，在我国一人公司是有限责任公司的特殊形式。其特征表现为：①只有一个股东，或为自然人股东或为法人股东；②股东对公司的债务承担有限责任；③一人有限责任公司是企业法人，具有独立法律地位，有独立的法人财产，一人有限责任公司以其全部财产对公司的债务承担责任。

（二）一人有限责任公司的形成

一人有限责任公司的形成有多种原因，可以分为设立型的一人有限责任公司和存续型的一人有限责任公司。设立型的一人有限责任公司，即由一个投资者依法设立的一人有限责任公司。存续型的一人有限责任公司，是设立时并非一人有限责任公司，但在成立之后由于股权变动导致的一人有限责任公司，包括：①由于股权转让导致的一人有限责任公司，例如，有限责任公司的其他股东将其持有的出资份额陆续地或者集中地转让给一名股东；②由于自然人股东死亡导致的一人有限责任公司；③由于法人股东合并导致的一人有限责任公司。

（三）对一人有限责任公司的评价

一人有限责任公司打破了公司的社团性，其优越性体现在：①一人有限责任公司使得一个投资者也可以享受有限责任的优惠，即使公司经营失败，股东个人也不必担心自己的个人财产受到牵连，因此可以使股东最大限度地利用有限责任原则规避经营风险，实现经营成果最大化；②一人有限责任公司投资关系简单，可以避免复数股东之间的摩擦，省去协调人事关系的麻烦，有利于降低经营成本；③一人有限责任公司组织机构简单，缩短了决策链，决策高效、灵活，有利于迅速对市场作出反应，及时抓住商业机会，提高管理、决策和经营的效率。

传统公司法理论认为，公司的社团性和股东的复数性是公司的本质特征。公司作为社团法人应为人的集合，其股东和股权应具有多元化特性，这是公司和独资企业的根本区别所在。显然，一人有限责任公司冲破了公司的社团性特征，因此使公司的内部制衡机制受到挑战：传统的公司组织机构，股东会、董事会和监事会之间的分权制衡机制无法发挥作用；一人股东可能会为了逃避合同或法律义务，滥用有限责任，使公司财产和股东个人财产发生混同，从而增加了交易相对人的风险，危及交易安全。

（四）一人有限责任公司的立法概况

1. 一人公司立法的一般状况。由于一人公司在公司治理与管理方面存在天然的缺陷，绝大多数国家和地区早期公司法对一人公司一般都持否定态度。但随着公司组织形式的发展，特别是有关法人理论和制度的不断完善与创新，一人公司的法律地位已得到越来越多的国家和地区公司法的承认。从立法发展过程看，各国和地区对一人公司的立法态度经历了一个逐步放开的发展过程。

自 1925 年列支敦士登的《自然人和公司法》正式以法律形式承认一人公司以来，其他一些国家和地区也先后以立法的形式确定了一人公司的法律地位。德国 1980 年在修订其 1892 年制定的《有限责任公司法》时，加进了一人公司的内容。根据该法第 1 条的规定，"有限责任公司可以依照本法规定为了任何法律允许的目的由一人或者数人设立"。德国的《股份法》自 1994 年起允许设立一人股份有限公司。[1] 在美国，

---

〔1〕 刘俊海："新公司法有必要引进一人公司制度"，载《新财经》2005 年第 10 期。

1962 年《标准公司法》只要求一人在公司章程上署名即可设立公司。法国于 1985 年和 1994 年先后允许设立一人有限责任公司和一人股份有限公司。1985 年法国修改了《商事公司法》，根据该法第 34 条的规定，有限责任公司是由一人或若干人仅以其出资额为限承担损失而设立的公司。日本于 1990 年修改了《有限责任公司法》，也肯定了一人公司的合法性，删除了该法第 8 条有关有限责任公司最低股东人数的要求，只对有限责任公司的股东总数作限制，不要求股东人数必须为 2 人以上。同年，日本修改了《商法典》，该法第 165 条允许设立一人股份有限公司，删除了股份有限公司设立时应由 7 人以上为发起人的限制。我国台湾地区 2001 年 11 月修改了"公司法"，承认一人公司，只不过一人有限责任公司的股东包括所有民事主体，而一人股份有限公司的股东仅包括政府和法人。此外，鉴于欧盟许多成员国已经开始承认一人公司的法律地位，为推动各国中小企业的发展，欧盟理事会于 1989 年 12 月 21 日通过了《关于一人公司的第 12 号公司法指令》，并要求各成员国在 1992 年 1 月 1 日以前按照该指令的要求，修改本国公司立法。[1]

2. 我国一人有限责任公司的发展及立法演变。从我国情况看，在 2005 年《公司法》修订之前，除国有独资公司和依《外资企业法》设立的外资独资公司之外，不允许设立一人有限责任公司。对于公司存续阶段，股东少于法定人数，实为一人时，2005 年之前的《公司法》并未将其作为公司解散的事由之一。由于法律规定不明确，导致实践中股东因将其持有的出资或股份经转让、赠与或继承等方式形成的一人有限责任公司大量存在；还有一些投资者为规避法律，往往寻求挂名股东方式，设立实质上的一人有限责任公司。这些公司因缺乏必要的法律规制，使控股股东与挂名股东之间、挂名股东与公司之间、挂名股东与公司债权人之间的法律关系错综复杂，纠纷不断。例如，在实质上的一人有限责任公司中，控股股东与挂名股东之间一旦发生纠纷，这些股东之间本就脆弱的相互制衡关系，根本无法发挥作用。于是就有可能导致控股股东滥用权利。尤其是如果一人有限责任公司再行设立子公司，那么原公司的股东就有可能越过子公司的独立性对其直接实施控制，这样可能会给投资者和债权人带来极大的风险。因此，与其让一人有限责任公司游离于法律的边缘，不如尽早将其纳入法律调整的范畴，用法律手段对其加以引导、约束，更有助于一人有限责任公司的规范经营，杜绝各类纠纷的发生，达到标本兼治的目标。

---

[1]　刘俊海："新公司法有必要引进一人公司制度"，载《新财经》2005 年第 10 期。

基于上述原因，我国 2005 年《公司法》回应现实的需要，明确承认了一人有限责任公司。现行《公司法》在第二章"有限责任公司的设立和组织机构"中增设"一人有限责任公司的特别规定"一节，共 7 个条文，对一人有限责任公司进行规范。

《公司法》承认一人有限责任公司具有非常重要的意义：①承认一人有限责任公司的合法性是我国公司法立法上的一大进步。毕竟目前世界上有很多国家都先后以立法形式承认了一人公司的地位，尤其是 20 世纪 90 年代以来。我国《公司法》承认一人有限责任公司是与时俱进的表现，符合国际上的发展潮流。②承认一人有限责任公司的合法性有利于我国大规模企业集团选择最佳投资方式进行融资，进一步深化企业改革，特别是国企改革。国企改革的措施之一就是可以通过举办国有独资公司，再通过国有独资公司举办一人有限责任公司。这样后举办的一人有限责任公司就可以不受"国家授权投资的机构或者国家授权的部门"的限制，便于国有企业实施大公司和大企业集团战略的实现。③承认一人有限责任公司的合法性体现了国家更加注重建设有效率的、平等的市场经济，不再以内资、外资，国有和非国有因素作为划分是否允许进入独资公司领域的标准。④承认一人有限责任公司的合法性，体现了国家对个人创业愿望的尊重，有利于保护公民和企业的开业自由。对中小投资者而言，又多了一条投资渠道，有利于推动我国中小投资者，特别是中小企业的发展壮大。⑤承认一人有限责任公司的合法性，可以最大限度地满足个人的创业需求，有利于增加就业机会，缓解国家的就业压力，创建和谐社会。特别是对于刚刚走出校门、经验和资金都不足、抗风险能力不强的大学毕业生来说，选择一人有限责任公司创业不失为一个好的选择，同样，对于下岗再就业的职工也是不错的选择。

（五）一人有限责任公司的特殊规则

尽管立法承认了一人有限责任公司的合法地位，但仍须注意一人有限责任公司由于其自身的特性所可能产生的一系列问题。在一人有限责任公司中，唯一股东往往同时担任董事，甚至兼任经理，不存在源于股东利益冲突而产生的内部制衡机制，一人股东有可能在有限责任制度的庇护下不受限制地从事种种不利于债权人与社会公众的行为。因此，有必要建立专门针对一人有限责任公司的特别规则。

1. 对自然人设立一人有限责任公司的限制。我国《公司法》第 58 条规定，一个自然人只能投资设立一个一人有限责任公司。该一人有限责任公司不能投资设立新的一人有限责任公司。

思考：《公司法》为何规定一个自然人投资设立的一人有限责任公司不得投资设立新的一人有限责任公司？

2. 一人有限责任公司的治理机制。由于一人有限责任公司只有 1 名股东，无法组建公司股东会，因此，《公司法》第 61 条规定，一人有限责任公司不设股东会。但是股东在一般有限公司股东会职权范围内作出决定时，应当采用书面形式，并由股东签字后置备于公司。对一人有限公司的董事会和监事会的设置等问题，公司法没有明确规定。由于一人有限责任公司归类上属于有限责任公司范畴，根据《公司法》第 50、51、57 条规定，一人有限公司可以视自身规模决定是否设置董事会和监事会。但如果选择不设董事会和监事会的话，设立执行董事和监事则成为法律的强制要求。

3. 一人有限责任公司的财务会计。在一人有限责任公司中，唯一股东兼任执行董事或经理的现象普遍存在，因此极易产生股东个人财产与公司财务管理上的混同，为一人股东滥用公司法人人格，损害债权人利益制造便利。我国《公司法》在承认一人有限责任公司设立的同时，也必须建立起有效的监督约束机制。防范这一弊病的有效办法之一就是严格健全一人有限责任公司的财务会计制度。健全一人有限责任公司的财务会计制度，强制其编制财务报表，并经独立的审计机构审计，防止一人股东损害众多交易相对人的利益，这也是成本最低的监管方式。同时，由一个独立的专业机构对一人有限责任公司财务状况进行外部监督，可以在一定程度上有效克服内部监督产生的问题。加强对一人有限责任公司的财务监督，是多数国家普遍采取的措施。比如在美国，即使是规模最小的一人有限责任公司，也必须保存备忘录、年度财务报告和税务交缴单，以供检查。在澳大利亚，专门设立了私人会计公司，负责对一人有限责任公司的财务进行监督。据此，我国《公司法》第 62 条规定，一人有限责任公司应当在每一会计年度终了时编制财务会计报告，并经会计师事务所审计。

4. 一人有限责任公司的股东有承担连带责任的可能。我国《公司法》第 63 条规定，一人有限责任公司的股东不能证明公司财产独立于股东自己的财产的，应当对公司债务承担连带责任。这一规定的要点在于：①由于一人有限责任公司只有一名股东，一般情况下一人股东可以完全控制公司，这在股东对公司债务承担有限责任的情况下，极容易造成股东有限责任和公司法人人格的滥用，损害公司债权人利益。因此运用公司人格否认原则，规定股东在特定情况下对公司债务承担连带责任，就成为防止一人公司弊端的必要要求。②由于一人有限公司的特殊性，因此其对公司债务承担连带责任的特定情形比较简单：只要一人有限公司的股东不能证明公司财产独立于股东自己的财产时，即可揭开公司面纱。③为切实保护公司债权人的合法权益，当公司债权人提起否认一人有限公司人格的诉讼时，举证责任发生倒置：一人有限公司财产是否独立于股东自己的财产，由公司举证。上述规定充分体现了《公司法》在肯定一人有限公司合理性的同时对一人有限公司弊端积极防范的基本理念。

另外，《公司法》修改时取消了一人有限公司最低资本限额 10 万元的规定，这意味着一人有限公司债权人的保护问题变得更为迫切，同时也为一人有限公司债权人保护制度提出了更高的要求。

5. 登记方面的特别要求。为了确保上述立法目标的实现，《公司法》第 59 条明确要求，一人有限责任公司应当在公司登记中注明自然人独资或者法人独资，并在公司营业执照中载明。《公司法》这一规定的用意在于明示该企业的特殊性，使交易相对人在与公司进行交易前，充分了解一人有限责任公司和一人股东的状态，建立必要的预警制度，增加相对人的警惕义务，防止其因不知晓对方为一人有限责任公司或一人有限责任公司的类型而承担过高的经营风险，保护公司债权人利益。此外，这一要求的意义还在于使一人有限责任公司注意自己的企业形象，强化信用意识。

二、国有独资公司

尽管国有企业在世界范围内的存在具有普遍性，但国家如何有效行使其对经营性国有资产的权利至今仍然是一个世界性难题。为解决这一问题，各国依据自己的国情，按照国有资产的不同状况以及国家控制需求的不同，通过采用不同的企业形态来改革国有企业与国家之间的关系，以求国有资产经营效益的提高。我国《公司法》所确立的国有独资公司制度便是其中之一。作为我国国有企业公司制改革过程中对国外一人公司制度借鉴的结果，国有独资公司制度是我国公司法理论与实践的一个创举，其在股权结构、组织机构设置等方面与一般公司具有很大不同。目前，对国有独资公司进行规范的法律除《公司法》外，还有 2008年全国人大颁布的《中华人民共和国企业国有资产法》。

（一）国有独资公司的概念和特征

1. 国有独资公司的概念。国有独资公司，指国家单独出资、由国务院或者地方人民政府授权本级人民政府国有资产监督管理机构履行出资人职责的有限责任公司。国有独资公司是我国《公司法》确认的特殊形态的一人有限责任公司。由于国有独资公司的特殊性，其既不同于一般的一人有限责任公司，也不同于一般的有限责任公司，因此《公司法》第二章第四节对其进行了专门规定。

2. 国有独资公司的特征。

（1）股东有限责任。国有独资公司是有限公司的特殊形态，其与有限责任公司最大的相同点就在于股东有限责任。

（2）股东的单一性。国有独资公司仅指由国家单独出资、由国务院或者地方人民政府授权本级人民政府国有资产监督管理机构履行出资人职责的有限责任公司。也就是说，国有独资公司的投资主体具有单一性特点，与一般的一人有限公司相同，它没有任何资金联合的属性。

（3）股权的国有性。国有独资公司是以国有资产投资设立的有限公司。因此，公司全部资本由国有资产构成，公司的全部资产在最终归属上，都是国家所有的财产。在此意义上，它与传统的国有企业有相似之处。

（4）治理结构的特殊性。根据《公司法》规定，国有独资公司不须设立股东会，由国有资产监督管理机构履行出资人的职责。同时，除公司的合并、分立、解散、增加或者减少注册资本和发行公司债券等事项外，国有资产监督管理机构可以授权公司董事会行使属于股东会的部分职权，决定公司的重大事项。但是，其中国有独资公司董事会、经理、监事会的成员选任的权利由国有资产监督管理机构行使。

（二）国有独资公司的设立

1. 国有独资公司的适用范围。《公司法》第64条规定，国有独资公司是指国家单独出资，由国务院或者地方人民政府授权本级人民政府国有资产监督管理机构履行出资人职责的有限责任公司。应当指出，2005年《公司法》删除了对国有独资公司适用范围的规定，但这并不意味着国有独资公司适用范围的扩大。众所周知，股权结构和治理结构的特殊性，决定了对国有独资公司适用范围的限定。按照国家历年来国有企业改革的方针政策，国有独资公司主要应当适用于与国家经济命脉、国家安全、基础设施以及重要自然资源具有密切关系，必须由国家100%控股的国有企业。这充分体现了国有独资公司制度设计的初衷。考虑到独资控股在产权结构上的特性，国有独资公司制度设计的目的，首先是为必须由国家完全控股的企业开辟一条改革的途径，其次是为由于政策和体制原因而暂时无法实现股权多元化的大型国有企业的公司制改革提供过渡手段。

2. 国有独资公司的设立方式。

（1）直接投资设立。直接投资设立是指国家单独出资、由国务院或者地方人民政府授权本级人民政府国有资产监督管理机构依据《公司法》的要求，单独创建国有独资公司。

（2）国有企业改建设立。按照国家相关法律法规，已设立的国有企业，在国有独资公司适用范围之内、符合设立有限责任公司条件且投资主体单一，可以依法改建为国有独资公司。

（三）国有独资公司的组织机构

1. 国有独资公司股东权及其行使机构。根据《公司法》第64条以及《企业国有资产法》第3条和第4条的规定，当采用国有独资公司形态经营国有资产时，国家作为股东在具体形态上体现为：出资人（国家）——代表国家对其所出资企业履行出资人职责并享有出资人权益的主体（中央和地方人民政府）——依本级人民政府授权、代表本级政府履行出资人职责的机构（国务院和地方人民政府依法设立的国有资产监督管理机构）。此即企业国有资产出资人制度。根据《企业国有资产法》第3、4条以及第11条的规定，企业国有资产属于国家所有（即全民所有）；国务院代表国家行使国有资产所有权，国务院和地方人民政府依照法律、行政法规的规定，分别代表国家对国家出资企业履行出资人职责，享有出资人权益；国务院国有资产监督管理机构和地方人民政府按照国务院的规定设立的国有资产监督管理机构，根据本级人民政府授权，代表本级人民政府对国家出资企业履行出资人职责。因此，对国有独资公司而言，国务院和地方政府设立的国有资产监督管理机构是行使股东权的专门机构。从公司法角度看，除权利通过政府授权取得这一特殊性之外，国有资产监督管理机构在法律地位上与一般公司股东并无差别。根据《企业国有资产法》的规定，履行出资人职责的机构依照法律法规代表本级人民政府对国有独资公司依法享有资产收益、参与重大决策和选择管理者等出资人权利。

具体到重大决策，按照我国《公司法》的规定，国有独资公司不设立股东会，其决策职能由国有独资公司的唯一股东，即由国务院或者地方人民政府授权的本级人民政府国有资产监督管理机构履行。考虑到国有资产监督管理机构不适于直接进行经营管理的特性，我国《公司法》规定，除公司合并、分立、解散、增加或者减少注册资本、发行债券、分配利润等事项以外，国有资产监督管理机构可以授权公司董事会行使股东会的部分职权，决定公司的重大事项。又由于国有资产监督管理机构与同级人民政府之间的授权关系，《公司法》还规定，重要的国有独资公司合并、分立、解散、申请破产的，应当由国有资产监督管理机构审核后，报本级人民政府批准。可见，在国有独资公司中，一般有限责任公司股东会的职权被分解为两个部分：一部分由公司董事会行使，另一部分由国有资产监督管理机构直接行使。

关于选择管理者的权利，《企业国有资产法》规定，国有资产监督管理机构依法任免国有独资公司的董事长、副董事长、董事、监事会主席和监事，并依法对其进行考核、奖惩并确定其薪酬标准。

2. 国有独资公司的董事会。国有独资公司的股东权可以授权董事会行使，直接导致董事会权力的扩大。根据《公司法》的规定，董事会的职权中包含两部分内容：一是一般有限责任公司董事会应有的职权，一是一般有限责任公司股东会的部分职权。因此，国有独资公司董事会的特色体现在：由于董事会行使了部分股东会的职权而导致了董事会职权的扩大——既行使部分股东会职权，又行使有限责任公司董事会的职权。这样，由于投资者的授权，公司的董事会具有一定的决策权。因此可以说，在国有独资公司中，董事会不是一般的业务执行机构，而是公司经营决策机构和业务执行机构。

此外，国有独资公司董事会与一般有限责任公司董事会存在以下区别：①国有独资公司董事会成员由国有资产监督管理机构任免（但董事会成员中的职工代表由公司职工代表大会选举产生）。②国有独资公司董事会设董事长一人，可以设副董事长。董事长、副董事长由国有资产监督管理机构从董事会成员中指定。这和一般有限责任公司由公司章程规定董事长、副董事长产生的办法有所不同。③国有独资公司设经理，由董事会聘任或者解聘。经国有资产监督管理机构同意，董事会成员可以兼任经理。可见，国有独资公司的董事也可以担任经理，但是必须经过国有资产监督管理机构同意批准。④国有独资公司的董事长、副董事长、董事、高级管理人员，未经国有资产监督管理机构同意，不得在其他企业兼职。这与一般有限责任公司竞业禁止的规定相似，但范围更广，不仅仅局限于与自己任职公司同类的营业。

3. 国有独资公司的监事会。《公司法》第70条规定，国有独资公司监事会成员不得少于5人，其中职工代表的比例不得低于1/3，具体比例由公司章程规定。监事会成员由国有资产监督管理机构委派；但是，监事会成员中的职工代表由公司职工代表大会选举产生。监事会主席由国有资产监督管理机构从监事会成员中指定。国有独资公司监事会按照《公司法》和国务院相关规定行使职权。

（四）国有独资公司董事、监事、高级管理人员的义务和责任

根据《公司法》和《企业国有资产法》的相关规定，国有独资公司董事、监事和高级管理人员应当遵守法律、行政法规及公司章程，对公司负有忠实义务和勤勉义务，不得利用职权收受贿赂或者取得其他非法收入和不当利益，不得侵占、挪用公司的资产，不得超越职权或者违反程序决定企业重大事项，不得有其他侵害国有资产出资人权益的行为。同时，国有独资公司董事、监事和高级管理人员应依法接受国有资产监督管理机构的年度和任期考核，以及任期经济责任审计。

□ 小 结

本章主要阐述有限责任公司法律制度，包括有限责任公司的概念及法律特征，有限责任公司的设立制度、出资制度、组织机构制度等，本章还介绍了一人有限公司和国有独资公司，其主要内容有：

一、有限责任公司概述

1. 有限责任公司的概念

2.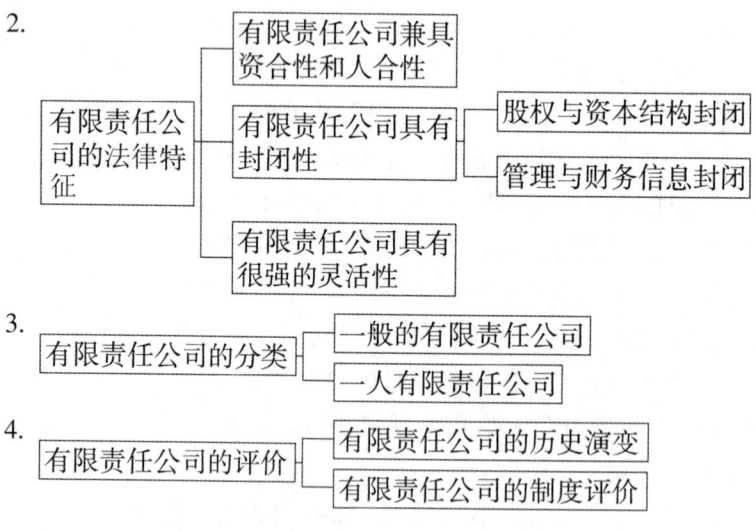

3. 有限责任公司的分类 ── 一般的有限责任公司 ／ 一人有限责任公司

4. 有限责任公司的评价 ── 有限责任公司的历史演变 ／ 有限责任公司的制度评价

二、有限责任公司的设立

1. 有限责任公司设立的特点

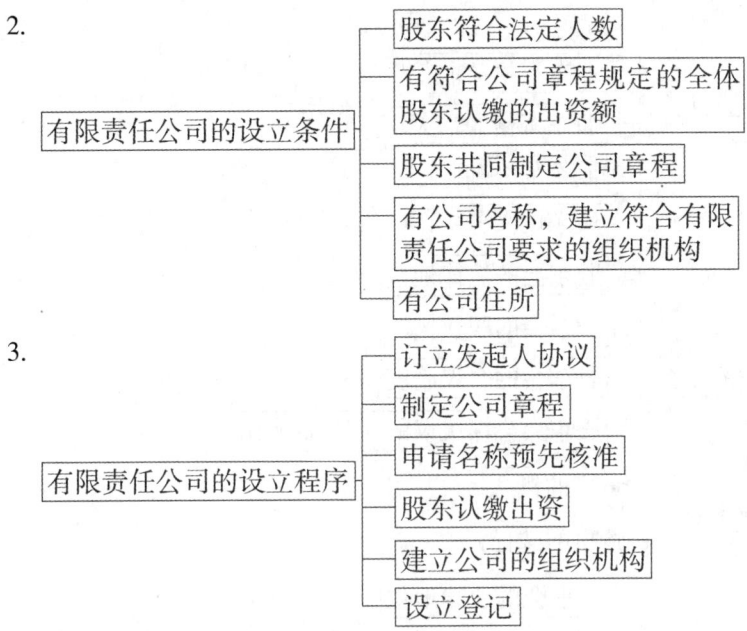

2.

有限责任公司的设立条件
- 股东符合法定人数
- 有符合公司章程规定的全体股东认缴的出资额
- 股东共同制定公司章程
- 有公司名称，建立符合有限责任公司要求的组织机构
- 有公司住所

3.

有限责任公司的设立程序
- 订立发起人协议
- 制定公司章程
- 申请名称预先核准
- 股东认缴出资
- 建立公司的组织机构
- 设立登记

三、有限责任公司的股东出资及股权转让

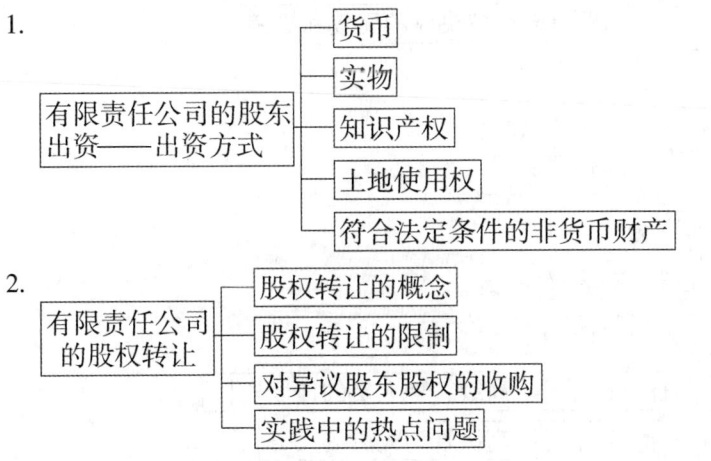

1.

有限责任公司的股东出资——出资方式
- 货币
- 实物
- 知识产权
- 土地使用权
- 符合法定条件的非货币财产

2.

有限责任公司的股权转让
- 股权转让的概念
- 股权转让的限制
- 对异议股东股权的收购
- 实践中的热点问题

四、有限责任公司的组织机构

1.

公司组织机构概述
- 公司组织机构设置的基本原则
- 公司治理与有限责任公司组织机构

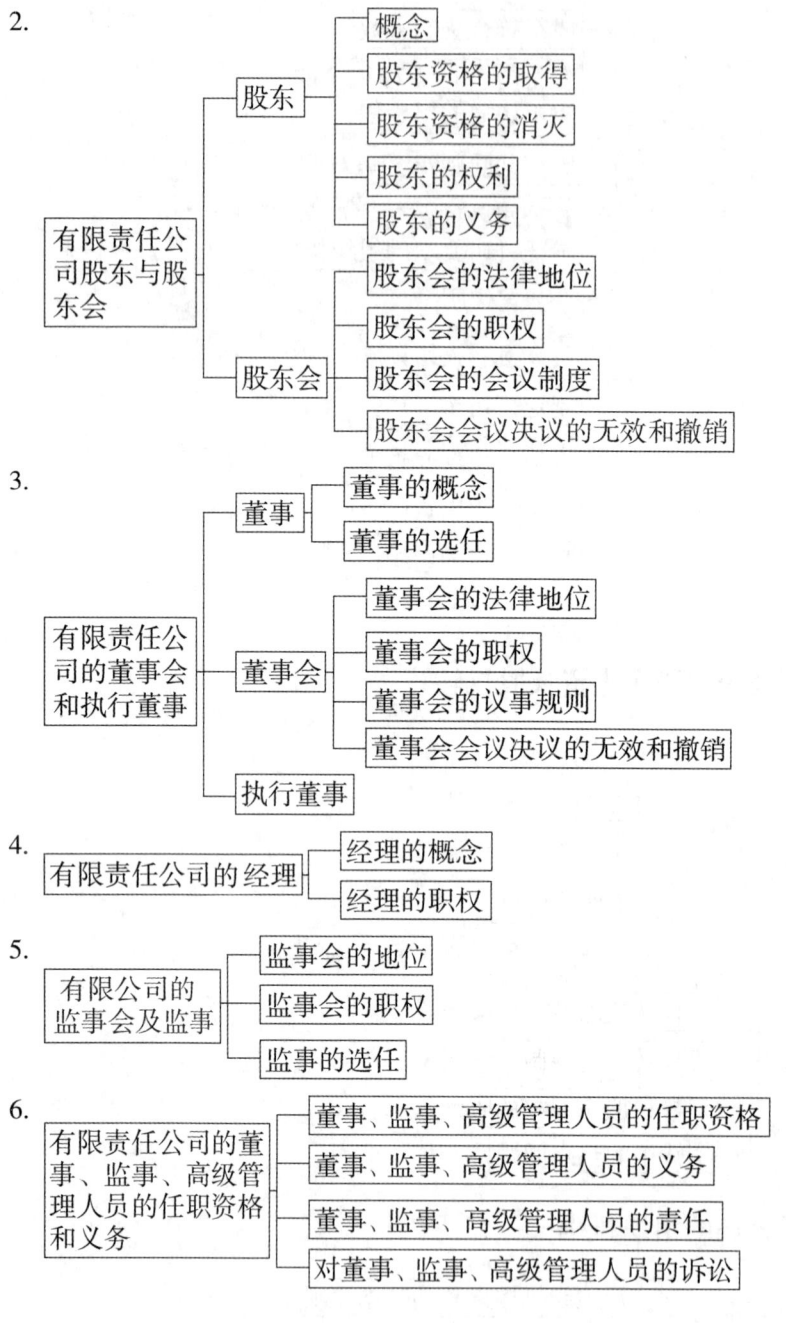

2. 有限责任公司股东与股东会
- 股东
  - 概念
  - 股东资格的取得
  - 股东资格的消灭
  - 股东的权利
  - 股东的义务
- 股东会
  - 股东会的法律地位
  - 股东会的职权
  - 股东会的会议制度
  - 股东会会议决议的无效和撤销

3. 有限责任公司的董事会和执行董事
- 董事
  - 董事的概念
  - 董事的选任
- 董事会
  - 董事会的法律地位
  - 董事会的职权
  - 董事会的议事规则
  - 董事会会议决议的无效和撤销
- 执行董事

4. 有限责任公司的经理
- 经理的概念
- 经理的职权

5. 有限公司的监事会及监事
- 监事会的地位
- 监事会的职权
- 监事的选任

6. 有限责任公司的董事、监事、高级管理人员的任职资格和义务
- 董事、监事、高级管理人员的任职资格
- 董事、监事、高级管理人员的义务
- 董事、监事、高级管理人员的责任
- 对董事、监事、高级管理人员的诉讼

五、特殊形态的有限责任公司

1.

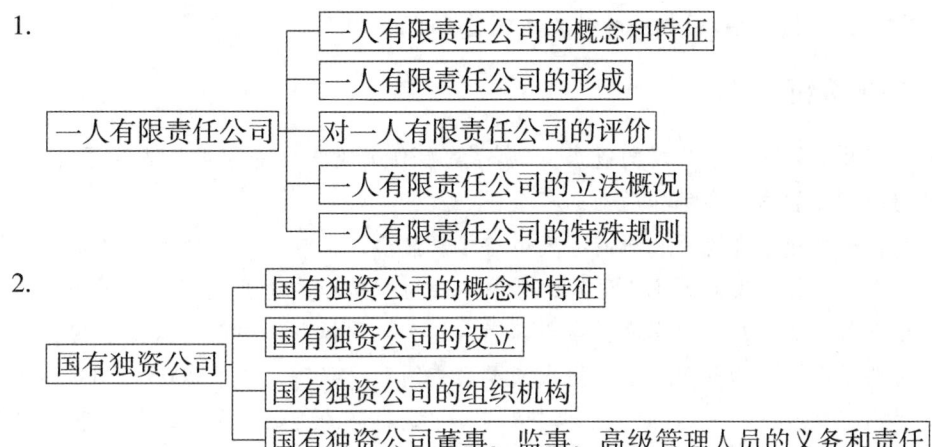

一人有限责任公司
- 一人有限责任公司的概念和特征
- 一人有限责任公司的形成
- 对一人有限责任公司的评价
- 一人有限责任公司的立法概况
- 一人有限责任公司的特殊规则

2.

国有独资公司
- 国有独资公司的概念和特征
- 国有独资公司的设立
- 国有独资公司的组织机构
- 国有独资公司董事、监事、高级管理人员的义务和责任

□ 练习与思考

一、名词解释

有限责任公司　一人有限责任公司　国有独资公司　出资证明书　股东派生诉讼

二、简答题

1. 简述有限责任公司与股份有限公司的异同。
2. 试比较公司股单与股票。
3. 简述股东出资的方式。
4. 简述临时股东会的召集与主持。
5. 简述董事、监事、高级管理人员的任职资格。
6. 试比较股东直接诉讼与股东派生诉讼。

三、思考题

1. 董事、高级管理人员的义务和责任是什么？
2. 股东派生诉讼的价值是什么？
3. 如何理解股东会、董事会与监事会之间的分权制衡关系？
4. 为什么对一人有限责任公司实行特殊规则？
5. 有限责任公司股权转让的规则是什么？
6. 有限责任公司的股份收购和股份有限公司的股份收购的区别有哪些？
7. 公司组织机构设置与运行的原则是什么？

8. 提起股东派生诉讼须具备的条件及其立法意图是什么?

9. 如何构建一人有限责任公司的治理机制?

10. 国有独资公司组织机构的特殊性有哪些?

四、案例分析

张某是某物业管理有限公司的股东。他与其他 30 个股东投资的某物业管理有限公司,负责辖区内的物业管理及公房和商铺的租金代收。

近年来,某物业管理有限公司的年度财务报表显示,公司的经营状况持续处于亏损状态。作为股东之一的张某对此不太理解,认为本公司所管理的物业范围大,公房、商铺总面积大,地理位置优越,出租率高,常年客满,怎么会亏损呢?由此,张某感到公司财务状况的不透明是个很大的问题。于是提出来要求查阅会计账簿,并于 2008 年 6 月~9 月间先后四次提出查阅会计账簿的要求,但均遭到公司董事会的拒绝。于是,张某以其"股东权受到侵害"为由将公司告上了法庭。

1. 本案物业公司是否侵害了张某的股东权?如果构成侵害,侵害了其哪项权利?

2. 张某要求查阅会计账簿,其法律依据是什么?该项权利应如何行使?公司法为何做如此设计?

3. 股东是否可以委托专业机构人员代为查阅、审计?你作何思考?

第四章

股份有限公司

■学习目的和要求

通过本章学习，要求学生

- 重点掌握：股份有限公司的概念及法律特征；股份有限公司的设立方式、发起人制度、股份认缴礼募集；股东大会、董事会及监事会制度；董事、监事、高级管理人员的任职资格和义务；股份的种类、股份转让限制。
- 掌握：股份有限公司的设立条件和程序、上市公司组织机构的特别规定。
- 一般了解：股份有限公司的沿革和评价、公司股份发行。

第一节　股份有限公司概述

一、股份有限公司的概念及法律特征

股份有限公司（也简称股份公司），根据我国《公司法》第 3 条的规定，是指全部资本分为等额股份，股东以其认购的股份为限对公司承担责任，公司以其全部财产对公司债务承担责任的公司。股份有限公司

具有下列法律特征：

1. 股东以其所持股份为限对公司承担责任。股份有限公司与有限责任公司最大的共同点是股东责任的有限：全体股东对公司债务的责任，仅以其所认购的股份数额为限，除此之外，对公司及公司债权人不承担责任，公司不得以章程或决议任意扩大股东责任的范围。股东对公司债务的有限责任，为出资者财产与公司法人财产的分离、公司法人地位的最终确立奠定了基础。

2. 股份有限公司由法定数额以上的股东组成。面向社会集资以适应社会化大生产对巨额资本的需求，是股份有限公司产生的重要经济原因。正是这一点，使股份公司股东的人数具有广泛性的特点。世界各国公司法对股份公司股东数额均只规定最低限额。根据我国《公司法》第78条的规定，股份有限公司的股东为2人以上。股东人数的广泛性与有限责任制的结合，为股份有限公司内部经营管理的独立及公司经营阶层的崛起奠定了基础。

3. 公司全部资本划分为均等股份，股份以股票的形式发行和转让。与有限责任公司不同，为适应社会生产力发展对巨额资金的需求，股份公司的集资必须具有最大限度的广泛性，为此，公司股份的发行和转让必须具有最大限度的方便和自由。因此，各国公司法均规定，股份公司的全部资本应当划分为金额相等的股份，股份以股票的形式表现，可以向社会不特定的多数人发行并在证券市场自由转让。作为构成公司资本的最小单位以及计算股东权利义务的基本单位，均等股份的划分不仅为股东表决权的行使提供了方便，而且在证券市场的作用下，股份自由流动形成的证券化资本运行与公司财产运行的相互分离与制约，对公司法人独立性的最终形成产生了重要影响。

4. 公司必须依法公开其会计信息，公司经营具有公开性。由于向社会广泛集资和股份自由转让对社会产生的巨大影响，公司中小股东、公司债权人及其他利益相关者权益的保护问题在股份有限公司中更加突出。因此，公司法规定，股份有限公司不仅须依法建立其财务会计制度，而且还须按法律规定的时间、内容和方式公开其会计表册，以使广大的股民和潜在投资者了解公司经营状况。这是股份有限公司与有限责任公司在经营信息公开方面的重要区别。

5. 股份有限公司是典型的企业法人和资合公司。首先，与有限公司相同，股份有限公司对外信用的基础在于公司财产，但由于股份有限公司股东人数众多、股份转让更加自由和方便，因此股东与股东之间，股东与公司之间的联系极为松散，公司的存续与股东的变化、股东人数的增减关系不大。这使股份有限公司的资合性远远超过有限责任公司而成为典型的资合公司。其次，与其他种类的企业和公司相比，股份有限公司是最典型的法人组织。从历史的角度看，现代意义上的企业法人概念与股份有限公司的形成有密切的联系。股份有限公司财产和责任的独立性及由此形成的完备的组织机构充分地表现出企业法人组织所具有的全部特征，而且现代股份有限公司内部权力结构变化的事实也不断支持这一点。因此，世界各国公司法尽管对无限公司、两合公司是否具有法人资格历来存在分歧，但却一致认可股份有限公司的法人地位。

二、股份有限公司的沿革和评价

产生于 16 世纪末 17 世纪初的股份有限公司与资本主义社会的发展有着极为紧密的联系。早期股份有限公司无疑是资本主义国家推行殖民政策、通过对外贸易对殖民地进行掠夺的工具。但与此同时，作为资本主义市场经济的重要企业形态，股份有限公司却适应了资本主义社会对生产力发展的客观要求，在资本由自由竞争走向集中的过程中，股份有限公司作为资本集中的最佳形式发挥了巨大作用。随着股份有限公司的问世，资本主义的发展进入了全盛时期，在短短不到一个世纪的时间里，创造出了比以往一切世代的总和还要巨大的生产力。

（一）对股份有限公司利、弊的一般评价

1. 股份有限公司具有最佳的集资功能。集资是公司产生的重要经济根源之一，因此公司均具有集资功能。但各种公司相比较，集资范围之广，速度之快，规模之大，则首推股份有限公司。究其原因，有以下几点： （*了解股份有限公司的集资功能及其具体表现。*）

（1）股份有限公司从各个方面将投资风险降低到了最小限度。从经济学角度，投资是经营营利性事业时预先垫付的一定量的资金或其他实物，因而在本质上，经营性投资都具有风险性。但比较而言，股份有限公司在以下方面使投资风险大大降低：首先，股份有限公司股东在所认购的股份范围内对公司承担责任；其次，股份有限公司的股份转让自由方便，即使认购了公司股份，当公司出现经营亏损时，股东也可以根据自己的意志通过转让股份将投资风险转移出去；再次，现代股份公司的股份越来越趋向小额化，同一财产可以投资很多事业，这无疑在现代经济条件下又使投资者的风险进一步降低。由此可见，对投资者而言，向股份有限公司投资，其风险不仅小于无限公司，而且也小于有限责任公司。

（2）股份有限公司筹资范围极为广泛。股份有限公司的股份以股票的形式向社会发行，任何人都可以通过购买股票而成为公司股东，不受身份及其他人身条件的限制，与此同时，公司股份的小额化也使得投资不受资金规模的约束，而所有这些，通过股票市场的作用，使股份有限公司集资的范围极为广泛。这是其他类型公司无法与之相比的。

（3）由于可以通过市场公开募集股份，股份有限公司集资迅速，能在短期内形成巨额资本，因而股份有限公司经营的规模效益是其他各种公司所无法实现的，而规模效益带来的丰厚报酬又反过来成为刺激投资的因素，进一步提高股份公司的集资速度。

股份有限公司在提高企业管理水平方面的作用及表现。

2. 股份有限公司特有的组织机构及其运行机制使现代企业科学管理得以实现。随着生产的发展、市场的完善及企业规模的不断扩大，对企业管理水平的要求也日益提高。股份有限公司在以下方面表现出对这种要求的极大适应：

（1）经营管理机构的独立使公司经营管理实现了专门化。在股份有限公司中，股东人数众多以及股份频繁转让导致公司经营管理重心由股东会向董事会转移。以董事会为中心的公司经营管理机构的活动所带来的企业经营管理的独立，为公司经营管理水平的提高提供了组织制度的保障。

（2）股东权与公司法人权利之间的制衡促使公司经营管理水平不断向高质量发展。公司经营机构的独立和经营管理的专门化是现代化大生产的要求，因而也是股东获得投资报酬的前提。但也正是基于这一点，公司股东又必须保持对公司的最终控制，这种控制是以市场为依托，通过在股东会上行使表决权，参与公司重大事项的决策以及在股票市场上转让股份影响公司董事及经理行为的方式来实现的。因此，迫于股东的压力，董事、经理要保持自己在公司中的地位，就必须不断改善经营管理，增加公司利润，这必然提高股份有限公司的经营管理水平。

了解股份有限公司的弊端。

综上所述，股份有限公司特有的经营机制使社会化大生产所要求的科学管理成为现实，从而可以极大地促进社会生产力的发展。当然，随着社会经济的发展，股份有限公司在表现出上述优点的同时，又不可避免地出现了一些不容忽视的缺陷：①股份有限公司设立程序复杂，组织机构庞大且不够灵活，设立及运行中费用较高，不适合中、小企业采用；②公司股份以股票的形式发行和转让，不仅造成了股票市场管理的一定难度，而且股市的波动易造成一些公司的非经营亏损或倒闭；③现代股份有限公司中董事会和经理的权限范围较广，容易造成对公司及股东利益的损害。

（二）股份有限公司对我国国有企业改革的作用

由于社会制度及法律制度的差异，企业及投资者处于不同的法律环境之中；同时，由于企业之间的差异，处于同一法律环境之中的不同企业也各不相同。因此，对股份有限公司的总体评价并不意味着其利、弊会同等地作用于每一类企业。对国有企业来说，股份有限公司特有的产权结构和运行机制能否发挥作用，从而达到企业经营机制的转换，更是受到诸多因素的影响。

在市场经济背景下，资金问题是所有企业发展的重要因素。从我国情况看，一方面，生产力发展的总体水平还不高，经济处于增长时期，因此企业对资金的需求是大量的；另一方面，随着经济改革的进行及各种经济成分的发展，不同所有制的企业以及个人手中掌握了相当数量的资金，这是形成除国家之外的多元投资主体的潜在因素。因此从总体上讲，股份有限公司的集资功能可以为企业开辟广阔的集资渠道，但对中国国有企业改革而言，股份有限公司的作用主要不体现在资本筹集上，而体现在国有企业产权改革、管理体制改革以及国有经济布局和结构调整等方面。

第二节　股份有限公司的设立

一、股份有限公司设立的特点

股份有限公司的特性决定了其设立条件的严格和设立程序的复杂，也充分体现出法律对这种公司的严格监督，这对于确保公司具备法定条件，避免公司在设立过程中及公司成立以后可能产生的弊端，保护股东、公司债权人以及社会公众的利益具有重要作用。

（一）设立条件比较严格

从各国公司法对公司设立的规定看，股份有限公司的设立条件是各种公司中最严格的。根据我国《公司法》第76条的规定，设立股份有限公司必须具备下列条件：

1. 发起人符合法定人数。与有限责任公司不同，由于股东人数多并可以向社会发行股份，设立活动比较复杂，股份有限公司的设立活动是由发起人进行的，没有发起人的活动，公司就无法设立。至于发起人的

股份有限公司的设立条件比有限责任公司要严格。股份有限公司的设立条件为：发起人符合法定人数；有符合公司章程规定的全体发起人认购的股本总额或者募集的实收股本总额；股份发行、筹办事项符合法律规定；发起人制订公司章程，采用募集方式设立的经创立大会通过；有公司名称，建立符合股份有限公司要求的组织机构；有公司住所。

人数，《公司法》第 78 条规定，设立股份有限公司，应有 2 人以上 200 人以下为发起人，其中须有半数以上的发起人在中国境内有住所。

2. 有符合公司章程规定的全体发起人认购的股本总额或者募集的实收股本总额。为简化公司登记程序，降低公司设立成本，2013 年 12 月修订的《公司法》将公司注册资本登记制度由实缴制改为认缴制。但考虑到采用募集方式设立的股份有限公司对社会利益具有广泛影响，目前实行认缴制的配套改革还不够完善，2014 年 2 月国务院颁发的《注册资本登记制度改革方案》明确规定，募集设立的股份有限公司暂不实行注册资本认缴登记制。因此，在股份公司设立时，股份有限公司采取发起方式设立的，注册资本为在公司登记机关登记的全体发起人认购的股本总额；采取募集方式设立的股份有限公司，其注册资本为在公司登记机关登记的实收股本总额。满足上述要求是股份公司设立的基本条件。

3. 股份发行、筹办事项符合法律规定。可以采用募集设立的方式设立，是股份有限公司的一大特点。为了保护社会公众的利益，包括我国在内的各国公司法对股份有限公司股份发行的条件、程序作了严格规定。因此，股份有限公司设立时，公司股份发行、筹办事项必须符合法律规定，否则，公司不能成立。

4. 发起人制订公司章程，采用募集设立方式设立的经创立大会通过。股份有限公司章程是其组织及活动的依据。由于股份有限公司的设立可以采用发起设立和募集设立两种方式进行，因此，在发起设立的情况下，公司章程由发起人共同制订；在募集设立的情况下，公司章程由发起人制订、创立大会通过。

5. 有公司名称，建立符合股份有限公司要求的组织机构。公司名称是公司用以经营并区别于其他公司的标志，是公司进行经营活动，并以其名义承担民事责任的重要条件。公司组织机构是形成公司法人意志，对内进行管理，对外代表公司的各种机构的总称。组织机构的不同形式体现着公司的性质，而公司名称所体现的公司种类决定了公司组织机构的类型。因此公司法规定，设立股份有限公司，不仅要有公司名称，还必须建立符合股份公司要求的组织机构。

6. 有公司住所。作为法人，公司同自然人一样应有其法定住所。公司住所是公司最主要的经营管理及业务活动的核心机构的所在地。我国《公司法》第 10 条规定，公司以其主要办事机构所在地为住所。由于公司住所在确定诉讼管辖、诉讼文书收受的处所、债务履行地、公司登记管辖等方面具有重要意义，我国公司法规定，有公司住所是股份有限公司设立的条件之一。

（二）设立程序比较复杂

在各国现有的公司种类中，股份有限公司的设立程序最为复杂，它既不像无限公司那样只在股东间达成协议、订立章程公司即可登记成立，也不像有限公司那样股东人数少，设立方式单一。股份有限公司的设立方式分为发起设立和募集设立两种。各国公司法对这两种方式的态度不尽相同。一般来讲，大多数国家的公司法均认可两种设立方式，但在实践中，法国、意大利、瑞士、荷兰等国的股份公司通常采用发起设立方式，而在美国、日本等国，由于授权资本制的实行，采用募集设立方式的居多。我国《公司法》第77条第1款规定："股份有限公司的设立，可以采取发起设立或者募集设立的方式。"

根据我国《公司法》第77条的规定，发起设立是指由发起人认购公司应发行的全部股份而设立公司，其特点是公司应发行的全部股份只由发起人全部认购缴清，公司即可登记成立；募集设立是指由发起人认购公司应发行股份的一部分，其余股份向社会公开募集或者向特定对象募集而设立公司，其特点是发起人可以只认购公司发行股份的一部分，但其余部分必须以公开招股的方式募足或者以向特定对象募集的方式募足，并召开创立大会，公司方可登记成立。无论采用哪种方式设立公司，都要经过发起、订立章程、认缴股本、建立公司机构、申请设立登记等一系列程序。但在募集设立时，由于股份采用向社会公开招募或向特定对象募集的方式，所以在程序上较之发起设立更为复杂。

我国公司法规定，股份有限公司的设立可以采用发起设立和募集设立两种方式。

二、股份有限公司设立的程序

（一）确定公司发起人并签订发起人协议

1. 发起人的资格和人数。关于什么人可以作为股份有限公司的发起人，大多数国家没有限制，法人和自然人，本国人和外国人，在当地居住和不在当地居住的人均可作为发起人。但个别国家对发起人的国籍有限制性规定，如瑞典《公司法》规定，股份有限公司发起人必须是在瑞典居住的瑞典国民或瑞典法人。此外，有的国家公司法规定发起人中必须有一定比例的人是本国人或在当地有住所。我国《公司法》对发起人资格亦无特殊限制，自然人和法人均可作为发起人，但规定发起人中须有过半数的人在中国境内有住所。

关于股份公司发起人的最低人数，各国公司法规定不同，一般为3人以上，5人以上或7人以上。我国《公司法》第78条规定，股份有限公司的发起人为 2 人以上 200 人以下。

股份有限公司的设立主要依赖于发起人的发起行为，为了保证发起人发起行为的规范性，保护认股人、公司及股东的利益，公司法对发起人的行为进行规范，规定发起人在公司设立过程中的义务和责任。

2. 发起人的义务和责任。由于股份有限公司的设立主要依赖于发起人的发起行为，因此各国公司法均对发起行为作了具体规定，这些规定即为发起人在公司设立过程中的义务。与此相应，各国公司法也规定发起人享有获取报酬、取得优先股等权利。由于股份有限公司设立与否不仅与发起人有密切联系，而且发起人的行为往往会影响到认股人以及成立后的公司的利益，因此各国公司法在规定发起人权利、义务的同时，还规定了发起人应承担的责任。

根据我国《公司法》第 79 条的规定，股份有限公司发起人承担以下义务：①负责订立公司章程，募集设立时，将所订章程提交创立大会通过；②依《公司法》规定认购其应认购的股份；③募集设立时，负责办理募股审批手续，制作招股说明书及认股书，公告招股说明书，依法筹办其他股份发行事务；④依法缴纳所认购的股款，并按法律规定期限向各认股人催缴股款；⑤选举公司机构，发起设立时，由发起人选任董事会及监事会；募集设立时，发起人按法定期限召开创立大会，通过公司章程，选举公司董事会成员及监事会成员；⑥在设立过程中，除《公司法》规定情形（未按期募足股份、发起人未按期召开创立大会或者创立大会决定不设立公司）外，发起人不得抽回其股本。

根据《公司法》第 94 条的规定，股份有限公司的发起人应承担下列责任：①公司不能成立时，对设立行为所产生的债务和费用负连带责任；②公司不能成立时，对认股人已缴纳的股款，负返还股款并加算银行同期存款利息的连带责任；③在公司设立过程中，由于发起人的过失致使公司利益受到损害的，应当对公司承担赔偿责任。

《公司法》规定，股份有限公司发起人应当签订发起人协议，明确各自在公司设立过程中的权利和义务。

3. 发起人协议。发起人协议是发起人之间以书面形式表达的共同意思。在公司设立中，发起人往往依照公司法的规定，就发起人的姓名（名称）和住所，公司拟发行股份类别及总数、每股面值及发行价格，发起人认股数额及出资类别，发起人缴纳股款、交付现金、转移财产权利的时间及方式，发起人内部分担责任的比例与方式，发起费用的预算、开支、使用、监督、结算方式和每个发起人负担发起费用的数额，发起人之间的职责、分工等达成协议。发起人协议的内容对设立过程中发起人之间权利义务关系的确定具有重要作用，对公司设立以及公司成立具有重大影响。考虑到股份有限公司设立的复杂性以及发起人在公司设立中的重要作用，我国《公司法》第 79 条规定，股份有限公司发起人应当签订发起人协议，明确各自在公司设立过程中的权利义务关系。

（二）制订公司章程

制订公司章程是设立股份有限公司的必经法律程序。章程制订是要式法律行为。我国《公司法》第81条规定，股份有限公司章程应当载明下列事项：公司名称和住所，公司经营范围，公司设立方式，公司股份总数、每股金额和注册资本，发起人的姓名或名称、认购的股份数、出资方式和出资时间，董事会的组成、职权和议事规则，公司法定代表人，监事会的组成、职权和议事规则，公司利润分配办法，公司的解散事由与清算办法，公司的通知和公告办法，股东大会会议认为需要规定的其他事项。根据《公司法》规定，股份有限公司章程必须载明法律规定事项，发起设立时经全体发起人一致同意，募集设立时经创立大会通过，公司设立登记时向登记机关提交。

（三）申请名称的预先核准

根据《公司登记管理条例》的相关规定，设立股份有限公司，应当由全体发起人指定的代表或者共同委托的代理人向公司登记机关申请名称预先核准。申请名称预先核准，应当提交下列文件：①股份有限公司的全体发起人签署的公司名称预先核准申请书；②发起人的法人资格证明或者自然人身份证明；③公司登记机关要求提交的其他文件。预先核准的公司名称保留期为6个月；预先核准的公司名称在保留期内，不得用于从事经营活动，不得转让。

（四）股份的认缴和募集

股份有限公司股份的认缴和募集是公司发起人及各认股人对公司章程所定股本总额的认购及缴纳。

1. 发起设立时股份的认缴。根据我国《公司法》第80条的规定，股份有限公司采取发起方式设立的，其注册资本为在公司登记机关登记的全体发起人认购的股本总额，在发起人认购的股份缴足前，不得向他人募集股份。因此，发起设立的股份公司，其股份认缴按照以下方式和程序进行：

（1）认足股份。所谓认足，是指发起人书面承诺自己所认购的股份数。我国《公司法》第83条规定，以发起设立方式设立股份有限公司的，发起人必须以书面形式认足公司章程规定其认购的股份。

（2）股款缴纳。这是股份认缴的第二步，即由发起人按所认购的股份的票面额缴纳股款。我国《公司法》第82、83条规定，发起人

股份公司采用发起方式设立的，公司股份由发起人全部认购，可以分期缴纳；股份公司采用募集方式设立的，发起人先认购公司股份总数的35%，然后依法向社会公开募集或向特定对象募集，发起人和认股人必须按照所认购的股份数额一次足额缴纳。

的出资方式与有限公司股东出资方式相同，发起人以书面形式认足公司章程规定其认购的股份后，应当按照公司章程规定缴纳出资。发起人以实物、知识产权、土地使用权等非货币财产抵作股款的，应依法办理其财产权的转移手续。在发起人认购的股份缴足前，不得向他人募集股份。

2. 募集设立时股份的认缴和募集。根据我国《公司法》第80、84、85 条的规定，股份有限公司采取募集方式设立的，其注册资本为在公司登记机关登记的实收股本总额，股份认缴和募集按照以下方式和程序进行：

（1）发起人认缴公司发行的部分股份。由于发起人在公司设立过程中的特殊地位和作用，各国公司法都要求公司在采用募集方式设立时，发起人必须先认购公司发行的部分股份，而且对须由发起人认购的这部分股份作了最低限额的规定。我国《公司法》第84 条规定，除法律、行政法规另有规定的以外，以募集方式设立股份有限公司时，发起人认购的股份不得少于公司股份总数的35%。发起人的出资方式与有限公司股东出资方式相同，发起人在认足股份的同时应立即一次缴清股款。之后，须由依法设立的验资机构验资并出具证明。

（2）发起人申请募股。根据《公司法》第77 条的规定，发起人募集股份可以采用两种方式：向社会公开募集或向特定对象募集。向社会公开募集股份以公开发行股票的形式进行。根据我国《证券法》第10 条的规定，设立中的公司向不特定对象发行股票或向特定对象发行股票累计超过200 人的，为公开发行，发起人依法应当向国务院证券管理机构提出发行申请，并聘请保荐人，依法报送募股申请和公司章程、发起人协议、发起人姓名或者名称、发起人认购的股份数、出资种类及验资证明、招股说明书、代收股款银行的名称及地址、承销机构名称及有关的协议、发行保荐书等文件。根据《公司法》第87、88 条的规定，发起人向社会公开募集股份，应当由依法设立的证券公司承销，并与承销商签订承销协议；同时必须与银行签订代收股款协议，银行应当按照协议代收和保存股款，向缴纳股款的认股人出具收款单据，并负有向有关部门出具收款证明的义务。

（3）发起人公告招股说明书。为了保护认股人的利益，防止发起人以不正当手段招募股东，各国法律一般都规定在公开募股时，发起人必须制订和公告招股说明书，以便使投资者了解发行公司的情况。我国《公司法》第85、86 条规定：发起人向社会公开募集股份，必须公告招股说明书，并制作认股书；招股说明书应附有发起人制订的公司章程，并载明发起人认购的股份数、每股的票面金额和发行价格、无记名股票的发行总数、募集资金的用途、认股人的权利和义务、本次募股的起止期限及逾期未募足时认股人可撤回所认股份的说明等事项。

（4）认股人缴纳股款并验资。根据《公司法》第85、89、91条的规定，认股人填写认股书后，有义务按照所认购股数缴纳股款。但发生以下情形之一时，认股人可要求返还股款，并加算银行同期存款利息：①发行的股份超过招股说明书规定的截止期限尚未募足的；②发行股份的股款缴足后发起人在30日内未召开创立大会的；③创立大会决议不设立公司的。发行的股份缴足后，必须经依法设立的验资机构验资并出具证明。

（五）建立公司机构

股份认缴完毕，即可着手建立公司的组织管理机构，选举公司的董事会、监事会。

1. 发起设立时公司机构的建立。在采用发起方式设立公司时，公司机构的建立比较简单。根据《公司法》第83条的规定，发起人在书面认足公司章程规定其认购的股份，并按照公司章程规定缴纳出资后，应当选举公司董事会和监事会。

2. 募集设立时公司机构的建立。在采用募集方式设立公司时，由于认股人较多，公司机构的建立通过创立大会进行。创立大会是由发起人召集认股人参加、讨论并决定公司设立事务的机关。我国《公司法》第89、90条对创立大会作了如下规定：

（1）创立大会召开的期限。发起人应当自股款缴足之日起30日内主持召开公司创立大会，创立大会由发起人、认股人组成。

（2）创立大会的通知、公告。发起人应当在创立大会召开15日前将会议日期通知各认股人或予以公告。创立大会应有代表股份总数过半数的发起人、认股人出席方可举行。

（3）创立大会的职权及议事规则。创立大会行使下列职权：①审议发起人关于公司筹办情况的报告；②通过公司章程；③选举董事会成员；④选举监事会成员；⑤对公司的设立费用进行审核；⑥对发起人用于抵作股款的财产的作价进行审核；⑦发生不可抗力或者经营条件发生重大变化直接影响公司设立的，可以作出不设立公司的决议。创立大会对上述事项作出的决议，必须经出席会议的认股人所持表决权过半数通过。

为了使公司顺利设立，《公司法》第91条规定，除未按期募足股

股份公司采用发起方式设立时，发起人在认足公司章程规定其认购的股份，并按照公司章程规定缴纳出资后，即应选举公司董事会、监事会。股份公司采用募集方式设立时，由于认股人较多，公司机构的建立不是由发起人直接选举，而是通过创立大会进行。创立大会是由发起人召集认股人参加、讨论并决定公司设立事务的机关。

份、发起人未按期召开创立大会或创立大会决议不设立公司的情形外，发起人、认股人在缴纳股款或缴付抵作股款的出资后，即承担不得抽回其股本的义务。

（六）公司设立登记

设立登记是股份有限公司设立程序中的最后一个步骤，在采用不同方式设立股份有限公司时，公司法对设立登记有不同要求。

根据《公司法》第83、92条的规定，股份有限公司采用发起方式设立时，在发起人认足公司章程规定的股份，并按照公司章程规定缴纳出资，选举董事会及监事会后，由董事会依《公司法》及《公司登记管理条例》的规定，在法定期限内，向公司登记机关报送公司章程及法律、行政法规规定的其他文件，申请设立登记。股份有限公司采用募集方式设立时，董事会应于创立大会结束后30日内，依《公司法》及《公司登记管理条例》的规定，在法定期限内，向公司登记机关报送下列文件申请设立登记：公司登记申请书，创立大会的会议记录，公司章程，验资证明，法定代表人、董事、监事的任职文件及其身份证明，发起人的法人资格证明或者自然人的身份证明，公司住所证明。以募集方式设立股份有限公司公开发行股票的，还应当向公司登记机关报送国务院证券监督管理机构的核准文件。

此外，我国《公司法》第6条第2款规定，法律、行政法规规定设立公司必须报经批准的，应当在公司登记前依法办理批准手续。按照相关法律法规的规定，在公司设立登记前需要办理审批的股份有限公司有两大类：一类是法律法规规定必须经过审批的，如设立经营保险业务的有限责任公司，必须在设立登记前得到银行保险监管机关的批准；设立外商投资的有限责任公司，必须事先报国家商务部或者受托机构批准。一类是公司营业项目中有必须报经审批的内容的。

公司登记机关自接到股份有限公司设立登记申请之日起30日内，依《公司法》进行审查，作出是否予以登记的决定。经公司登记机关核准登记后，发给《企业法人营业执照》。营业执照的签发日期为公司成立日期。公司应自核准成立后30日内进行公告。至此，股份有限公司设立过程全部结束，发起人、认股人成为公司股东。

根据《公司法》第96、132条的规定，公司登记成立后即应向股东交付股票。在公司经营期间，股份有限公司应当将公司章程、股东名册、公司债券存根、股东大会会议记录、董事会会议决议、监事会会议决议、财务会计报告置备于本公司。

第三节 股份有限公司的组织机构

一、股份有限公司组织机构概述

（一）股份有限公司组织机构的概念

从法律角度，作为企业法人的股份有限公司必须具有形成其法人意志、对内进行管理、对外代表公司的机构。从公司管理的角度，股份有限公司由于股东人数众多必然产生股东与公司经营管理的分离，由此产生对股东与公司经营者之间关系进行调整的需求，这是公司组织机构建立的基础。因此可以说，公司法所规定的公司组织机构制度，是对股东与公司经营阶层在公司经营管理中所处的地位及相互关系法律调整，其核心是使公司股东大会和董事会在分权与制衡的基础上正常运转。就总体而言，股份有限公司的组织机构由股东大会、董事会及监事会等组成。从各国公司法的具体规定看，大致有以下几种类型：

1. 单一委员会制，亦称单轨制。即在股东大会下只设董事会，董事会直接对股东大会负责。美国、英国、意大利、瑞士、比利时、瑞典及我国香港特别行政区的股份有限公司组织机构属于这种类型。

2. 双层委员会制，亦称双轨制。即在股东大会下设监事会和董事会，监事会由股东大会选举产生，主要职责是监督董事会的经营业务，任免董事会成员，并对公司的某些业务活动有部分决策权；而董事会则由监事会任免，负责公司的经营管理。德国、奥地利的股份有限公司组织机构属于这种类型。应当说明，有的欧洲国家（如法国）公司法规定，公司可以根据自身的情况，选择适用单一委员会制或双层委员会制，而且经政府部门批准，这两种体制还可以互相转换。

3. 其他类型。包括在股东大会下设董事会和监事、在股东大会下设董事会和监事会。但与双轨制不同，在此类公司机构中，监事或者监事会的职责仅限于对公司经营业务实行监督，无权任免董事会成员。

我国公司法规定，股份有限公司的组织机构为股东大会下设董事会和监事会，其中，股东大会为公司的权力机构，董事会为公司的经营决策及业务执行机构，监事会为公司业务活动的监督机构。

（二）股份有限公司组织机构制度的沿革及发展

无论采用哪种类型的组织机构，公司机构的设置及其权限划分的具

> 我国公司法规定，股份有限公司的组织机构为股东大会下设董事会和监事会。其中，股东大会为公司权力机构，董事会为公司经营决策及业务执行机构，监事会为公司业务活动监督机构。

体规定，实际上是公司法对股东与公司经营者之间关系的调整。因此，公司组织机构制度的核心问题就是股东大会与董事会的关系问题。股东大会与董事会之间的权力分配及其变化体现了公司组织管理机构制度的建立及发展变化。

股份有限公司及其立法发展的历史表明，传统公司法在处理股东大会与董事会的关系上是以"委任理论"为依据的。按照这一理论，董事被认为是股东大会的代表或代理人，由股东大会选举产生，受股东大会的委托管理并执行公司业务。如股东大会或公司章程对董事会的权力有所限制时，只要经过适当的公告手续就可以对抗第三人。在此基础上形成的以股东大会为中心的股份有限公司组织管理制度，在19世纪曾风行一时。但进入20世纪以后，情况发生了很大变化：许多国家公司立法纷纷放弃"委任理论"，转而采取"有机体理论"。这种理论重视公司自身的独立存在，把公司看成一个有机体，主张公司组织机构的权力是由法律直接授予的。继1937年德国《股份法》之后，法国、英国等欧洲经济共同体成员国相继采取了"有机体理论"。公司立法中出现了削弱股东大会权限，加强董事会权限的趋势。如德国《股份法》规定，董事会在执行公司业务方面享有法定的专属权限，凡属此权限范围的业务事宜，董事会可全权作出决议，不受股东大会的干预，公司章程或股东大会对董事会权限所施加的限制，不得对抗第三人。英国《公司法》也规定，股东大会的决议不能推翻董事会在其权限范围内作出的决定。此外，20世纪以后，一些大陆法系国家公司法吸收了授权资本制，使董事会对公司资本的发行享有了一部分权利。上述规定在实际上扩大了董事会的权限。

随着经济的发展和公司制度的演进，股东对公司经营阶层的控制实际上有所减弱，但这并不等于控制已不存在。对股东而言，追求最佳投资效益永远是其行为的出发点，因此作为控制公司的手段，重大事项的决策权和股份处分权对股东来说是同等重要的，只是由于市场，尤其是股票市场发达程度的不同，使这两种权利之间在总体上呈现一种此消彼长的关系，如果股票市场发达，股票转让自由度较大，股份处分权较充分，重大事项的决策权就可能为大多数股东所忽视，反之则相反。当然，这强化了大股东对公司的控制。

（三）公司治理与股份有限公司组织机构

"公司治理"一词是从英文"Corporate Governance"翻译过来的，国内学者将其译为"公司治理结构""法人治理结构""企业治理机制"

（侧栏）

从历史上看，公司法中关于股东大会与董事会关系的规范，经历了由"股东会中心主义"到"董事会中心主义"的变化。

等。公司治理问题产生的根源在于20世纪现代大型股份公司中由内部控制所激化的股东与公司、公司与社会之间的利益冲突。从理论研究的角度看，作为现代企业理论的重要组成部分，它涵盖了企业制度、公司管理、企业道德等研究领域，是跨越法学、管理学、经济学、企业伦理学等多个学科的综合性研究课题。

从法律角度看，公司治理有广义与狭义之分：广义的公司治理是指公司为协调与股东等所有利益相关者之间的利益关系，以实现各利益相关者之间的利益平衡而实施的内部治理机制和外部治理机制的总和；狭义的公司治理是指为提高经营者的积极性，确保公司目标的实现，通过一定的法律手段，合理确定股东、董事和经理之间的权利、义务和责任，并对其实施监督的机制。

从公司治理的含义看，狭义上的公司治理，基本就是围绕公司组织机构，即股东会、董事会、监事会的设置、组成、分权与制衡来展开的。从公司治理的模式看，其中的内部治理模式就是通过严密的组织机构设置来制约公司的经营者，由公司内部控制机制对管理层进行直接监控的。因此可以说，公司治理与股份有限公司组织机构具有密切联系，股份有限公司组织机构是公司治理的重要组成部分，公司治理的许多制度设计都是以股份有限公司组织机构为依托的。

基于上述，我们看到，随着公司经营管理阶层实际上享有的权限越来越广泛，随着大股东对股份公司控制的加强，公司治理运动极大地影响了股份公司机构制度改革：①公司立法强化了公司经营管理阶层在经营管理中的个人责任，例如法国公司法规定，违反公司法、公司章程或在管理中有失误行为的董事，应对公司、股东和债权人承担责任，如破产由董事或经理的过失所致，那么董事或经理就应对公司破产时超出公司资产价值的那一部分债务承担个人责任。②近几十年来公司法强调对小股东权益的保护，例如各国公司法对累积投票制的规定、对独立董事制度的规定、对公司监事会制度的完善、对股东派生诉讼制度的规定等。③公司机构制度改革强调利益相关者的保护，例如公司雇员进入监事会或董事会。上述改革和发展增强了对以董事会为核心的公司经营管理层的制约，从而在新的条件下维持了股东与公司经营管理阶层之间的制衡，使公司在新的经济条件下仍能正常运行。

二、股份有限公司的股东大会

（一）股份有限公司的股东

1. 股东的概念。股份有限公司的股东是指取得公司股份、作为公司

在"董事会中心主义"背景下，股东通过表决权及股份处分权控制公司，这强化了大股东和经营管理层对公司的控制，可能对小股东带来损害，因此，公司法强化对董事行为的制约，强调对小股东权益的保护，以维护股东与公司管理阶层之间的制衡关系，保障公司正常运转。

股东是公司股份的所有人，是公司股东大会的组成成员。公司股东与公司发起人、认股人不同。

组成成员的出资人，换言之，股东就是公司股份的所有人，是公司股东大会的组成成员。公司股东与公司发起人、认股人具有密切联系：发起人和认股人在公司设立阶段认购公司股份，在公司成立后即成为公司股东，但认购公司股份只是发起人行为的重要组成部分而不是全部，在公司尚未成立之前，发起人不可能成为公司股东，而在公司成立之后，发起人不再存在，原来的发起人因认购了公司股份而转为股东，因此发起人与股东具有不同的地位，其权利、义务和责任也不同。认股人是对认购公司股份的人的称谓，认股人在公司正式成立之前不具有股东的法律地位，也不享有股东的权利。

公司法实行股东平等原则。即以股份为基础，各股东按其拥有的股份类别和份额享有权利、承担义务，不得给予任何股东以歧视待遇。

2. 股东平等原则。所谓股东平等原则，是指股东在一切法律关系中，按照股份数额享有平等的权利，负担同等的义务。股份有限公司股东人数众多，且相互间联系松散，公司经营主要由董事会及经理机构负责，股东对公司重大事项的决定权只能通过在股东大会上投票表决的方式行使。因此，为了防止大股东垄断公司事务，损害中小股东的利益，各国法律均实行股东平等原则。这种平等以股份为基础，各股东按其拥有的股份类别和份额享有权利、承担义务，不得给予任何股东以歧视待遇。我国《公司法》第3、4条规定，股份有限公司股东作为出资者按投入公司的资本额享有股东权，股东以所持股份为限对公司承担责任。

3. 股东的权利和义务。股东权为股东在公司与股东之间的法律关系中所享有的权利和承担的义务的总称，它表明了股东的法律地位。根据各国公司法对股东权的规定，股份公司的股东权可分为自益权和共益权。前者指股东为自身利益而行使的权利，如资产受益权、股份转让权及剩余财产的分配权，后者指股东为公司利益或股东共同利益而行使的权利，如股东会出席权、表决权、委托投票权、公司账册查阅权、股东大会会议记录的查阅权、召集股东临时会的请求权等。

根据我国《公司法》的相关规定，可以大致对股份有限公司股东权利做如下列举：①根据《公司法》第166条的规定，股份有限公司股东有权参加公司盈余的分配；②根据《公司法》第98、102、103、106条的规定，股份有限公司股东有权出席或委托代理人出席股东大会并依法行使表决权，决定公司的重大事项，选择管理者；③根据《公司法》第100条的规定，股东有权提起召开临时股东会；④根据《公司法》第137条的规定，股份有限公司股东有权依法转让其所持有的股份；⑤根据《公司法》第97条的规定，股份有限公司股东有权查阅公司章程、股东名册、公司债券存根、股东大会会议记录、董事会会议决议、监事会会议决议、财务会计报告，对公司的经营提出建议或质询；⑥根据

《公司法》第142、182条的规定，股份公司股东享有要求公司收购其股份的权利、法定情形下请求人民法院解散公司的权利；⑦根据《公司法》第186条的规定，股份有限公司股东在公司解散清算时，有权依所持有的股份比例参加公司剩余财产的分配。此外，针对近年来股份有限公司股东依《公司法》第97条行使权利中出现的问题，《最高人民法院关于适用〈中华人民共和国公司法〉若干问题的规定（四）》作出了与有限责任公司相同的规定，详细内容见本教材第三章，此处不赘述。

股份有限公司股东在享有上述权利的同时，必须承担《公司法》规定的义务，主要有：遵守公司章程，依法缴纳股款，依所持股份额为限对公司承担责任。

（二）股东大会

1. 股东大会的法律地位。

（1）股东大会的概念。根据《公司法》第98条的规定，股份有限公司的股东大会是由全体股东组成的公司权力机构，依公司法的规定行使职权。在由股东投资组建的股份有限公司中，随着投资者财产所有权向股权和公司法人权利转换，同时产生了这两种权利之间的相互独立和相互制衡。为了使股东的投资目的得以顺利实现，公司法在赋予公司以独立法人权利的同时，必须保障股东作为出资者享有对公司活动的最终控制权。这种权利主要表现为两个方面：其一是通过股东大会的形式参与公司的重要决策及选择公司管理者，其二为通过证券化股份的处分影响公司的行为。事实表明，尽管当今股票市场极为发达、股东转让股份极为方便，但就一般而言，通过股东大会行使表决权对维护股东权益仍然具有重要意义。正因为如此，公司法对股东大会的规定始终未发生本质变化。我国《公司法》也明确规定：股东大会为全体股东组成的公司权力机构，有权选举和罢免董事会及监事会成员，决定公司的一切重大事项。

（2）股东大会的职权。股东大会职权的具体内容由股东大会的法律地位决定。根据我国《公司法》第99条的规定，股份有限公司的股东大会行使下列职权：①决定公司的经营方针和投资计划；②选举和更换非由职工代表担任的董事、监事，决定有关董事、监事的报酬事项；③审议批准董事会的报告；④审议批准监事会的报告；⑤审议批准公司的年度财务预算方案、决算方案；⑥审议批准公司的利润分配方案和弥补亏损方案；⑦对公司增加或减少注册资本作出决议；⑧对发行公司债券作出决议；⑨对公司合并、分立、解散和清算等事项作出决议；⑩修

股份有限公司的股东大会是由全体股东组成的公司权力机构。

了解股东大会职权的具体内容。

改公司章程；⑪公司章程规定的其他职权。

2. 股东大会会议的类型。我国《公司法》第 100 条规定，股份有限公司股东大会会议分为年度股东大会和临时股东大会。年度股东大会是依《公司法》规定每年必须召开一次的股东大会会议；临时股东大会是依《公司法》规定情形临时召集的不定期的股东大会会议。

有下列情形之一的，应当在 2 个月内召开临时股东大会：

（1）董事会人数不足《公司法》规定的人数或者公司章程所定人数的 2/3 时。《公司法》规定，股份有限公司董事会应由 5～19 人组成，公司章程可在此范围内确定董事人数。如果董事人数不足法定人数或章程所定人数的 2/3，将影响公司董事会权力的行使，进而影响公司经营。在这种特殊情况下，应召开临时股东大会选举董事，补足董事缺额。

（2）公司未弥补的亏损达股本总额的 1/3 时。这种情况表明公司经营出现障碍，亏损严重，应及时召开股东大会加以解决。

（3）单独或者合计持有公司 10% 以上股份的股东请求时。由于股份有限公司股东人数众多，一些小股东实际上不可能通过表决权的行使维护自己的利益，因此为了防止大股东垄断公司事务而造成对小股东利益的损害，《公司法》规定单独或者合计持有公司股份 10% 以上的少数股东有权根据情况请求召开临时股东大会。

（4）董事会认为必要时。董事会作为股份有限公司的经营决策和业务执行机构，只享有《公司法》规定的权利，在经营活动中出现涉及股东大会权限的情况时，为及时解决问题，使公司经营顺利进行，董事会必须提请股东大会讨论决定。因此，《公司法》规定董事会认为有必要时，应召开临时股东大会，以及时解决公司经营问题。

（5）监事会提议召开时。作为公司机构的组成部分，股份有限公司监事会享有对公司经营活动进行检查、监督的权利，一旦发现问题，除在其职权范围内处理之外，涉及股东大会权限范围内的重大问题，必须随时向股东大会报告，以保证及时纠正公司经营中违反法律及公司章程的状况。因此，监事会虽不参与公司经营，一般情况下也不负责召集股东大会，但根据《公司法》的规定享有提议召开临时股东大会的权利。当监事会提议时，公司必须在法定期限内召开临时股东大会。

（6）公司章程规定的其他情形。考虑到每个公司具体情况不同，《公司法》允许公司章程在上述五种情形之外就临时股东大会的召开作出规定。因此，当公司章程作出规定时，公司必须在法定期限内召开临时股东大会。

总之，上述规定的目的主要是避免年度股东大会间隔期间可能对公司经营管理带来的不利影响，防止可能出现的对股东权益的侵犯，使公司权力机构的运转更加符合实际需要。

3. 股东大会会议的召集。鉴于股份有限公司股东人数众多的特点，保护小股东权益是股东权保护的一个重要方面，而在股东大会会议的召集问题上，使包括小股东在内的全体股东能够实现其出席会议的权利是立法的重点。因此《公司法》对股份有限公司股东大会会议的召集作了如下规定：

（1）股东大会会议的召集和主持。根据《公司法》第 101 条的规定，首先，股份有限公司股东大会的召集人为董事会。这一规定主要基于董事会的法律地位，同时考虑到与股东大会相比，董事会是公司的常设机构，召集股东会比较方便。其次，股份有限公司股东大会由董事长主持，这一规定是由董事长及副董事长的职权范围所决定的。最后，为防止会议召集人和主持人不能履行或不履行职务而导致股东大会会议无法召开，《公司法》规定，董事长不能主持或不主持股东大会会议的，由副董事长主持；副董事长不能履行或不履行该职务的，由半数以上董事共同推举一名董事主持；董事会不能履行或不履行召集股东大会会议职责的，监事会应当及时召集和主持；监事会不召集和主持的，连续 90 日以上单独或合并持有公司 10% 以上股份的股东可以自行召集和主持。

（2）股东大会会议的通知及会议议案的披露。参加股东大会是股东的权利，是否参加会议应当是股东行使权利的结果。在股份公司中，对处于控制地位的大股东而言，作出是否参加股东大会会议的决定一般不存在困难，但对广大中小股东而言，由于对公司经营信息不了解，会议通知及会议议案的披露对他们决定是否参加会议意义重大。因此，为有利于股东作出是否出席会议的决定及作出席会议的准备，《公司法》第 102 条规定，召开股东大会会议，应将会议召开时间、地点和审议事项于会议召开 20 日前通知各股东；临时股东大会应当于会议召开 15 日前通知各股东；发行无记名股票的，应当于会议召开 30 日前公告会议召开时间、地点和审议事项。无记名股票持有人出席股东大会时，应于会议召开 5 日以前至股东大会闭会时止将股票交存于公司，以证明其股东身份，并防止因会议期间发生股票转让导致股东不稳定，影响股东大会对所议事项作出决议。

股东大会会议议案是指交付股东大会讨论并作出决议的事项。在会议议案通知后，作为股东大会组成成员，股东在原则上应当有权在股东大会会议召开之前提出临时议案交股东大会讨论，因此《公司法》第 102 条第 2 款规定，单独或者合计持有公司 3% 以上股份的股东，可以在股东大会召开 10 日前提出临时提案并书面提交董事会，临时提案的内容应当属于股东大会的职权范围，并有明确议题和具体决议事项；董事会应当在收到提案后 2 日内通知其他股东，并将该临时提案提交股东大会审议。为保护股东参加股东大会的权利不受侵犯，《公司法》明确规定，股东大会不得对会议通知中未列明的事项作出决议。

4. 股东表决权的行使。

（1）一般表决规则。股东表决权是股份有限公司的股东根据其所持有的股份，在股东大会上就公司事务的决议表明其意思的权利。根据股东平等原则，我国《公司法》第 103 条规定，股东大会所议事项的表决在一股一票表决权的基础上实行资本多数决，即股东出席股东大会，所持每一股份有一票表决权；股东大会作出决议，必须经出席会议的股东所持表决权过半数通过，但是股东大会作出修改公司章程、增加或减少注册资本的决议，以及公司合并、分立、解散或者变更公司形式的决议，必须经出席会议的股东所持表决权的 2/3 以上通过。根据上述规定，学术界将必须经出席会议的股东所持表决权过半数通过的决议称为普通决议，将必须经出席会议的股东所持表决权的 2/3 以上通过的决议称为特别决议。

（2）一般表决规则的例外情形。一股一票表决权及资本多数决的一般表决规则，其含义和意图在于：股东的表决权以其所持股份为基础，股东具有的表决权与其所持股份成正比，从而公司的事务由拥有公司多数股份的股东决定。这一表决规则是股东平等原则的必然要求，体现了建立在股份平等基础上的股东民主。但资本多数决原则也有其负面作用，即由于大股东对股东大会的操纵可能带来对中小股东利益的损害。尽管这个问题并非只存在于股份公司，但股份公司股权分散以及对股票市场的依赖，使资本多数决原则的负面作用更加明显：在绝大多数情况下，由于中小股东所持有的表决权很难在股东大会议案的表决中达到法定数额的要求，因此股东大会决议反映的仅仅是大股东的利益和要求。由此可见，资本多数决原则所反映的平等和民主精神，正是由于这一原则自身而遭到破坏，最终违背股东平等原则。这一情形产生的直接后果，使得在股票分散程度很高的现代公司中，中小股东对出席股东大会毫无兴趣。

一股一票表决权和资本多数决原则加深了大股东与小股东之间的矛盾，这显然不利于公司的发展。因此，为减少其负面作用，使这一原则更加符合实际，从而更好地贯彻保护股东利益的精神，促进公司的发展，包括我国公司法在内，各国公司法均对一般表决规则作出了例外

一股一票表决权和资本多数决原则是股东平等原则的必然要求，体现了建立在股份平等基础上的股东民主，但这一制度的实施加深了股份公司大、小股东之间的矛盾。

我国《公司法》第 103 条规定，股东出席股东大会，所持每一股份有一票表决权。但为保护小股东的权益，《公司法》规定了累积投票制及股东表决权回避制度。

规定。

第一，累积投票制的实行。通过股东大会选择管理者是股东实现其权利的重要途径，表决权在其中具有重要作用。由于传统的一股一票和资本多数决原则使得公司董事会被大股东控制，美国在19世纪开始采取累积投票制（Cumulative Voting）以遏制其弊端。其后，这一制度被许多国家公司法所借鉴。我国《公司法》第105条规定，股东大会选举董事、监事，可以依照公司章程的规定或者股东大会的决议，实行累积投票制。所谓累积投票制，是指股东大会在选举董事或监事时，股东所持有的每一股份拥有与应选董事或监事人数相同的表决权，股东拥有的表决权可以集中使用的表决制度。根据上述规定，累积投票制有以下要点：首先，股东所持有的每一股份拥有与应选董事或监事人数相同的投票权，股东既可以将这些投票权分散投向各个董事或监事候选人，也可以将其所有的投票权集中投向一名或数名候选人；其次，累积投票制依照公司章程规定或股东大会决议进行，因此，累积投票制不是《公司法》的强制性规定。与传统的资本多数决原则相比，累积投票制使中小股东通过将选票局部集中的方式选出代表其利益的董事，从而对股份有限公司小股东的保护具有重要意义。

第二，股东表决权回避制度。随着经济的发展，在一些特殊情况下，实行绝对的一股一票表决权会造成表决权操纵，直接损害股东利益，从而违背一股一票表决原则所体现的平等精神。因此，现代公司法对这些特殊情况下的股东表决权进行限制，与表决事项有利害关系的股东的股份不享有表决权即为其中之一。很多国家的公司法规定，当股东会讨论是否批准某股东与公司之间的交易时，由于该股东与所表决的议案有利害关系，为了保证决议的公正，其所持有的股份不享有表决权。例如，法国《公司法》第50条规定，有限责任公司股东与公司之间直接或间接通过中间人所达成的任何协议应由股东会批准，且该股东不能参加表决，否则，对契约给公司造成的不利后果，要根据情况由股东个人承担责任或负连带责任。我国《公司法》第16条规定，当股东大会对公司为其股东或实际控制人提供担保的事项作出决议时，该被担保的股东或者受该被担保的实际控制人支配的股东不得参加表决，该项表决由出席会议的其他股东所持表决权过半数通过。

第三，除上述之外，还应当指出，双层股权结构也是一般表决规则的例外。双层股权结构（Dual Class Share Structure）即将股票分为A/B两个层次，两者拥有同等的收益权，但A股有一票投票权，B股则有N票投票权。显而易见，这种股权结构设计使得股东表决权与其持有的股

与传统的资本多数决原则相比，累积投票制使中小股东通过将选票局部集中的方式选出代表其利益的董事，因此对股份有限公司小股东的保护具有重要意义。

表决权回避制度是公司法在特定情况下对股东表决权的限制，这一制度不仅可以保证利害关系情况下股东大会决议的公正，而且对防止关联交易损害小股东和公司利益具有重要作用。

份数额发生了分离，进而对公司控制权产生影响。早在 2006 年，双层股权结构就被介绍到我国。2014～2015 年间，随着我国互联网新经济浪潮的兴起，以京东为代表的一批中国互联网高科技公司采用该结构并在美国成功上市。在法学研究层面，学界一致认可双层股权结构利弊兼而有之，但在中国是否应进行制度移植的问题上则存在争议。

（3）股东表决权的行使方式。在股份小额化和分散化的情况下，为使股东能够最大限度地行使表决权，各国公司法均规定股东可以亲自行使表决权，也可以采用其他法定的方式行使表决权。我国《公司法》第106 条规定，股份有限公司股东可以委托代理人出席股东大会，代理人代表股东出席会议时，应向公司提交股东授权委托书，并在委托书载明的授权范围内行使表决权。

5. 股东大会会议记录。我国《公司法》第 107 条规定，股东大会应对所议事项的决定作成会议记录，主持人、出席会议的董事应在会议记录上签名。股东大会会议记录应当与出席股东的签名册及代理出席的委托书一并保存，以备股东查阅。

6. 股东大会决议的无效和撤销。我国《公司法》第 22 条规定，股东大会决议的无效和撤销制度与有限责任公司的相关制度相同，该制度的详细论述见本教材第三章，此处不赘述。

三、股份有限公司的董事会和经理

（一）董事会的法律地位

股份有限公司董事会是由法定人数的董事组成并对股东大会负责的公司经营决策和业务执行机构。

1. 董事会的概念。根据《公司法》第 108 条的规定，股份有限公司董事会是由法定人数的董事组成并对股东大会负责的公司经营决策和业务执行机构。股份有限公司董事会由 5～19 名董事组成，董事会成员中可以有公司职工代表，董事会以集体决议的形式，执行股东大会的决议，就公司经营管理作出决策。

2. 董事会的职权。早期公司立法中，股份有限公司董事会首先是隶属于股东大会的公司业务执行机构，执行股东大会的决议是董事会的重要职能。但由于董事会负责公司业务的指挥和管理，因此可以对涉及公司业务执行的各项重大事务进行决策，所以一些国家公司法又同时赋予董事会以经营决策机构的地位。而在现代股份有限公司中，随着董事会及经营阶层权限的不断扩大，董事会的经营决策权已经涉及除法律规定应由股东大会决定之外的公司一切事项，董事会原有的一部分日常业务执行权实际上已经由公司经理行使。因此，对现代股份有限公司的董事会而言，经营决策已经上升为第一位的职能，这必然导致在法律地位上，董事会由原来单纯的公司业务执行机构转为公司的经营决策及业务执行机构。

我国《公司法》第108条规定，董事会对股东大会负责，行使下列职权：①召集股东大会会议，并向股东大会报告工作；②执行股东大会决议；③决定公司的经营计划和投资方案；④制订公司的年度财务预算方案、决算方案；⑤制订公司的利润分配方案和弥补亏损方案；⑥制订公司增加或减少注册资本以及发行公司债券的方案；⑦制订公司合并、分立、解散或者变更公司形式的方案；⑧决定公司内部管理机构的设置；⑨决定聘任或者解聘公司经理及其报酬事项，并根据经理的提名决定聘任或解聘公司副经理、财务负责人及其报酬事项；⑩制定公司的基本管理制度；⑪公司章程规定的其他职权。

（二）董事会的组成

1. 董事。

（1）董事选举。股东作为出资者享有选择公司管理者的权利，因此我国《公司法》规定，股份有限公司的董事首先由股东大会选举和更换。同时，《公司法》贯彻社会责任原则，规定股份有限公司董事会成员中可以有公司职工代表，董事会中的职工代表由公司职工通过职工代表大会、职工大会或其他形式民主选举产生。此外，上市公司依照《公司法》规定设独立董事，独立董事由上市公司董事会、监事会、单独或合并持有上市公司已发行股份1%以上的股东提名，并经股东大会选举决定。

（2）董事的任期。各国公司法对董事任期一般都有限制性规定，但长短不一，有的长达5年或6年，有的短至3年或2年，甚至1年。为了保证公司经营机构的稳定，避免因董事任期过短、更换频繁导致公司经营的不稳定，同时有利于公司股东根据对董事工作业绩的考查选举或更换董事，避免了因董事任期过长可能产生的弊端，我国《公司法》第108条在认可股份有限公司董事任期由公司章程规定的前提下，规定董事每届任期不得超过3年，董事任期届满，连选可以连任。为了保证公司存续期间的经营管理不致因董事更换中的意外情况而中断，《公司法》还规定，董事任期届满未及时改选，或者董事在任期内辞职导致董事会成员低于法定人数的，在改选出的董事就任前，原董事仍应当依照法律、行政法规和公司章程的规定履行董事职务。

（3）董事的兼职限制。根据《公司法》第117条第4款的规定，股份有限公司董事不得兼任公司监事。这一规定是由监事会的性质决定的，其目的在于保障监事会职权的正常行使。

2. 董事长。董事会作为集体机构，其职权的具体行使除了董事会共同决议的方式之外，还包括由董事会选举产生的董事长、副董事长的活动，有的国家公司法还包括常务董事的活动。我国《公司法》第 101、109 条的规定，股份有限公司董事会设董事长 1 人，可以设副董事长，董事长和副董事长由董事会以全体董事的过半数选举产生；董事长负责召集和主持董事会会议、主持股东大会会议、检查董事会决议的实施情况；副董事长协助董事长工作。此外，根据《公司法》第 13 条规定，依照公司章程规定，董事长可以担任公司法定代表人。

（三）董事会会议的召集与议事规则

1. 董事会会议的召集和主持。根据《公司法》第 109 条的规定，董事会会议由董事长召集和主持。董事长不能履行职务或不履行职务的，由副董事长履行职务；副董事长不能履行职务或不履行职务的，由半数以上董事共同推举一名董事履行职务。

根据《公司法》第 110 条的规定，股份有限公司董事会每年度至少召开两次会议，代表 1/10 以上表决权的股东、1/3 以上董事或监事会，可以提议召开临时董事会会议。定期董事会会议召开时，应于每次会议召开 10 日以前通知全体董事和监事；董事会召开临时会议时，可以另定通知方式和通知期限。

2. 董事会的议事规则。一般情况下，出席董事会既是董事的权利，也是董事的义务，对股份有限公司的董事会而言，董事出席会议是董事会行使职权的基本条件，因此《公司法》第 112 条规定，董事会会议应由董事本人出席，董事因故不能出席董事会会议时，可以书面委托代理人出席，但该代理人应为本公司董事，委托书中应载明授权范围。同时，《公司法》第 111 条规定，董事会会议应有过半数的董事出席方可举行，董事会决议实行一人一票的表决规则，董事会作出的决议，必须经全体董事过半数通过。

3. 董事对董事会决议的责任。由于股份有限公司股东人数多，股东大会对公司的控制力较弱，因此公司实际上由董事会控制。在这种情况下，为防止董事会损害公司和股东利益，我国《公司法》第 112 条规定了股份有限公司董事对董事会决议的个人责任：董事会应对会议所议事项的决定作成会议记录，出席会议的董事应当在会议记录上签名；董事应当对董事会的决议承担责任，董事会决议违反法律、行政法规或公司章程，致使公司遭受严重损失的，参与决议的董事对公司负赔偿责任。只有经证明在表决时曾表明异议并记载于会议记录时，该董事才可以免除责任。

（四）董事会决议的无效和撤销

根据我国《公司法》第22条规定，股份有限公司董事会决议的无效和撤销制度与有限责任公司的相关制度相同。相关阐述详见本教材第三章，此处不赘述。

（五）公司经理

1. 经理的法律地位。根据《公司法》第113、114条的规定，股份有限公司经理同有限责任公司经理一样，是依公司法规定设置，负责公司日常经营管理活动的公司高级管理人员。公司经理由董事会聘任或解聘，对董事会负责，在董事会领导下依公司法或公司章程规定行使职权。股份有限公司经理不得担任公司监事，经公司章程规定，公司经理可以担任公司法定代表人。

2. 经理的职权。根据《公司法》第113条的规定，股份有限公司经理行使下列职权：①主持公司的经营管理工作，组织实施董事会决议；②组织实施公司年度经营计划和投资方案；③拟定公司内部管理机构设置方案；④拟定公司的基本管理制度；⑤制定公司的具体规章；⑥提请聘任或解聘公司副经理、财务负责人；⑦决定聘任或解聘除应由董事会决定聘任或解聘以外的负责管理人员；⑧董事会授予的其他职权。此外，股份有限公司经理有权列席董事会会议。由于经理属于公司高级管理人员的范围，不具有公司机构的法律地位，因此我国《公司法》第49条及第113条规定，公司章程可以另行对经理职权作出规定，如果公司章程对经理职权另有规定的，适用章程规定。

四、股份有限公司的监事会

（一）监事会的法律地位及其职权

1. 监事会的概念。由于各国公司法对股份有限公司组织机构具体设置的规定不尽相同，因此监事会的法律地位也各异。根据我国《公司法》第117条的规定，股份有限公司的监事会是公司经营活动的监督机构。

2. 监事会的职权。在股份有限公司中，由于股东大会对公司控制能

股份有限公司经理是依公司法规定设置，由董事会聘任或解聘的负责公司日常经营管理活动的公司高级管理人员。

与双轨制下的监事会不同，我国股份公司的监事会对内不参与公司经营，对外不代表公司，专司监督职能。

力的减弱，董事会及其领导下的经理机构享有执行公司业务的广泛权利，因此为了保护股东的利益，必须加强对董事、经理执行职务活动的监督。作为受大陆法系国家公司法传统影响较大的国家，我国公司法设置监事会对董事会及高级管理人员的活动进行监督。但与国外双轨制下的监事会不同，我国股份有限公司的监事会对内不参与公司经营，对外不代表公司，专司监督职能。

根据《公司法》第118条的规定，股份有限公司监事会行使下列职权：①检查公司的财务；②对董事、高级管理人员执行公司职务的行为进行监督，对违反法律、行政法规、公司章程或者股东大会决议的董事、高级管理人员提出罢免的建议；③当董事、高级管理人员的行为损害公司的利益时，要求董事和高级管理人员予以纠正；④提议召开临时股东大会会议，在董事会不履行《公司法》规定的召集和主持股东大会会议职责时召集和主持股东大会会议；⑤向股东大会会议提出议案；⑥依照《公司法》第151条的规定，对董事、高级管理人员提出提起诉讼；⑦公司章程规定的其他职权。与此同时，为保证监事会顺利履行职权，《公司法》第118条规定，股份有限公司监事可以列席董事会会议，并对董事会决议事项提出质询或者建议；监事发现公司经营情况异常，可以进行调查；必要时可以聘请会计师事务所等协助其工作；监事会行使职权所必需的费用由公司承担。

（二）监事会的议事规则

根据《公司法》第119条的规定，股份有限公司监事会每6个月至少召开一次会议，监事可以提议召开临时监事会会议，监事会的议事规则和表决程序除《公司法》有规定的外，由公司章程规定，但监事会决议应当经半数以上监事通过，监事会应当对所议事项的决定作成会议记录，出席会议的监事应当在会议记录上签名。

（三）监事会的组成及其成员的选任

1. 监事及其选任。监事会的成员即为监事。根据我国《公司法》的规定，股份有限公司监事仅为监事会的组成成员，不享有独立于监事会的职权。在早期的公司立法中，公司监督机构由股东大会选举产生，并向股东大会负责，因此监事会成员均由股东大会选举和罢免。随着社会经济的发展，为了使公司雇员的积极性得到更好的调动和发挥，使公司得到更好的管理与发展，一些国家公司法规定公司监督机构中应有一定数量的雇员代表。其后，雇员进入公司监事会发展为公司治理的重要制度安排。

我国《公司法》立足本国实际，吸收了国外立法的经验，第 117 条规定，股份有限公司的监事会成员不得少于 3 人，由股东代表和不低于 1/3 的公司职工代表组成；监事会中的职工代表由公司职工通过职工代表大会、职工大会或者其他形式民主选举产生。

2. 监事的任职限制。由于公司监督机构是代表股东及公司职工对公司经营管理活动进行监督、检查的机构，为保证监事会职权的正常行使，我国《公司法》第 117 条规定：公司董事、高级管理人员不得兼任监事。

3. 监事任期。我国《公司法》第 117 条规定，股份有限公司监事的任期每届为 3 年，监事任期届满，连选可以连任；为使公司存续期间的经营监督不致因监事更换中的意外情况而中断，监事任期届满未及时改选，或者监事在任期内辞职导致监事会成员低于法定人数的，在改选出的监事就任前，原监事仍应当依照法律、行政法规和公司章程的规定履行监事职务。

4. 监事会主席。由于股份有限公司规模较大，因此为使监事会顺利行使职权，《公司法》第 117 条规定，股份有限公司监事会设主席一人，可以设副主席，监事会主席和副主席由全体监事过半数选举产生；监事会主席召集和主持监事会会议，监事会主席不能履行职务或不履行职务的，由监事会副主席召集和主持监事会会议，监事会副主席不能履行职务或不履行职务的，由半数以上监事共同推举一名监事召集和主持监事会会议。

五、股份有限公司董事、监事、高级管理人员的任职资格和义务

本部分内容包括：①股份有限公司董事、监事、高级管理人员的任职资格；②股份有限公司董事、监事、高级管理人员的义务；③股份有限公司董事、监事、高级管理人员的责任；④对股份有限公司董事、监事、高级管理人员的诉讼。根据我国《公司法》的相关规定，股份有限公司的上述制度与有限责任公司的相关制度相同，详细阐述见本教材第三章，此处不赘述。

六、上市公司组织机构的特别规定

（一）上市公司的概念

根据《公司法》第 120 条规定，上市公司是其股票在证券交易所上

股份有限公司的监事会由股东大会选举的监事和不低于 1/3 的公司职工代表监事组成。

市交易的股份有限公司。上市公司具有下列法律特征:

1. 上市公司是股份有限公司。上市公司在性质上属于股份有限公司,因此上市公司具有股份有限公司的全部法律特征,即股东人数广泛、公司股份划分均等、股份发行公开、股份转让自由、股东责任有限、公司经营公开等。上市公司是典型的资合公司和企业法人。

2. 上市公司是符合法定上市条件的股份有限公司。所谓上市,是指股份有限公司股票经批准在证券交易所上市交易。为防止股票交易的过度投机、欺诈和操纵,各国法律对股票交易进行严格监管,其中,对股票进入证券交易所交易设置了严格的准入条件,即所谓上市条件。我国《证券法》对此也有明确规定。因此,上市公司不是一般的股份有限公司,而是符合法定上市条件的股份有限公司。

3. 上市公司的股票在证券交易所上市交易。股份有限公司符合上市条件,不等于其所发行的股票必然进入证券交易所交易。根据我国《证券法》的规定,符合上市条件的股份有限公司申请其股票上市,必须依法定程序向证券交易所申请,由证券交易所依法审核同意,并由双方签订上市协议,其股票才能在证券交易所上市交易。因此只有依法经过申请程序经证券交易所审核同意,所发行股票在证券交易所上市的股份有限公司才能被称之为上市公司。

(二) 上市公司组织机构制度的特别规定

针对上市公司股东众多、股权分散及股票交易频繁,公司容易被大股东及经营阶层控制的特点,为保护中小股东的合法权益,从公司治理角度,我国公司法对上市公司组织机构作出了特别规定。

股票市场是股份有限公司发展的产物。在其发展过程中,为了防止和抑制股票交易中的投机、欺诈、操纵及其他不公平竞争对整个社会经济的消极影响,1844 年英国《公司法》确立了公开原则,现代意义上证券市场监管制度的建立则始自美国 1930 年的《证券法》和《证券交易法》等法律的制定,上市公司便是这一制度的产物。作为证券市场监管的重要内容,上市公司制度的出现使股票交易市场走向了高度的规范化,有效地抑制了股票交易中的投机、欺诈、操纵及其他不正当竞争行为,使投资者的利益得到了充分的保障,极大促进了股票市场和股份公司的发展。当然,事实已经证明,由于上市公司股东人数众多、股权分散及股票交易频繁,公司非常容易被大股东及经营阶层控制,广大中小股东的合法权益容易受到损害。因此,在世界范围内,各国除通过证券法继续加强对上市公司的监管之外,还从公司治理的角度,通过公司组织机构制度的调整和改革,不断强化对上市公司中小股东权益的保护。在这方面,我国公司法有如下规定:

1. 强化股东大会对公司重大资产处置的控制。我国《公司法》第

121 条规定，上市公司在一年内购买、出售重大资产或者担保金额超过公司资产总额 30% 的，应当由股东大会作出决议，并经出席会议的股东所持表决权的 2/3 以上通过。对一般股份有限公司而言，首先，除董事与公司交易的情况以及公司章程作出规定的交易以外，公司的一般交易无论重大与否，均不需要股东大会决议，这是由股东大会的性质和地位决定的；其次，对股份有限公司为他人提供担保而言，除为公司股东或为公司实际控制人提供担保的以外，《公司法》规定公司章程可以选择由董事会或者股东大会对担保事项作出决议。显而易见，《公司法》第 121 条对上市公司的规定较非上市公司要严格。如此规定的目的在于防止上市公司经营管理人员恶意决策及超出上市公司承受能力对外担保等严重损害公司和股东利益的行为出现，保护上市公司广大中小股东利益。

2. 规定董事表决权回避制度。我国《公司法》第 124 条规定，上市公司董事与董事会会议决议事项所涉及的企业有关联关系的，不得对该项决议行使表决权，也不得代理其他董事行使表决权，该董事会会议由过半数的无关联关系董事出席即可举行，董事会会议所作决议须经无关联关系董事过半数通过，出席董事会的无关联关系董事不足 3 人的，应将该事项提交上市公司股东大会审议。上述规定即所谓董事表决权回避制度。按照《公司法》的规定，在非上市的股份有限公司中，表决权回避的主体仅为股东，之所以在股东表决权回避的基础上增设关联关系情况下董事表决权的回避制度，主要是由于上市公司董事会在公司经营中处于较强的控制地位，其权限实际上大于一般股份有限公司董事会的权限，如果允许与决议事项所涉及的企业有关联关系的董事行使表决权，那么董事可能为自己的利益作出有失公正的表决，进而损害公司利益，损害广大股民的利益。

3. 建立董事会秘书制度。与非上市公司相比，上市公司规模大、股东人数多，实践中股东大会更加远离公司经营，其董事会对相当部分的经营具有决策的权力，加之上市公司承担较多的法律义务，因此，为便于董事会工作，加强对董事会工作的规范，我国《公司法》第 123 条规定，上市公司设董事会秘书，负责公司股东大会和董事会会议的筹备、文件保管以及公司股东资料的管理，办理信息披露事务等事宜。

4. 建立独立董事制度。独立董事（Outside Director Or Non-Executive Director）制度是英美法系国家公司治理中产生的独特制度。早在 1940 年，美国《投资公司法》中就规定了这一制度。在其后的几十年中，由于大公司滥用权力对经济和社会造成的不利影响，独立董事制度在英美法系国家和地区发展起来被广泛运用，并对大陆法系国家公司治理产生

由于股份公司境外上市以及上市公司治理的需要，《公司法》规定上市公司设立独立董事。

了很大影响，一些大陆法系国家公司法借鉴这一制度作为上市公司治理的重要措施。近年来，由于股份公司境外上市以及上市公司治理的需要，我国开始进行独立董事制度试点。2001 年，我国证券监督管理委员会发布《关于在上市公司建立独立董事制度的指导意见》（以下简称《指导意见》），规定了独立董事制度的基本内容。这一制度在 2005 年《公司法》修订时被肯定。《公司法》第 122 条规定，上市公司设立独立董事，具体办法由国务院规定。按照证监会《指导意见》的规定，独立董事制度包括以下具体内容：

（1）独立董事的概念与特征。上市公司的独立董事是指不在公司担任除董事外的其他职务，并与其所受聘的上市公司及其主要股东不存在可能妨碍其进行独立客观判断的关系的董事。根据这一定义，独立董事具有以下特征：①独立性，即独立董事与上市公司之间不存在任何影响其独立客观判断的关系，如产权关系、关联关系等；②权利、义务的特殊性，即独立董事是董事会中的特殊成员，享有不同于一般董事的特殊权利，并承担相应的义务。

（2）独立董事的任职资格。担任独立董事首先应当符合下列基本条件：①根据法律、行政法规及其他有关规定，具备担任上市公司董事的资格；②具备《指导意见》所要求的独立性；③具备上市公司运作的基本知识，熟悉相关法律、行政法规、规章及规则；④具有 5 年以上法律、经济或者其他履行独立董事职责所必需的工作经验；⑤公司章程规定的其他条件。除上述基本条件之外，由于独立董事必须具备独立性，因此，《指导意见》规定下列人员不得担任独立董事：①在上市公司或者其附属企业任职的人员及其直系亲属、主要社会关系（直系亲属是指配偶、父母、子女等；主要社会关系是指兄弟姐妹、岳父母、儿媳女婿、兄弟姐妹的配偶、配偶的兄弟姐妹等）；②直接或间接持有上市公司已发行股份 1% 以上或者是上市公司前 10 名股东中的自然人股东及其直系亲属；③在直接或间接持有上市公司已发行股份 5% 以上的股东单位或者在上市公司前 5 名股东单位任职的人员及其直系亲属；④最近一年内曾经具有前三项所列举情形的人员；⑤为上市公司或者其附属企业提供财务、法律、咨询等服务的人员；⑥公司章程规定的其他人员；⑦中国证监会认定的其他人员。

（3）独立董事的权利和义务。根据《指导意见》的规定，独立董事除应当具有公司法和其他相关法律法规赋予董事的职权外，上市公司还应当赋予独立董事以下特别职权：①重大关联交易（指上市公司拟与关联人达成的总额高于 300 万元或高于上市公司最近经审计净资产值的

（旁注）

独立性及权利、义务的特殊性是独立董事制度的主要法律特征。

保持其独立性是独立董事任职资格制度的核心。

5%的关联交易）应当由独立董事认可后，提交董事会讨论；②独立董事作出判断前，可以聘请中介机构出具独立财务顾问报告，作为其判断的依据；③向董事会提议聘用或解聘会计师事务所；④向董事会提议召开临时股东大会；⑤提议召开董事会；⑥独立聘请外部审计机构和咨询机构；⑦可以在股东大会召开前公开向股东征集投票权。独立董事除履行上述职责外，还应当对上市公司重大事项向董事会或股东大会发表独立意见，包括：①提名、任免董事；②聘任或解聘高级管理人员；③公司董事、高级管理人员的薪酬；④上市公司的股东、实际控制人及其关联企业对上市公司现有或新发生的总额高于 300 万元或高于上市公司最近经审计净资产值的 5% 的借款或其他资金往来，以及公司是否采取有效措施回收欠款；⑤独立董事认为可能损害中小股东权益的事项；⑥公司章程规定的其他事项。

　　独立董事对上市公司及全体股东负有诚信与勤勉义务。独立董事应当按照相关法律法规、《指导意见》和公司章程的要求，认真履行职责，维护公司的整体利益，尤其要关注中小股东的合法权益不受损害。独立董事应当独立履行职责，不受上市公司主要股东、实际控制人或者其他与上市公司存在利害关系的单位和个人的影响。独立董事原则上最多在 5 家上市公司兼任独立董事，并确保有足够的时间和精力有效地履行独立董事的职责。除上市公司给予的适当津贴外，独立董事不应从该上市公司及其主要股东或有利害关系的机构和人员取得额外的、未予披露的其他利益。

　　（4）独立董事的提名、选举和更换。根据《指导意见》的规定，上市公司董事会、监事会、单独或合并持有上市公司已发行股份 1% 以上的股东可以提出独立董事候选人，并经股东大会选举决定。在选举独立董事的股东大会召开前，上市公司应将所有被提名人的有关材料同时报送中国证监会、公司所在地的中国证监会派出机构和公司股票挂牌交易的证券交易所。中国证监会在 15 个工作日内对独立董事的任职资格和独立性进行审核。独立董事每届任期与该上市公司其他董事任期相同，连选可以连任，但连任时间不得超过 6 年。独立董事连续 3 次未亲自出席董事会会议的，由董事会提请股东大会予以撤换。除出现前述情况及《公司法》中规定不得担任董事的情形外，独立董事任期届满前不得无故被免职。

除应当具有一般董事的职权外，独立董事应当履行上市公司赋予的特别职权；独立董事应当依法对上市公司重大事项向董事会或股东大会发表独立意见。独立董事对上市公司及全体股东负有诚信与勤勉义务。

第四节　股份有限公司的股份

一、股份概述

（一）股份的概念

根据公司法的规定，从不同角度分析，股份有限公司股份的概念包括下列三层含义：

1. 股份是公司资本的组成部分及最小计算单位。公司全部资本划分为均等股份，全部均等股份金额的总和即为公司资本总额。

2. 股份是股东权存在的基础及计算股东权利义务的最小单位。股东在公司中的法律地位基于其拥有的股份，股东权利义务的大小取决于其拥有的股份数额。

3. 股份是股票的价值内容。股份以股票为表现及存在形式。

（二）股份的特征

作为股东对公司资本的缴付，股份有限公司的股份与其他类型公司股东的出资并无实质性区别。但由于股份有限公司本身的特性，股份具有以下主要特征：

1. 股份一律平等。作为构成公司资本的基本单位，股份所代表的资本额一律相等，作为股东法律地位的表现形式，股份所表示的权利义务也一律平等，每一股份代表一份独立存在的股东权，拥有股份数的多少决定股东权的大小。除法律有特别规定之外，公司不得以任何理由限制或剥夺某些股份的权利。同次发行的同种类股份，其发行条件及价格相同。

2. 股份可以自由转让。作为股份的最本质特性，股份的自由转让和流通对于股份有限公司资合性质及公司的法律地位具有重要意义。除法律有特别规定之外，公司不得以章程或其他方式对股份转让进行限制。

3. 股份表现为有价证券。根据公司法的规定，股份公司的股份采用股票的形式，股票所代表的股东权是一种具有财产内容的权利，股票可以自由转让和流通。

> 股份一律平等，股份可以自由转让，股份表现为有价证券。

（三）股份的表现形式——股票

> 股票是证权证券、要式证券、有价证券、流通证券。

1. 股票的概念及特征。根据我国《公司法》第125条的规定，股票是股份有限公司签发的证明股东所持股份的凭证。股票具有以下特征：

（1）股票是证明股东权的证权证券。所谓证权证券，是指证券所代表的权利原已存在，证券只起权利证书的作用。股票是股份的表现形式，因而也是股东权的表现形式；但股东权的产生并不是因为股票的制作，而是由于股东向公司出资而持有公司的股份，因此股票仅仅是股东权存在的证明及股东行使权利的凭证。

（2）股票是要式证券。所谓要式证券，是指证券的制作及记载事项必须严格按法律规定进行，否则将导致证券的无效。我国《公司法》对股票的形式、内容均有严格规定，同时股票制作还必须经国家证券管理部门的批准，任何个人或团体不得擅自印发股票。违反法律规定，或股票记载的内容欠缺或不真实，股票即为无效，公司或责任人将承担相应的法律责任。

（3）股票是有价证券。所谓有价证券，是指证券所代表的权利是一种具有财产价值的权利，而且证券所代表的权利与对证券的占有不可分割。股票也具有上述特性：首先，股票所代表的股东权是可以用财产价值来衡量的权利，这也是股票得以流通的原因；其次，股票所代表的权利与对股票的占有一般不可分离，股票转移则权利随之转移。

（4）股票是流通证券。根据法律规定，股票可以公开发行并自由转让，在证券市场上自由流通。

2. 股票的制作及记载事项。我国《公司法》第 128 条规定，股票可以采用纸面形式或者国家证券管理机构规定的其他形式，股票应载明公司名称，公司成立日期，股票种类、票面金额及代表的股份数，股票的编号等事项，发起人的股票还应标明发起人股票字样。股票须由法定代表人签名、公司盖章。作为股份的表现形式，股票的种类与股份种类相对应。

3. 股票的交付、失效及补发。由于股票是公司签发的证明股东所持股份的凭证，公司只有在正式成立之后才具备签发股票的主体资格。因此《公司法》第 132 条规定，股份有限公司成立后，即向股东正式交付股票。公司成立前不得向股东交付股票。根据《公司法》第 143 条的规定，记名股票被盗、遗失或灭失，股东可以依照《中华人民共和国民事诉讼法》规定的公示催告程序，请求人民法院宣告该股票失效。因此而失效的股票，股东可以向公司申请补发。

二、股份种类

随着股份有限公司的发展，其股份逐渐变得复杂多样。各国公司法大都根据本国实际需要对现实中通行的股份进行认可和划分，作出相应的规定。由此形成的股份种类主要有：记名股和无记名股、普通股和特别股、额面股和无额面股、新股与旧股等。

（一）记名股和无记名股

记名股和无记名股的划分标准是股票对股东姓名的记载状况。

记名股是将股东的姓名或名称记载于股票的股份。记名股的权利只能由股东本人享有，非股东持有股票并不必然享有股权。记名股份发行时，股东姓名须记载于股东名册，转让时，也必须将受让人的姓名、住所登记于公司保存的股东名册，以便于公司掌握。我国《公司法》规定，记名股份应在股票票面上记载该发起人、法人的名称或者姓名，不得另立户名或以代表人姓名记名；公司发行记名股份的应置备股东名册，股东名册应记载股东的姓名或者名称及住所、各股东所持股份数、各股东所持股票的编号以及各股东取得其股份的日期；公司发行无记名股票的，应当记载其股票数量、编号及发行日期。

无记名股是股票票面不记载股东姓名或名称的股份。无记名股份的合法持有人即为公司股东，股份转让时只需将股票交付受让人即可。

记名股的优点在于有利于公司掌握股份的流通情况和股东的状况，防止股票投机行为；而无记名股的优点则是便于股份的流通。各国公司法一般都规定公司可以发行这两种股份。我国《公司法》第 129 条规定，股份有限公司发行的股票，可以为记名股，也可以为无记名股，公司向发起人、法人发行的股票，应当为记名股票。因此，记名股以发行对象的不同，又有以下几种情况：

（1）向公司发起人发行的记名股。在公司正式成立之后，发起人即转为公司股东，其所认购的股份成为发起人股。由于发起人在公司设立过程中的特殊地位，因此各国公司法对发起人股份的发行及转让的监管都比较严格。为便于政府监管，各国公司法都规定向发起人发行的股份必须为记名股份，我国《公司法》亦作出相同的规定。

（2）向法人发行的记名股。在现代公司中，法人持股是普遍现象。根据我国有关法律法规的规定，企业法人可以其依法可支配的资产向股份公司投资，具有法人资格的事业单位和社会团体也可以国家允许用于经营的资产向股份公司投资。由于法人经济实力雄厚，法人持股是公司股份的重要组成部分，对公司经营管理及资本稳定都具有重要影响。因此为了加强对法人持有股份的管理，保护公司及社会公众的合法权益，我国《公司法》规定向法人发行的股份必须为记名股份。

此外，根据我国有关法律法规的规定，股份公司发行的境内上市外资

（边注） 股份有限公司发行的股票，可以是记名股票，也可以是无记名股票，但向发起人、法人发行的股票，应当为记名股票。

股，采用记名股票形式，以人民币标明面值，以外币认购、买卖，在境内证券交易所上市交易；股份公司向境外投资人募集并在境外上市的股份（境外上市外资股）采用记名股票形式，以人民币标明面值，以外币认购。

（二）普通股和特别股

普通股和特别股的划分标准是股份所表示的股东权的内容。

普通股是指法律和公司章程对股东权不作特殊规定的股份。特别股是指股东权由法律和章程作出区别于普通股股权的特殊规定的股份。根据法律、章程具体规定的不同，特别股可以分为股息、红利、剩余财产的分配、表决权行使等方面的优先股（权利行使先于或优于普通股）或劣后股（权利行使后于或劣于普通股）。

从各国公司法对股份有限公司股份种类的规定看，原则上都允许发行普通股和特别股，但一般以普通股为公司的基本股份，特别股的设置是一种例外情况，其目的在于利用特别股在股东承担风险、控制公司以及受益等方面的特点吸引投资，促使公司资本的尽快募集和公司的顺利设立。根据我国《公司法》第131条的规定，公司原则上发行普通股，在符合国务院规定时，法律不禁止发行特别股。在实践中，目前为止国务院尚未对股份公司发行特别股作出统一规定。2013年党的十八届三中全会通过的《中共中央关于全面深化改革若干重大问题的决定》指出，"对按规定转制的重要国有传媒企业探索实行特殊管理股制度，经批准可开展试点"。2014年9月国家新闻出版广电总局发布的《非公有制文化企业参与对外专项出版业务试点办法》对特殊管理股的试点作出了具体规定，即以国有出版单位拥有特殊管理股为前提，允许其与非公有制文化企业共同投资设立有限责任公司，允许非公有制文化企业绝对控股。2015年国务院发布的《关于国有企业发展混合所有制经济的意见》第14条则明确指出，探索完善优先股和国家特殊管理股方式，国有资本参股非国有企业或国有企业引入非国有资本时，允许将部分国有资本转化为优先股，在少数特定领域探索建立国家特殊管理股制度，依照相关法律法规和公司章程规定，行使特定事项否决权，保证国有资本在特定领域的控制力。

普通股是公司的基本股份。我国《公司法》规定，公司原则上发行普通股，在符合国务院规定时，法律不禁止发行特别股。

（三）额面股和无额面股

额面股和无额面股的划分标准是股票票面所标明的股票面值的情况。

额面股又称金额股，即在股票票面上表示一定金额的股份。全部股份票面价额的总和即为公司的资本总额。无额面股又称为比例股或部分股，即股票票面不载明一定金额，而只载明其占公司资本总额的一定比例的股份。例如某公司资本共 1000 万元，共分为 10 000 股，那么每股金额实际上为 1000 元，但股票票面上并不载明为 1000 元，而只载明其占股份总数的万分之一。无额面股份创始于德国，广泛被采用于美国。由于这种股份与额面股份相比有不利之处，目前除美国、卢森堡等少数国家比较盛行外，大陆法系国家的公司法虽允许发行无额面股，但实际应用的并不多见。有的国家（如德国）公司法已取消了这种股份；有的国家（如日本）公司法为了防止这种股票的弊端，在发行上进行了严格限制。

我国公司法不采用无额面股份，规定股票应载明票面金额。

在我国目前条件下发行无额面股份，首先，不利于对股份公司以及股票市场的监管；其次，我国资本市场不够健全，发行无额面股会使投资者对公司经营状况的分析面临重重困难，影响集资。因此，我国公司法不采用无额面股份，规定股票应载明票面金额。

（四）旧股与新股

新股与旧股的划分标准是股份发行的时间、条件及程序。

根据我国《公司法》有关新股发行的规定，公司设立时发行的股份为旧股，公司成立后发行的股份为新股。

三、股份发行

股份发行是股份有限公司为募集资本而出售或分配其股份的行为。股份有限公司的股份以股票为形式，股份发行在形式上即为股票发行。从公司法发展的历史看，各国股份发行最早由公司法进行规范，随着股份公司和证券市场的发展，除了公司法对股份发行的规定之外，各国还通过证券法从证券市场角度对股份的发行作出规定。我国也采取基本相同的做法，目前股份发行制度由《公司法》《证券法》及国务院发布的有关行政法规构成。

（一）股份发行的原则

股份有限公司股份的发行实行公平、公正的原则。基于股东平等和股份平等的原则，我国《公司法》第 126 条规定，股份有限公司股份的发行实行公平、公正的原则，同种类的每一股份应当具有同等权利；同次发行的同种类股票，每股的发行条件和价格应当相同；任何单位或者个人所认购的股份，每股应当支付相同价格。

（二）股份发行种类

股份有限公司在设立阶段可以发行股份，在成立以后的整个存在期间也可以发行股份。由于不同阶段股份发行具有不同的特点,《公司法》对股份发行也有不同要求,股份发行一般以此为标准分为两大类,即设立发行和新股发行。

1. 设立发行。设立发行是指公司在设立过程中发行股份。股份有限公司的设立可以采用发起设立和募集设立两种方式,股份的设立发行也据此分为发起设立发行和募集设立发行。在发起设立情况下,公司章程规定发行的股份由发起人全部认足,不再向社会募集;在募集设立时,发起人只依法认缴公司发行的部分股份,其余股份必须向社会公开发行或向特定对象募足。关于发起设立及募集设立情况下股份发行的具体条件和程序,可见本章第二节,此不赘述。

2. 新股发行。由于我国《公司法》不允许公司分期发行股份,因此新股发行是指公司在成立之后增资发行股份。由于新股发行涉及公司原有股东、职工以及社会公众的利益,同时新股发行在时间上不同于设立发行,因此,《公司法》第133条规定,股份有限公司发行新股,股东大会必须对下列事项作出决议:①新股种类及数额;②新股发行价格;③新股发行的起止日期;④向原有股东发行新股的种类及数额。

（三）股份发行价格

股份发行以股票发行的形式进行,股份发行价格即股票发行价格。股票发行价格是指股票第一次面市的出售价格。由于股票票面金额是构成公司注册资本数额的基本单位,因此从保证公司资本充实的角度,各国公司法一般规定,股票发行价格可以等于票面金额（即平价发行）,也可以超过票面金额（即溢价发行）,但一般不允许低于票面金额（即折价发行）。我国《公司法》以第127条及第135条对股票发行价格作了如下规定:股票发行价格可以按票面金额,也可以超过票面金额,但不得低于票面金额,以防止公司实有资产低于注册资本的资本虚空现象;公司发行新股时,可根据公司经营情况和财务状况,确定其作价方案。

我国《公司法》规定,公司股票可以平价发行、溢价发行,但不得折价发行。

四、股份转让

（一）股份转让的意义

股份转让是指通过转移股票所有权而转移股东权利的法律行为。股份有限公司的股份采用股票形式,股份的转让表现为股票转让。

作为现代社会中重要的财产运用方式,投资者向股份有限公司的投资是永久性的，因此，在公司经营期间股东不能退股。与此同时，基于股票投资行为，投资人成为公司股东，其所有权即在此基础上转换为股权和公司法人财产权。从公司法对股东权的具体规定看，股东不能直接占有，也不能直接支配由自己的投资所构成的公司财产。在股东不具有公司业务执行权的条件下，股份的不可兑回性以及股份投资的风险性，使股份的占有和处分（尤其是在金融、信用及股票市场高度发达的条件下股东对证券化股份的占有和处分）成为股东保护其利益的有力手段。换言之，如果投资者不能根据自己对继续持有股份是否有利的判断而随时处分所持有的股票，他们必然会因其利益无法保障而放弃购买股票向公司投资的方式，转而寻求其他投资方式，股份有限公司因此将不复存在。可见，股份有限公司与股份转让是一种共生现象，有股份有限公司，就必然存在股份转让。而随着社会经济的发展，在现代发育完善的市场条件下，股东对股份的处分所形成的对公司经营者行为的制约，导致公司经营管理水平不断提高；而股份依企业的发展状况在不同生产部门、行业之间的转移，也使社会资源得到优化配置。因此，以保护股东利益为最终目的的股份转让在客观上为发挥股份有限公司的社会功能开辟了道路。

> 股份有限公司与股份转让是一种共生现象，有股份有限公司，就必然存在股份转让。股份转让在保护股东利益的同时，在客观上为发挥股份有限公司的社会功能开辟了道路。

（二）股份转让的原则及限制

基于股份转让对股东和公司的重要意义，股份一经发行，转让就不可避免。因此各国公司法都规定股份原则上可以自由转让。但由于股份转让可能影响公司财产的稳定，某些特殊股东对股份的处分也有可能损害其他股东的利益，股份转让还会带来股票投机，因此，为了保护公司和全体股东的利益，各国公司法都对股份转让作了必要的限制，以便将股份转让可能产生的弊端限制在尽可能小的范围内。我国公司法也采取这种做法，首先规定股份有限公司股东持有的股份可以依法转让，同时从减少股票投机、稳定公司经营、保护全体股东利益的角度，对股份转让作了如下限制：

> 为了保护公司和股东的利益，《公司法》对股份转让作了必要的限制，以便将股份转让可能产生的弊端限制在尽可能小的范围内。

1. 对发起人股份转让的限制。股份有限公司发起人在公司中具有特殊的重要地位，根据《公司法》的规定，公司发起设立时，发起人必须认购公司发行的全部股份，公司募集设立时，发起人认购并缴纳的股份不得少于公司股份总数的35%，公司成立之后，发起人即转为股东。发起人的特殊法律地位及其与公司的密切关系表明，发起人对公司的成立及成立初期的财产稳定和组织管理有重要影响。为了避免发起人借设立公司投机牟利、损害其他股东及社会公众的利益，保证公司成立后一段

> 公司发起人持有的本公司股份自公司成立之日起1年内不得转让。

时期能顺利经营，《公司法》第141条第1款规定，发起人持有的股份自公司成立之日起1年内不得转让。

2. 对上市公司公开发行股份前已发行股份转让的限制。根据我国《公司法》和《证券法》的规定，采用发起设立的股份公司以及向特定对象发行股票累计不超过200人的股份公司所发行的股份为不公开发行。不公开发行的股份，由于股东人数不多，其持有人与公司关系比较密切，因此，此类股票在公司上市后立即转让可能给公司股份稳定和经营稳定带来负面影响，还可能出现欺诈。为防止上述情况发生，《公司法》第141条第1款规定，公司公开发行股份前已发行的股份，自公司股票在证券交易所上市交易之日起1年内不得转让。

3. 对公司董事、监事、高级管理人员持有本公司股份转让的限制。由于法人组织的特性，董事、监事及公司高级管理人员的行为对公司经营管理影响极大。如何保证董事、监事及公司高级管理人员尽职尽责地为公司服务，历来是公司立法的重要内容。从国外立法的情况看，早期的公司法一般要求董事和监察人必须持有符合董事、监察人资格的股份（即资格股），以此作为对董事及监察人行为的约束。随着公司制度的进一步发展，公司经营管理阶层的权利不断扩大，为了贯彻董事的适任原则，各国公司法逐渐取消了董事必须是股东的传统立法原则，允许非股东进入董事会，并以加重董事、经理在经营中的个人责任作为对其行为的制约，与此同时，一些国家还对董事、监事及公司经理在选任当时所持有的股份在其任期内的转让进行必要限制。

从我国的情况看，公司制度中关于经营管理人员的个人责任制度尚有待健全。但鉴于采用"资格股"的做法已经不适应现代企业经营管理的需要，为保证公司董事、监事及高级管理人员依法行使职权，保持公司股份稳定和经营稳定，防止公司董事、监事、高级管理人员以权谋私，损害广大中小股东及公司债权人的利益，《公司法》第141条第2款对公司董事、监事及高级管理人员所持有股份的转让进行如下限制：①要求公司董事、监事、高级管理人员向公司申报所持有的本公司股份及其变动情况；②规定公司董事、监事、高级管理人员在任职期间每年转让的股份不得超过其所持有本公司股份总数的25%；③公司董事、监事、高级管理人员所持有的本公司股份自公司股票上市交易之日起1年内不得转让；④公司董事、监事、高级管理人员离职半年内，不得转让其所持有的本公司股份；⑤在上述限制基础上，公司章程可以对公司董事、监事、高级管理人员转让其所持有的本公司股份作出其他限制。

公司公开发行股份前已发行的股份，自公司股票在证券交易所上市交易之日起1年内不得转让。

为保证公司董事、监事及经理等高级管理人员依法行使职权，保护股东及公司债权人的利益，《公司法》要求董事、监事、经理向公司申报所持有的本公司股份，并对其在任职期间内及离职半年转让所持有的本公司股份进行限制。在上述限制基础上，允许公司章程可以对公司董事、监事、高级管理人员转让其所持有的本公司股份作出其他限制。

4. 除法律有规定的以外，禁止公司收购本公司股份。公司收购本公司股份实际上是股东与发行公司之间的股票交易行为。由于交易主体之间的特殊关系，发行公司作为受让方收购自己发行的股份具有以下弊端：首先，将造成公司资本的实质性减少，不利于对公司债权人的保护；其次，容易造成公司经营管理层对股票价格的操纵；再次，公司因收购自身的股份导致公司兼有股东身份，极易发生公司管理层侵害公司利益和股东利益的违法行为。因此，为保护股东和公司债权人利益，禁止股份有限公司收购本公司股份的原则为各国公司法普遍采用。与此同时，随着公司的发展，为解决实践中股东因对公司合并、分立持有异议而要求退出公司的问题，处理公司减资时的股份注销问题等，各国公司法又在上述一般原则之下规定了例外情形。根据我国《公司法》第 142 条规定，股份公司不得收购本公司股份，但有下列情形之一的除外：

为了避免公司发生实质性减资、防止操纵股市、保护股东和债权人的利益，《公司法》规定除法律规定的情形外，公司原则上不得收购本公司股份。

（1）为减少公司资本而注销股份时，公司可收购本公司股份。在这种情况下，由于减资符合法律规定，同时收购的目的就是消除公司将减少的这部分股份，因此这种收购为法律所认可。但此类收购应经股东大会决议，收购的本公司股份应当自收购之日起 10 日内注销。

（2）与持有本公司股份的其他公司合并时，公司可以收购本公司股份。在这种情况下，由于公司合并所造成的资本减少符合法律规定的条件和程序，同时所收购的这部分股份必须在法定期限内销除，因此法律认可这类收购。但此类收购应经股东大会决议，收购的本公司股份应当在 6 个月内转让或者注销。

（3）将股份奖励给本公司职工时，公司可以收购本公司股份。随着经济的发展，公司职工的工作状态越来越成为影响公司经营的重要因素，用股份奖励本公司职工，有利于调动职工的积极性，从而有利于公司的发展。但由于我国实行法定资本制，公司章程确定的资本数额在公司设立时已经一次发行完毕，公司没有多余的股份用于职工奖励，因此《公司法》允许公司收购本公司股份用于奖励本公司职工。考虑到资本维持原则的贯彻，加之我国《公司法》并不认可股东以劳务出资，《公司法》第 142 条还规定，公司以股份奖励职工而收购本公司股份时，应经股东大会决议，所收购的股份不得超过本公司已发行股份总额的 5%，用于收购的资金应当从公司的税后利润中支出，所收购的本公司股份应当在一年内转让给职工。

（4）股东因对股东大会作出的合并、分立决议持异议，要求公司收购股份时，公司可以收购本公司股份。根据《公司法》的规定，公司合并、分立决议由股东大会以特别决议的方式作出，因此在存在异议股东的情况下，股东大会通过的合并、分立决议实际上仅代表持有多数表决权的股东的意见。由于公司合并、分立的后果改变了异议股东对投资的原有预期，对股东投资权益影响重大，因此必须对异议股东采取保护措施，包括允许其以要求公司收购股份的方式退出公司。基于上述理由，我国《公司法》规定对股东大会作出的合并、分立决议持异议的股东可以要求公司收购其股份。当股东行使这一权利时，公司收购本公司股份就成为必然。此外，为切实维护股东权益，《公司法》第 142 条规定，公司在上述情形下收购的本公司股份应当在 6 个月内转让或者注销。

5. 对公司股票质押的限制。由于股票是有价证券并可以在证券市场上自由转让，因此股票可以作为质押权的标的。但由于质押的性质和特点，在接受本公司的股票作为质押权标的时，可能导致公司实际上收回自己的股票，从而造成公司资本的实质性减少，影响公司债权人的利益。因此《公司法》第 142 条第 4 款规定，"公司不得接受本公司的股票作为质押权的标的"。

（三）股份转让方式及场所

股份种类的不同决定不同种类股份在转让方式上的差异。按法律规定的方式转让股份，是股份转让得以生效的基本前提。根据《公司法》第 139 条的规定，记名股票可以由股东以背书方式转让，也可以由股东以法律、行政法规规定的其他方式转让。所谓背书，是指股票持有人在股票背面批注签章将股票转让给他人的行为。记名股票的转让，须由公司将受让人的姓名或名称及住所记载于股东名册，否则不得以其转让对抗公司。根据《公司法》第 140 条的规定，无记名股票的转让，由股东将该股票交付给受让人后即发生转让的效力。

为了便于目前条件下国家对股份转让的管理，并有利于股票的流通，《公司法》第 138、144、145 条规定，股东转让其股份，应当在依法设立的证券交易场所进行或者按照国务院规定的其他方式进行；上市公司的股票，依照有关法律、行政法规的规定及证券交易所规则上市交易。

□ 小 结

本章主要阐述股份有限公司法律制度，包括股份有限公司的概念及法律特征，股份有限公司的设立、组织机构，股份的发行和转让等。其主要内容为：

一、股份有限公司概述

1.

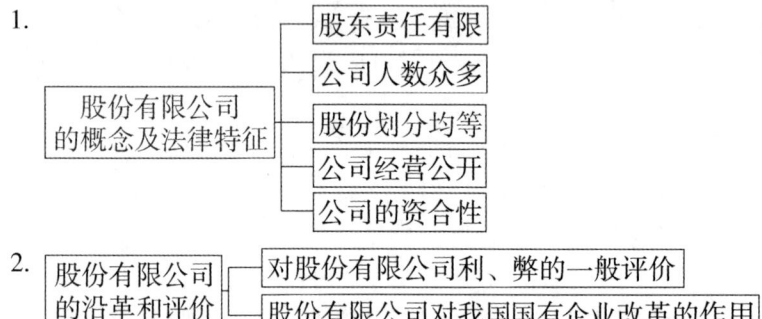

股份有限公司的概念及法律特征
- 股东责任有限
- 公司人数众多
- 股份划分均等
- 公司经营公开
- 公司的资合性

2. 股份有限公司的沿革和评价
- 对股份有限公司利、弊的一般评价
- 股份有限公司对我国国有企业改革的作用

二、股份有限公司的设立

1.

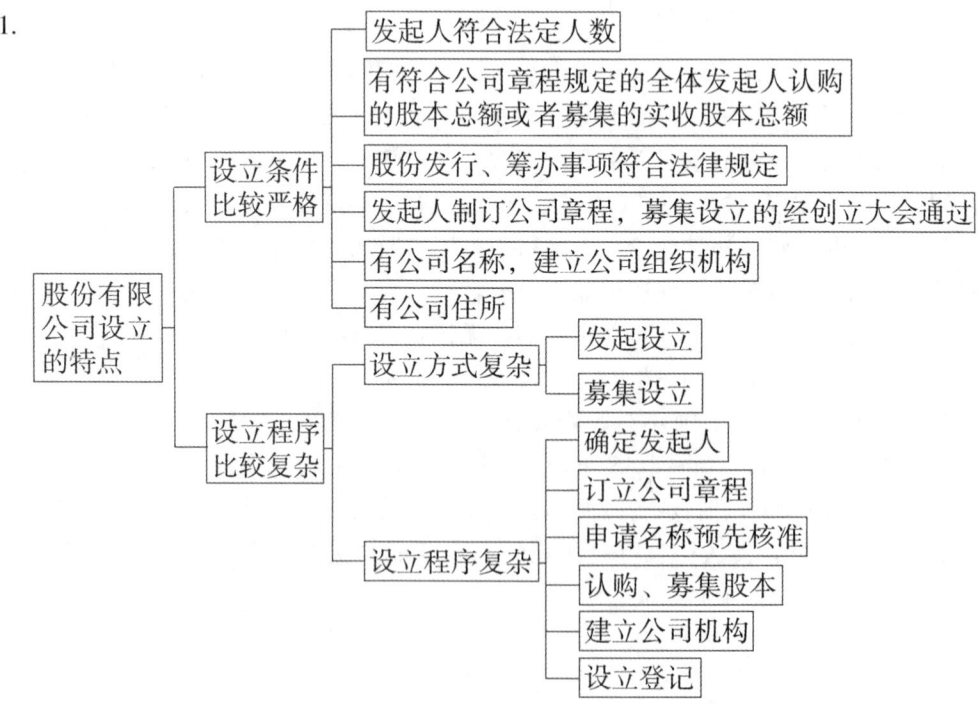

股份有限公司设立的特点
- 设立条件比较严格
  - 发起人符合法定人数
  - 有符合公司章程规定的全体发起人认购的股本总额或者募集的实收股本总额
  - 股份发行、筹办事项符合法律规定
  - 发起人制订公司章程，募集设立的经创立大会通过
  - 有公司名称，建立公司组织机构
  - 有公司住所
- 设立程序比较复杂
  - 设立方式复杂
    - 发起设立
    - 募集设立
  - 设立程序复杂
    - 确定发起人
    - 订立公司章程
    - 申请名称预先核准
    - 认购、募集股本
    - 建立公司机构
    - 设立登记

2.

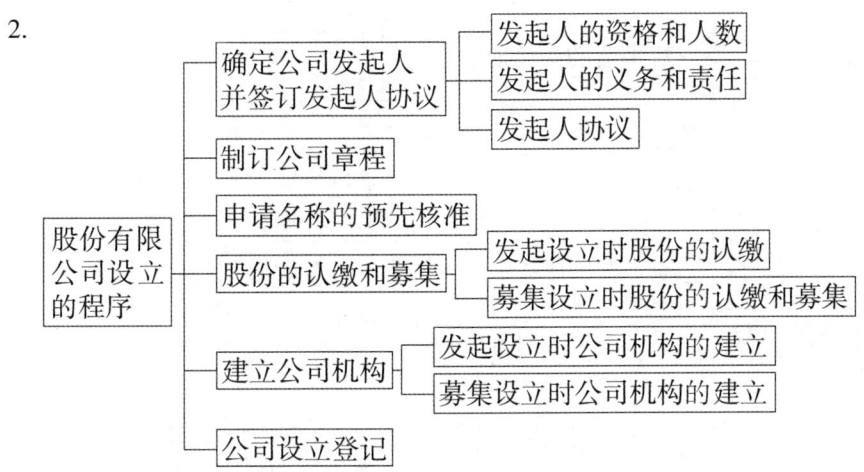

股份有限公司设立的程序
- 确定公司发起人并签订发起人协议
  - 发起人的资格和人数
  - 发起人的义务和责任
  - 发起人协议
- 制订公司章程
- 申请名称的预先核准
- 股份的认缴和募集
  - 发起设立时股份的认缴
  - 募集设立时股份的认缴和募集
- 建立公司机构
  - 发起设立时公司机构的建立
  - 募集设立时公司机构的建立
- 公司设立登记

三、股份有限公司的组织机构

1.

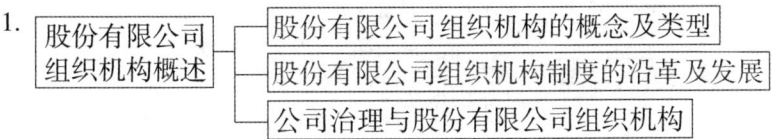

股份有限公司组织机构概述
- 股份有限公司组织机构的概念及类型
- 股份有限公司组织机构制度的沿革及发展
- 公司治理与股份有限公司组织机构

2.

股份有限公司的股东大会
- 股东
  - 股东的概念
  - 股东平等原则
  - 股东的权利和义务
- 股东大会
  - 股东大会的法律地位
    - 股东大会的概念
    - 股东大会的职权
  - 股东大会会议的类型
    - 年度股东大会
    - 临时股东大会
  - 股东大会会议的召集
    - 会议的召集和主持
    - 会议的通知及会议议案披露
  - 股东表决权的行使
    - 一般表决规则
    - 例外情形
      - 累积投票制
      - 表决权回避
    - 行使方式
      - 亲自行使
      - 代理行使
  - 股东大会会议记录
  - 股东大会决议的无效和撤销

3.

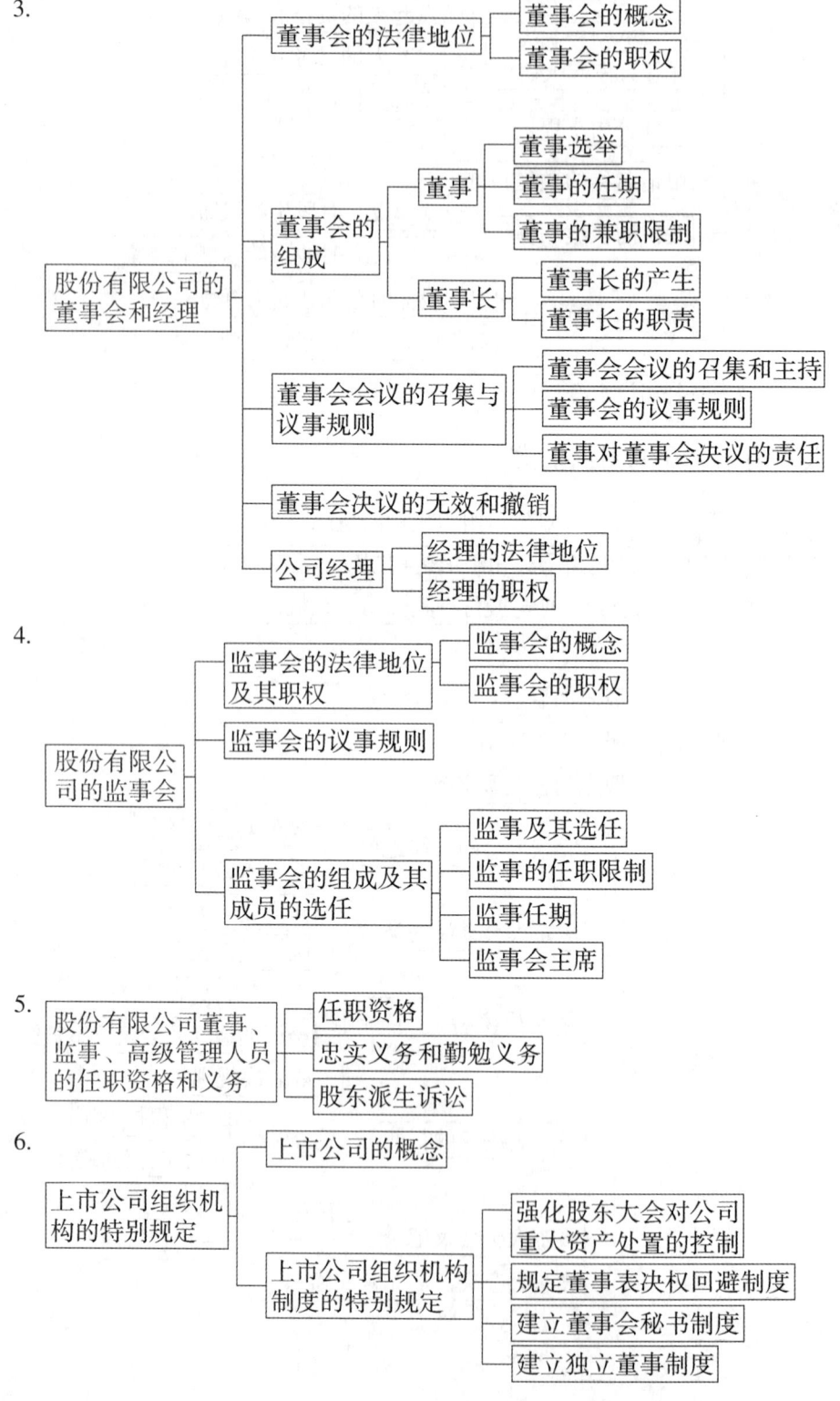

股份有限公司的董事会和经理

- 董事会的法律地位
  - 董事会的概念
  - 董事会的职权
- 董事会的组成
  - 董事
    - 董事选举
    - 董事的任期
    - 董事的兼职限制
  - 董事长
    - 董事长的产生
    - 董事长的职责
- 董事会会议的召集与议事规则
  - 董事会会议的召集和主持
  - 董事会的议事规则
  - 董事对董事会决议的责任
- 董事会决议的无效和撤销
- 公司经理
  - 经理的法律地位
  - 经理的职权

4.

股份有限公司的监事会

- 监事会的法律地位及其职权
  - 监事会的概念
  - 监事会的职权
- 监事会的议事规则
- 监事会的组成及其成员的选任
  - 监事及其选任
  - 监事的任职限制
  - 监事任期
  - 监事会主席

5.

股份有限公司董事、监事、高级管理人员的任职资格和义务

- 任职资格
- 忠实义务和勤勉义务
- 股东派生诉讼

6.

上市公司组织机构的特别规定

- 上市公司的概念
- 上市公司组织机构制度的特别规定
  - 强化股东大会对公司重大资产处置的控制
  - 规定董事表决权回避制度
  - 建立董事会秘书制度
  - 建立独立董事制度

四、股份有限公司的股份

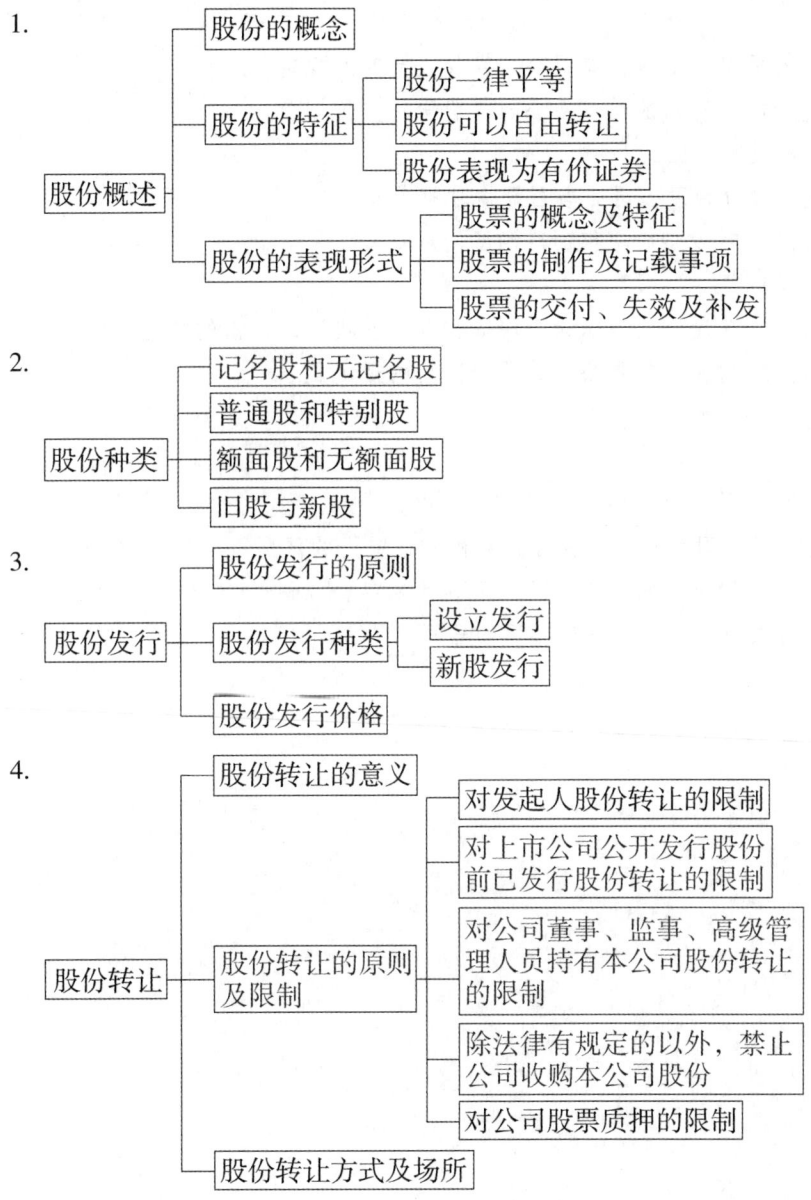

1.
- 股份概述
  - 股份的概念
  - 股份的特征
    - 股份一律平等
    - 股份可以自由转让
    - 股份表现为有价证券
  - 股份的表现形式
    - 股票的概念及特征
    - 股票的制作及记载事项
    - 股票的交付、失效及补发

2.
- 股份种类
  - 记名股和无记名股
  - 普通股和特别股
  - 额面股和无额面股
  - 旧股与新股

3.
- 股份发行
  - 股份发行的原则
  - 股份发行种类
    - 设立发行
    - 新股发行
  - 股份发行价格

4.
- 股份转让
  - 股份转让的意义
  - 股份转让的原则及限制
    - 对发起人股份转让的限制
    - 对上市公司公开发行股份前已发行股份转让的限制
    - 对公司董事、监事、高级管理人员持有本公司股份转让的限制
    - 除法律有规定的以外，禁止公司收购本公司股份
    - 对公司股票质押的限制
  - 股份转让方式及场所

□ 练习与思考

一、名词解释

股份有限公司 发起人 发起设立 募集设立 创立大会 股份 股票 记名股 特

别股 普通股 上市公司 表决权的代理行使 独立董事 董事会秘书

二、简答题

1. 简述我国《公司法》对股份有限公司发起人制度的规定。
2. 简述我国《公司法》对股份有限公司的股份种类的划分。
3. 普通股与特别股有何区别？
4. 在什么情况下股份有限公司应当召开临时股东大会？
5. 简述《公司法》对股东表决权回避制度的规定。
6. 简述累积投票制度。
7. 简述《公司法》对违法的股东大会决议和董事会决议的诉讼的规定。
8. 简述《公司法》对股份有限公司的股份回购的规定。

三、思考题

1. 论《公司法》对股份有限公司小股东的保护。
2. 试比较股份有限公司和有限责任公司在机构设置上的区别。
3. 论《公司法》对股份公司股份转让的限制性规定。
4. 试比较股份有限公司与有限责任公司的异同。

第五章

外国公司的分支机构

■学习目的和要求

通过本章学习，要求学生

● 重点掌握：外国公司分支机构的概念与法律特征；外国公司分支机构的法律地位；外国公司分支机构的权利、义务。

● 掌握：外国公司分支机构的设立、解散、清算的条件与程序。

● 一般了解：外国公司的概念、法律特征；外国公司与本国公司划分的标准。

第一节　外国公司分支机构概述

一、外国公司的概念与特征

（一）外国公司的概念

外国公司是与本国公司相对而言的。从广义的角度讲，凡具有本国国籍的公司为本国公司，凡具有外国国籍的公司为外国公司。从狭义的角度讲，我国公司法中所规范的外国公司，仅指经申请并获准在我国设立分支机构即分公司的外国公司。区分本国公司与外国公司的关键在于公司国籍的确定，而关于公司国籍的确定，国际上有不同的立法与学说。现实中常见的公司国籍判定标准有以下四种：①设立准据法主义，即以公司设立时所依据的法律的所属国为公司的国籍；②股东国籍主义，即以公司多数股东或多数出资额股东的国籍为公司的国籍；③设立行为地法主义，即以公司设立行为所在国为公司的国籍；④公司住所地国籍主义，即以公司住所所在地国为公司的国籍，而公司住所的确定有的以公司管理中心所在地为公司住所地，有的以公司营业中心所在地为公司的住所地；此外，还可以综合采用两种以上标准认定一个公司为本国公司还是外国公司，从而确定公司的国籍。目前，大多数国家采用设立准据法主义与设立行为地法主义，也称为采用准据地国籍主义确定公司的国籍。

我国《公司法》第 191 条规定："本法所称外国公司是指依照外国法律在中国境外设立的公司。"由此可见，我国《公司法》对于外国公司的确定，采用设立准据法主义与设立行为地法主义的双重标准。

（二）外国公司的法律特征

根据我国公司法对外国公司概念的界定，我国公司法中规范的外国公司具有以下三个特征：

1. 按照外国法律在国外组建、注册。市场经济条件下，各国在公司立法中虽然相互借鉴，具有较大的趋同性，但公司法仍属于各国的国内法。因此外国公司是指依照外国公司法规定的条件、程序、责任形式、经营范围、经营方式，在国外组建、注册的公司。至于是依哪一外国的法律，在哪个国家注册，股东的国籍及各股东的出资额在注册资本中所占比例的大小，法律则在所不问。由于在我国香港、澳门实行特别行政区特有的法律制度，而台湾地区尚未实现统一，故而在以上三个地区依当地公司法设立的公司，在管理上也视同为外国公司。

2. 外国公司具有外国国籍。现代市场竞争中，公司法人作为与自然人地位平等的民商事主体，如同自然人自出生时取得国籍一样，公司也自成立之日起具有一国国籍，受国籍国相关法律的管辖与保护。根据我国公司法有关公司国籍的判定原则——准据地国籍主义，非依中国公司法、不在中国境内组建注册的公司皆为外国公司。外国公司属于外国法人，不是中国法人，不具有中华人民共和国国籍。外国公司具有与其设立时依据的法律及注册地国相同的国籍，即具有外国国籍。

通过公司国籍界定标准的了解与探究，就可以掌握我国公司法有关公司国籍判定的标准、外国公司的含义及其与本国公司相区别的法律意义。

我国公司法规范的外国公司，仅指在国外组建、注册，在我国境内设立分支机构的外国公司。

3. 经申请获准在中国取得直接的经营资格。我国公司法中规范的外国公司，仅指经申请并获准在中国设立分支机构，取得直接的经营资格的外国公司。即我国公司法所规范的外国公司必须符合以下两个条件：

（1）该外国公司须在中国设立代表该外国公司的分支经营机构，不设立分支经营机构的外国公司，偶尔与中国的公司有贸易往来、甚至有长期的贸易往来且交易量很大，均不被认为是我国公司法所规范与调整的外国公司。

（2）该外国公司设立的分支经营机构不能是子公司。因为，外国公司在中国设立的子公司属本国公司，不属公司法中外国公司的范畴。

二、外国公司分支机构的概念与法律特征

（一）外国公司分支机构的概念

外国公司的分支机构是外国公司的组成部分，我国《公司法》第192条规定，外国公司在中国境内设立分支机构，必须向中国主管机关提出申请，并提交其公司章程、所属国的公司登记证书等有关文件。经批准后，向公司登记机关依法办理登记，领取营业执照。由此可见，根据我国公司法的规定，外国公司的分支机构是指外国公司依照我国公司法的规定，在我国境内设立的经营性组织。

外国公司分支机构的具体表现形式，我国法律没有明确具体的规定，在现实生活中多表现为外国公司在我国设立的分公司、代办处、办事处、有关经营场所和作业场所，以及外国银行在我国设立的分行等。

> 我国公司法调整规范的是在我国境内设立、直接从事生产经营活动的外国公司分支机构，它与外国公司在我国境内设立的非直接从事生产经营活动的办事处不同，特别注意二者之间的区别。

（二）外国公司分支机构的法律特征

根据我国公司法对外国公司分支机构的规定，外国公司的分支机构具有以下四个特征：

1. 外国公司的分支机构隶属于外国公司。外国公司的分支机构必须由外国公司设立，并隶属于该外国公司。即外国公司的分支机构不能独立于该外国公司而存在，它只是与该外国公司在地域上相分离的一个组成部分。如果该外国公司不存在，或曾经存在而后又消灭，则该外国公司的分支机构就不能设立，或不能继续存在。

2. 外国公司的分支机构须依照我国公司法的规定设立。我国公司法规定，外国公司必须依其所属国法律设立，而外国公司的分支机构则须依分支机构所在地国的法律设立。我国公司法明确规定了外国公司分支机构设立的条件与程序。因此，外国公司分支机构的设立，必须依照我

国公司法的规定进行。

3. 外国公司的分支机构须在我国境内设立。外国公司的分支机构须在我国境内设立，是指该外国公司的分支机构须在我国境内有确定的住所，有确定的代表人或代理人，有相应的经营活动资金，开展连续的生产经营活动，并在我国公司登记管理部门进行注册登记、领取相应的生产经营执照。只有这样，才能具有我国公司法规定的外国公司分支机构的法定资格，得到我国公司法的相应保护。

4. 外国公司的分支机构须从事生产经营活动。公司设立分支机构的目的，主要是为了扩大公司生产经营活动的范围。外国公司在我国境内设立分支机构，也是为了扩大其生产经营的规模。因此，我国公司法允许外国公司在我国境内设立分支机构，从事生产经营活动。至于外国公司的分支机构可以在我国如何从事或从事何种生产经营活动，则取决于我国当时的经济政策。就目前来看，我国公司法的规定中，未将外国公司分支机构的生产经营活动限于间接从事生产经营活动的范围内。据此可以认为，除法律明确规定不允许外国公司分支机构从事的生产经营活动之外，外国公司的分支机构与我国公司的分支机构具有同等的权利。即在一定的条件下，外国公司的分支机构可以直接从事我国相关法律、法规没有明确禁止其从事的各种生产经营活动。

三、外国公司分支机构的法律地位及权利与义务

（一）外国公司分支机构的法律地位

我国《公司法》第 195 条规定："外国公司在中国境内设立的分支机构不具有中国法人资格。外国公司对其分支机构在中国境内进行经营活动承担民事责任。"《公司法》的这一规定明确了外国公司在我国设立的分支机构的法律地位。外国公司分支机构的法律地位在我国具体表现为：

1. 外国公司的分支机构不具有独立的法人资格。外国公司的分支机构属于外国公司的附属机构或组成部分，与外国公司是总公司与分公司的关系。外国公司的分支机构没有自己的章程和属于自己的独立财产，不具有独立的责任能力；外国公司的分支机构只能以其总公司即外国公司的名义从事各种业务活动；外国公司的分支机构在我国境内进行生产经营活动所发生的民事责任，由设立该分支机构的外国公司承担；外国公司的分支机构在我国的民事诉讼、刑事诉讼、行政诉讼等活动中，不能作为独立的诉讼当事人，而应由该外国公司为诉讼当事人。因此，外

国公司的分支机构不具有独立的法人资格。

2. 外国公司的分支机构不具有中国法人资格。外国公司的分支机构虽然依中国法律进行登记，但并不具有中国法人资格。由于外国公司非依我国的法律在我国设立、属于外国法人，因此，外国公司的分支机构也不具有中国法人资格，不属于中国的经济组织。我国对外国公司的分支机构进行登记的目的，是对外国公司以分支机构形式在我国进行经营活动予以法律上的认可，也是对外国公司分支机构在我国的经营活动进行管理的需要，故不能因此认为外国公司的分支机构具有中国法人资格。

外国公司分支机构依据中国法律进行相应注册、登记的目的，是便于国家对外国公司以分支机构形式在中国进行生产经营活动的调整规范，并不改变外国公司分支机构的国籍属性和法律地位。

（二）外国公司分支机构的权利与义务

1. 外国公司分支机构的权利。外国公司分支机构的权利，是指我国法律对外国公司分支机构能够作出或不作出一定行为，以及外国公司的分支机构要求他人相应地作出或不作出一定行为的许可和保障。它是由我国法律确认、设定、保护并由外国公司分支机构所享有的一种权能。如：外国公司的分支机构经批准，可以该外国公司的名义根据业务的需要，在我国购买土地使用权；外国公司的分支机构可以在批准的生产经营范围内，从事相应的生产经营活动等。

2. 外国公司分支机构的义务。外国公司分支机构的义务，是指我国法律对外国公司分支机构必须作出一定行为和禁止作出一定行为所作的强制性规定。由于设立该分支机构的外国公司不属于我国公司法的调整范围，因此，公司法就需要特别规定外国公司分支机构所应承担的义务。我国《公司法》第196条规定："经批准设立的外国公司分支机构，在中国境内从事业务活动，必须遵守中国的法律，不得损害中国的社会公共利益，其合法权益受中国法律保护。"除我国法律予以特别规定的外，外国公司分支机构的义务与我国的同类分公司所负有的义务基本相同。根据公司法的有关规定，外国公司分支机构的义务主要表现为以下两点：

除我国法律特别规定予以限制以外，外国公司分支机构的权利与义务与中国的同类分公司的权利义务基本相同。

（1）外国公司的分支机构在我国进行生产经营活动的，该外国公司必须在我国就其分支机构的设立进行登记。这既是我国主权原则的体现，又是我国国民经济宏观管理的需要。

（2）外国公司的分支机构必须遵守我国的法律，不得损害我国的社会公共利益。外国公司分支机构在我国进行生产经营活动时应遵守的我国法律，既包括我国法律中适用于所有公司的法律规定，也包括仅对外国公司分支机构适用的特别法律规定。

第二节 外国公司分支机构的设立、撤销与清算

一、外国公司分支机构的设立

我国公司法对外国公司分支机构的设立，目前采用核准主义。对本国公司分支机构的设立，一般情况下采用准则主义，有关法律、法规规定需要审批的，则采用核准主义。

外国公司分支机构的设立，是指外国公司按照我国法律规定的条件和程序，在我国为其分支机构取得经营资格的法律行为。对外国公司在本国设立分支机构从事生产经营活动，各国在立法上的态度不同。有些国家对外国公司在本国设立分支机构从事生产经营活动实行准则主义，发达国家多采用这种原则；有些国家对外国公司在本国设立分支机构从事生产经营活动实行核准主义，包括我国在内的多数发展中国家采用这种原则。

（一）外国公司分支机构的设立条件

根据我国公司法的规定，外国公司在我国分支机构必须在中国境内指定负责该分支机构的代表人或者代理人，并向该分支机构拨付与其所从事的经营活动相适应的资金；外国公司的分支机构的名称中应标明该外国公司的国籍及责任形式，该分支机构应在本机构中置备该外国公司章程。

我国《公司法》第193条规定："外国公司在中国境内设立分支机构，必须在中国境内指定负责该分支机构的代表人或者代理人，并向该分支机构拨付与其所从事的经营活动相适应的资金。对外国公司分支机构的经营资金需要规定最低限额的，由国务院另行规定。"《公司法》第194条规定："外国公司的分支机构应当在其名称中标明该外国公司的国籍及责任形式。外国公司的分支机构应当在本机构中置备该外国公司章程。"根据我国公司法的有关规定，外国公司在我国设立分支机构的条件主要包括以下三点：

1. 外国公司在中国境内设立分支机构，必须在中国境内指定负责该分支机构的代表人或者代理人，作为该外国公司在我国境内进行生产经营活动的代表。由于外国公司分支机构的所属公司在中国境外，因此，《公司法》规定外国公司必须在中国境内设置负责其分支机构的代表人或代理人、以代表该外国公司组织生产经营活动，签订合同、行使其权利、履行其义务、承担相应的责任，参加各种诉讼活动。关于外国公司分支机构的代表人或代理人的资格，有的国家法律规定必须在本国有住所，如：瑞士法律明确规定，外国公司在瑞士的分支机构，只能授权在瑞士有住所的人作为该分支机构的代表。法国、瑞典的法律也作了同样的规定。我国《公司法》对外国公司分支机构的代表人或代理人的资格，未作出详细的规定。

2. 外国公司必须按照规定向其在中国境内的分支机构，拨付与其所

从事的经营活动相适应的资金。对外国公司分支机构的经营资金国务院规定了最低限额的，必须达到该最低限额标准。我国公司法规范的外国公司的分支机构，其设立的目的是要从事生产经营活动。因此，我国《公司法》第 193 条第 1 款规定，外国公司必须向其分支机构拨付与其所从事的生产经营活动相适应的资金。这一方面是为了保证外国公司分支机构的生产经营活动得以正常进行，另一方面是为了保证交易的安全，防止国际商业欺诈、保护债权人和社会公众的利益。对于从事某些特别生产经营的行业，需要有最低资金限额的，其经营资金必须达到国务院规定的最低标准。我国法律规定的"相应资金"或"最低资金限额"，并非外国公司分支机构承担民事责任的限度，即当外国公司分支机构需要依法承担民事责任时，不以该外国公司分支机构的经营资金数额及该外国公司分支机构所支配的财产为限，而应由设立该分支机构的外国公司承担其分支机构应承担的全部责任。

3. 外国公司分支机构的名称中必须标明该外国公司的国籍及责任形式，并且外国公司分支机构必须置备该外国公司的章程。由于外国公司分支机构没有属于其自己的绝对独立的财产，其进行生产经营活动的法律后果完全由外国公司承担。而外国公司在中国境外、其资产也在中国境外，因此我国《公司法》规定，外国公司分支机构必须在其名称中标明该外国公司的国籍及责任形式，并且外国公司分支机构必须置备该外国公司的章程。以使与外国公司分支机构进行交易的本国公司或其他相对方，能够切实了解该外国公司及其分支机构的基本情况，确保交易的安全。

（二）外国公司分支机构的设立程序

我国《公司法》第 192 条规定："外国公司在中国境内设立分支机构，必须向中国主管机关提出申请，并提交其公司章程、所属国的公司登记证书等有关文件，经批准后，向公司登记机关依法办理登记，领取营业执照。外国公司分支机构的审批办法由国务院另行规定。"根据我国《公司法》及有关的法律规定，外国公司在我国设立分支机构的程序主要包括以下三个步骤：

1. 外国公司分支机构设立申请的提出与受理。我国公司法对外国公司意欲在我国境内设立分支机构的，采取核准主义原则。所以，外国公司欲在我国境内设立分支机构，必须向我国主管机关提出申请。提出设立申请的申请人应为外国公司，一般由外国公司授权在我国的该外国公司代表人提出。在申请中应载明欲设立分支机构的名称、分支机构的住

按照我国《公司法》及有关法律、法规规定，外国公司分支机构的设立程序，比本国公司分支机构的设立程序复杂。法律如此规定的目的不仅是防止外国公司分支机构的滥设与不规范运作，而且便于调控国民经济发展中民族经济与世界经济的协调、均衡发展。

所地或者营业所在地、分支机构代表人姓名、业务范围、分支机构的营业资金数额等必要事项。

受理外国公司分支机构设立申请的主管机关，依外国公司拟设立分支机构业务性质的不同而有所不同。根据我国《公司法》的规定，对于外国公司分支机构的设立申请，具体审批办法由国务院另行规定。实践中多由国务院授权的各行业主管部、委、局负责受理外国公司分支机构的设立申请。如：属于贸易业、制造业、货运业的设立申请，由负责对外经济贸易的管理部门受理；属于金融业、保险业的申请，分别由银监会、证监会、保监会受理；属于海运业、海运代理商的申请，由负责交通的管理部门受理。

我国《公司法》及有关的法律规定，外国公司在提出设立外国公司分支机构的申请时，必须同时提交提出申请的该外国公司的公司章程、该外国公司所属国的公司登记证书及其他有关文件。如：该外国公司往来金融机构出具的资信证明书、委托分支机构代表人在我国代表该外国公司从事业务活动的授权委托书、该外国公司近期的资产负债表及会计报告书。

2. 外国公司分支机构的审批。对于外国公司分支机构的设立，有的国家立法上采用与本国公司分支机构设立相同的原则。如：日本商法明确规定，外国公司的营业所，按照在日本成立的同种或最相类似的公司营业所的登记及公告方法，进行登记及公告。有的国家则在立法上采用与本国公司分支机构设立不相同的原则。如：我国《公司法》及有关的法律规定，我国公司的分支机构即分公司的登记，原则上采取准则主义，公司在作出设立分公司的决议后，即可向公司登记机关提出申请，由登记机关进行一般审查后，即可予以登记。但对于法律、行政法规规定必须报经有关部门审批的，则采取核准主义，即须首先完成审批手续，尔后再进行登记。对于外国公司分支机构的设立，我国《公司法》及有关的法律法规规定，一律实行核准主义，即必须经有关主管部门审批，经批准后，方可到公司登记机关依法办理登记手续。有关外国公司分支机构设立申请的审批，分别由受理该申请的各有关管理机关负责。

3. 外国公司分支机构的登记。外国公司分支机构的设立申请经审批获得批准后，即可向有关部门申请进行设立登记。外国公司分支机构的登记机关为国家工商行政管理机关，经授权也可以委托省、自治区、直辖市的工商行政管理机关，负责本辖区内外国公司分支机构的设立登记。

外国公司的分支机构在向有关登记机关申请设立登记时，一般情况下应向登记机关提交的文件包括：①申请在中国设立分支机构的外国公司法定代表人签署的登记申请书；②提出该申请的外国公司章程及在所属国已进行登记的证明书；③我国有关主管机关批准该外国公司在中国设立分支机构的批准文件；④外国公司分支机构的营业场地使用证明；⑤其他有关文件。登记机关在受理外国公司分支机构的设立登记申请后，即可依照法律规定进行必要的审查，对符合设立登记条件的，即予以登记。

外国公司分支机构的登记事项，一般应包括以下内容：①外国公司分支机构的名称；②外国公司分支机构所属公司的国籍；③外国公司分支机构的住所或营业所所在地；④外国公司分支机构用于生产经营活动的资金数额；⑤外国公司分支机构的负责人姓名；⑥外国公司分支机构的业务范围；⑦外国公司分支机构的经营期限。

经登记机关核准设立登记后，即可发给外国公司分支机构营业执照。至此，外国公司的分支机构正式成立，开始具有相应的生产经营活动的资格与权利。对已进行登记的外国公司分支机构，如在以后的生产经营活动中，其已登记事项发生变更的，应该向原登记机关申请进行相应的变更登记。

外国公司分支机构登记的效力主要表现在以下两方面：一是规制性效力，即外国公司的分支机构必须经过登记，才能在核准的范围内，在中国境内从事相应的生产经营活动，其合法权益才能得到中国法律的保护；二是公示性效力，即外国公司的分支机构经登记后，才能就其登记的事项主张与第三人对抗，请求对方承担相应的民事责任。对没有登记或登记不实的事项，不得主张与第三人相对抗。

二、外国公司分支机构的撤销与清算

（一）外国公司分支机构的撤销

外国公司分支机构的撤销，是指外国公司分支机构所属的外国公司，决定终止其分支机构在中国境内的业务活动，将其在中国境内的分支机构予以撤销或解散的一系列法律行为。外国公司分支机构被解散、撤销的原因，可以归结为两种，即被强制撤销和自主撤销，主要表现为以下几种情形：

1. 外国公司依法被撤销或解散。当外国公司分支机构所属的外国公司依法被宣告破产、被其本国以行政命令或法院判决强制解散，或因出

外国公司分支机构的登记机关原则上为国家工商行政管理机关，实践中是委托省、自治区、直辖市外国公司分支机构所在地的工商行政管理机关，负责本辖区内外国公司分支机构的设立登记。

未经登记注册的外国公司分支机构，在东道国开展经营活动属于非法经营。对没有登记或登记注册不实的事项，不具有对抗第三人的效力。

现合并、分立、经营期限届满、经营目的实现、股东决议解散、因不可抗力等原因无法继续存在而被解散或撤销时，该外国公司的分支机构也随之被解散或撤销。

2. 我国主管机关向外国公司颁发的允许其设立分支机构的批准证书被撤销。对外国公司分支机构的设立，我国立法采取核准主义原则。当我国法律规定的有关机关向外国公司颁发的允许其设立分支机构的批准证书被撤销时，工商行政管理部门就可以根据审批机关的通知，责令该外国公司的分支机构解散或被撤销，吊销该外国公司分支机构的《中华人民共和国营业执照》。

3. 外国公司分支机构因违法经营被撤销。外国公司的分支机构在我国境内进行相应的生产经营活动过程中，如果外国公司的分支机构违反我国有关海关、工商行政管理、财税、金融、外汇、环境保护等法律法规，情节严重的，将被有关部门责令其解散或撤销。

4. 外国公司的分支机构无故歇业。根据我国有关法律法规的规定，外国公司的分支机构经核准登记成立后，无正当理由超过 6 个月未开业，或开业后自行停业 6 个月以上的，公司登记机关可依法吊销其营业执照。

5. 外国公司自行决定撤销其分支机构。当外国公司完成在我国从事投资或经营的预定目标；或该外国公司无意再在我国继续投资经营；或该外国公司的分支机构发生严重的亏损，无力继续经营；或该外国公司的分支机构在我国遭受不可抗力，无法继续经营的，该外国公司可以自行决定向我国政府主管部门申请，撤销其分支机构。

（二）外国公司分支机构的清算

外国公司分支机构的清算，是指外国公司的分支机构被撤销或被获准撤销后，依法进行清偿债务，了结其债权债务关系的一系列法律行为的总称。为了防止外国公司的分支机构因解散或撤销而将其财产转移出境，以至于外国公司分支机构未缴纳的税费和未清偿的债务难以追索，我国《公司法》第 197 条规定："外国公司撤销其在中国境内的分支机构时，必须依法清偿债务，按照本法有关公司清算程序的规定进行清算。未清偿债务之前，不得将其分支机构的财产移至中国境外。"

根据我国《公司法》及有关法律法规的规定，外国公司撤销其在我国境内的分支机构时，必须要经过法定的清算程序。外国公司分支机构清算的法定程序主要包括以下四个步骤：

1. 在法定的期间内成立清算组。外国公司的分支机构在被撤销或被获准解散或撤销后，应在法定的期间内成立清算组，清理该外国公司分支机构的财产。外国公司分支机构清算组的组成，依外国公司分支机构被撤销或被获准解散的原因不同而异。

2. 编制资产负债表和财产清单，制订清算方案。外国公司的分支机构被撤销或被获准解散或撤销，在法定的期间内成立清算组后，应尽快清理该外国公司分支机构的财产，编制资产负债表和财产清单，制订清算方案，并报我国主管机关确认。外国公司的分支机构在清算期间，不得基于非清算的目的处分财产。在清偿债务之前，不得将该外国公司分支机构的财产以任何方式转移至中国境外。

3. 外国公司分支机构的财产能够清偿债务的，则按以下顺序清偿：①支付清算费用；②支付职工工资和劳动保险费用；③缴纳所欠税款；④清偿其债务。外国公司分支机构的财产不能够清偿其所欠债务的，应由设立该分支机构的外国公司承担全部责任。如果该外国公司在其本国被宣告破产，则对其分支机构享有债权的我国债权人和其他债权人，有权申报债权，参加对该外国公司的清算。

4. 在法定的期限内向原公司登记机关办理注销登记手续，缴销营业执照。外国公司的分支机构依法清算完毕后，应在法定的期限内向原公司登记机关办理注销登记手续，缴销营业执照。此时，可将该外国公司分支机构的剩余财产转移到中国境外。

> 外国公司分支机构的清算与本国公司分支机构的清算，其法定程序基本相同。只是外国公司分支机构撤销的清算中，有未清偿债务的，不得将其分支机构的财产转移至境外，目的是避免、降低跨国境债务追偿的成本，最大限度地减少资源浪费、保护债权人的合法权益。

□ 小 结

本章主要介绍外国公司的分支机构，其内容主要包括外国公司的分支机构概述与外国公司分支机构的设立、撤销、清算等。其主要内容为：

一、外国公司分支机构概述

1.

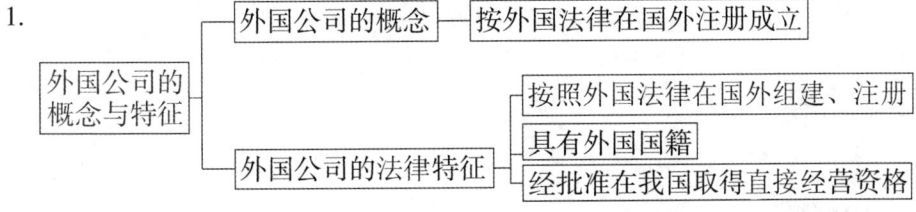

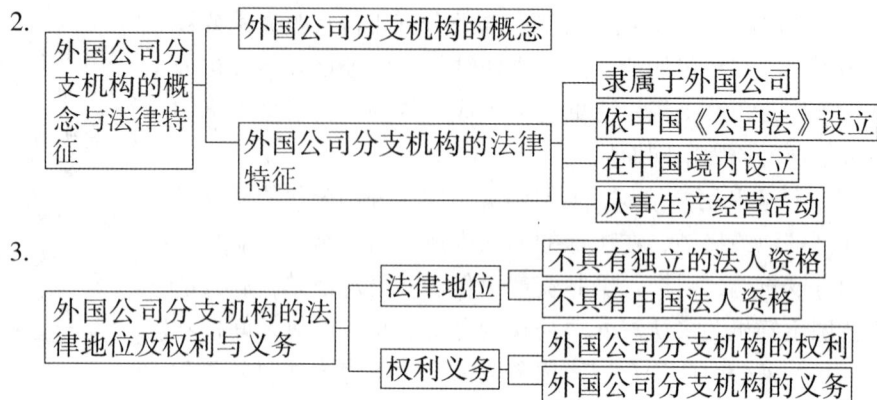

二、外国公司分支机构的设立、撤销与清算

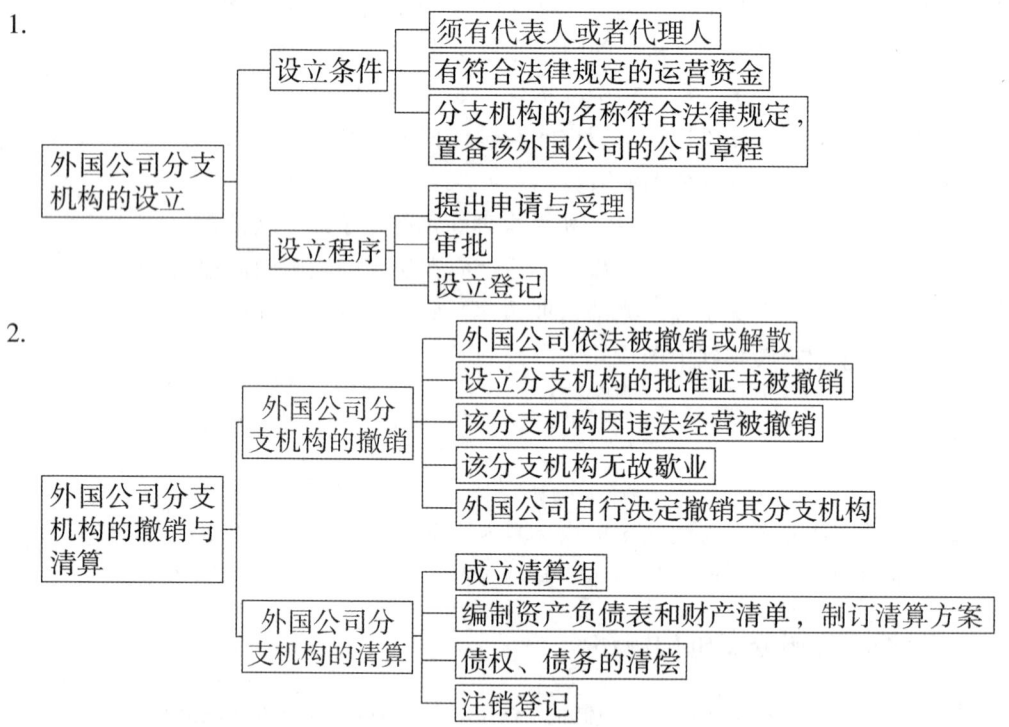

□ 练习与思考

一、名词解释

外国公司　外国公司的分支机构

二、简答题

1. 简述外国公司分支机构的概念与特点。
2. 简述外国公司分支机构的法律地位。
3. 简述外国公司分支机构的权利与义务。
4. 简述外国公司分支机构设立的条件与程序。

第六章

公司债

第一节　公司债的概念

一、公司债的概念与特征

公司债券与公司债是形式与内容的关系，公司债是以公司债券形式表现的债权债务关系。

我国《公司法》第 153 条第 1 款规定："本法所称公司债券，是指公司依照法定程序发行、约定在一定期限还本付息的有价证券。"基于公司债的发行，在债券持有人和债券的发行公司之间形成了以还本付息为内容的债权债务法律关系。概括地讲，公司债的特征主要表现为以下几个方面：

1. 公司债是以有价证券形式表彰的债权债务法律关系。公司债券具有有价证券的流动性和收益性等固有特征。公司债的投资者是不特定的社会公众，因此，公司债是公司向社会不特定公众负担的债务。发行公司是债务人，债券持有人是债权人。公司债券与同属有价证券的股票在性质上明显不同。

2. 公司债是公司以发行公司债券这一有价证券的形式向公众募集的债务。公司债务的证券化是公司债的标志性特征之一。公司债券是公司债的载体，公司债除了有发行市场即一级市场之外，还有相应的转让市场即二级市场。

3. 公司债是公司所负担的集团债务。同一次发行的公司债的债券持有人所享有的权利是相同的，即公司债券持有人的地位是平等的，相互的区别只是所持有的债券的数量不同。

4. 公司债的标的以金钱为限，是一种金钱之债。

5. 公司债的期限一般较长。公司债是公司为筹集长期资金而负担的债务，可以用于长期的投资，并使公司的长、短期债务结构合理。

二、公司债与普通公司债务的比较

公司债和普通公司债务的共同之处就是两者都是债权债务法律关系。两者的不同主要表现在以下几方面：

1. 债权债务产生的原因不同。公司债的产生是基于公司债券的发行，这是产生公司债的唯一原因，是合同之债的一种特殊情形；而普通公司债务的产生则是源于多种原因，可能是合同之债，也可能是侵权之债、不当得利之债、无因管理之债。

2. 债权债务表现的形式不同。公司债以公司债券为表现形式，是一种证券化的公司债务，有相应的发行市场和转让市场，转让便利，易于流通。普通公司债务不以有价证券来表彰，是非证券化的债务，因此不易转让，难以流通，也不会有相应的发行市场和转让市场。

3. 债权人之间的关系和地位不同。公司债是公司所负担的集团债务，同一次发行的公司债债券持有人所享有的权利是相同的，即公司债券持有人的地位是平等的；而普通公司债形成的原因是多元的，即使普通公司债的债权人人数众多，也可能因债权的数量不同或受偿的优先次序不同等原因，而不能构成一个集团。

4. 法律调整规范不尽相同。公司通过发行公司债券来向不特定的社会公众举债，需要经过复杂的债券发行程序，法律上的管制更为严格，当事人之间的关系主要受公司法、证券法的调整，当然也要受合同法调整。普通公司债主要由合同法来调整。

与普通公司债务的比较是理解公司债及公司债券的一种有效方法，重点是把握两者的差异。

三、公司债券与股票的比较

与股票的比较是理解公司债及公司债券的又一种有效方法，重点仍然是把握两者的差异。

公司债券和股票都是有价证券，是公司向社会公众募集资金的两种重要方式，都要受到公司法和证券法等法律规范的调整。两者的不同主要表现为以下几方面：

1. 两者所表彰的法律关系的性质不同。从经济学的角度来分析，两者的目的是一致的，主要区别在于筹资的成本和动机的不同。从法律的角度来分析，发行新股和对外举债则是两种不同性质的法律行为，所形成的法律关系也是不同的。简而言之，基于公司债券产生的是债权法律关系。发行债券是一种债权融资行为，融入资金属于公司的负债，不是资本金。在购买了公司债券之后，投资者成为发行公司的债权人。股票是公司签发的证明股东所持股份的凭证。基于股票发行产生的是股权法律关系，发行新股是一种股权融资的行为，通过发行新股所筹集的资金将成为公司资本金的一部分，投资者在认缴了新股之后，就取得了公司股东的身份，享有公司其他同类股东所享有的权利。

2. 投资者所承担的风险不同。到期还本付息是基于公司债券所产生的债权债务法律关系的特点之一。"还本"就是返还投资的本金；"息"即债券利息，是投资公司债券的利益回报。债券利息一般都是按照事先约定的债券利率计算，是固定的，不受公司经营业绩的影响。而股票投资的特点之一则是不得抽回投资，即不能要求公司返还股票投资的本金，股票投资是没有期限的，而且投资回报一般都不能事先约定，"无盈不分"是基本的原则。所以，债券投资的风险一般比股票投资要小，当然，相应的投资回报一般也低于股票。

3. 投资者所享有的权利不同。股票投资者是公司的股东，享有基于股东身份所产生的各种股东权利，例如按投入公司的出资额享有所有者的资产收益、重大决策和选择管理者等直接或者间接参与公司经营管理的权利。公司债券投资者是公司的债权人，在公司债券到期之后，对发行公司享有请求还本付息的权利，但在一般情况下，没有参与公司经营管理的权利。

4. 发行公司的种类不同。在我国，股票的发行公司只限于股份有限公司，但公司债券的发行主体则不限于此，根据我国《公司法》第153条和《证券法》第16条的规定，有限责任公司也可发行公司债券。

此外，公司法分别规定了发行股票和发行公司债券的不同条件。例如，股票发行价格可以按票面金额，也可以超过票面金额，但不得低于票面金额。公司债券的发行价格可以按票面金额，可以超过票面金额，也可以低于票面金额。通过负债的方式进行融资，不仅能够使企业放大销售增长所带来的企业盈利，而且还是企业合理避税的途径之一，这一点不是股权融资方式所能实现的。

第二节　公司债的主要种类

依据不同的标准进行划分，公司债有以下不同的种类。

不同的分类不仅具有理论意义，而且具有实用功能。

一、记名公司债和无记名公司债

以是否记名为标准，公司债分为记名公司债和无记名公司债。记名公司债是指债券票面载有持券人姓名或者名称的公司债券。无记名公司债券则是指债券票面不载明持券人姓名或者名称的公司债券。这种分类的法律意义在于债券持有人行使权利的方式及债券意外灭失时的保护措施不同，这也是多数国家对公司债进行分类的方法之一。在一般情况下，各国法律同时允许公司债券持有人随时将其记名债券转换为无记名债券，或者将其无记名债券转换为记名债券。

我国公司法也将公司债券分为记名债券和无记名债券。同时《公司法》第157条规定，公司发行公司债券应当置备公司债券存根簿。发行记名公司债券的，应当在公司债券存根簿上载明下列事项：①债券持有人的姓名或者名称及住所；②债券持有人取得债券的日期及债券的编号；③债券总额，债券的票面金额、利率、还本付息的期限和方式；④债券的发行日期。发行无记名公司债券的，应当在公司债券存根簿上载明债券总额、利率、偿还期限和方式、发行日期及债券的编号。记名债券由债券持有人以背书方式或者法律、行政法规规定的其他方式转让；转让后由公司将受让人的姓名或者名称及住所记载于公司债券存根簿。无记名公司债券的转让，由债券持有人将该债券交付给受让人后即发生转让的效力。

二、可转换公司债和不可转换公司债

以是否可以转换为发行公司的股票为标准，公司债分为可转换公司债和不可转换公司债。不可转换公司债是相对于可转换公司债而言的。可转换公司债（Convertible Bonds）是公司债的一种，其含义有广义和狭义之分。狭义的可转换公司债是指债券持有人有权依照约定的条件将所持有的公司债券转换为发行公司股份的公司债。广义的可转换公司债是

指赋予了债券持有人转换为他种证券权利的公司债券，转换对象不限于发行公司的股份，例如，可以转换为长期公司债的短期公司债、可以转换为发行公司他种公司债的公司债、可以转换为发行公司的母公司或子公司股份的公司债，甚至可以转换为发行公司享有转换权的公司债的其他公司债，都属于广义的可转换公司债。

作为广义上的可转换公司债券的一种，可交换公司债券由于其独特的制度价值，近几年在融资、股份减持、分散风险等方面发挥着重要的功能。

可交换债券（Exchangeable Bond，简称 EB）全称为"可交换他公司股票的债券"。可交换公司债券是指上市公司的股东依法发行、在一定期限内依据约定的条件可以交换成该股东所持有的上市公司股份的公司债券。

可交换公司债的发行在境外发达市场较为成熟。据金融数据研究机构 Dealogic 的统计，2000～2013 年，全球可交换公司债的发行量近 2000 亿美元，其中欧洲、北美市场占比 74%，亚洲市场占比约 20%。近年来，亚洲等新兴市场可交换公司债发行量显著上升，包括具有中资背景的北京控股、中国海外集团和粤海控股等企业都曾在离岸市场发行过可交换公司债。

据报道，2014 年 4 月 3 日宝钢集团首次拟以所持有的新华保险 A 股股票作为标的，发行可交换公司债券，以募集近 40 亿元资金。可交换公司债的持有人，在债券发行 12 个月后，可按一定比例换取新华保险 A 股股票。新华保险亦发布公告称，公司股东宝钢集团有限公司拟以持有的公司 4.71 亿 A 股为标的发行可交换公司债券。本次发行可交换公司债对于宝钢集团来说，有利于丰富融资渠道，降低融资成本；对于投资人来说，为其提供了多元化投资渠道。投资人之所以购买，其看中的是新华保险的骄人业绩。新华保险 A 股股票是宝钢集团长期持有的优质资产，其在国内保险市场占有率位居前列，近年来业务发展稳健、经营业绩优异；对于证券市场来说，有利于进一步丰富我国资本市场的证券品种。可谓是实现公司、投资人、证券市场的多方共赢。[1]

可交换公司债券的特点是，债权人或投资人同时获得了按照票面利率享受利息和按换股价格交换股票的期权。与可转换公司债券相比，其更具有分散风险的优势。由于债券发行人和转换股票的发行人不同，债券价值和股票价值并无直接关系。债券发行人的业绩下降、财务状况恶

---

[1] 杨伟中："宝钢集团试水可交换债券 拟募资 40 亿"，载《上海证券报》2014 年 4 月 4 日，资料来源：http://money.163.com/14/0404/02/9OV268D200253B0H.html，2014 年 7 月 21 日访问。

化并不会同时导致债券价值或普通股价格的下跌，特别是当债券发行人和股票发行人分属两个不同行业时，可交换公司债券更有助于债权人或投资者分散风险。其不足之处在于，可交换公司债券的发行，可能会导致所转换股票发行人的股东性质发生变化，从而影响公司的经营。此外，由于可交换公司债券比可转换公司债券更为复杂，因此需要更为专业的人才与技能。

可交换公司债券是一种内嵌期权的金融衍生品，其具有如下功能：①进行融资。由于可交换公司债券发行人可以是非上市公司，所以它是非上市公司筹集资金的一种有效手段。②实现减持。可交换公司债券的一个主要功能是可以通过其发行有序地减持股份。发行人既可以通过其发行获取现金，同时又可以避免相关股票因大量抛售致使股价受到冲击。③进行收购。当在收购过程中遇到资金短缺的时候，可以发行专门为收购设计的可交换公司债券。

由于可交换公司债券具有减持股份的功能，减持对市场的冲击又小，因此其对于解决因股权分置改革而产生的限售股逐渐被解禁，大量被解禁股上市流通给市场带来的冲击问题具有重要作用。

可交换公司债券和可转换公司债券作为融资方式，二者有共同之处：①面值、期限相同。二者的面值都是每张人民币 100 元。期限均是最短为 1 年，最长为 6 年。②发行利率均较低。发行利率一般都会大幅度低于普通公司债券的利率或者同期银行贷款利率。③均规定了转换期和转换比率。④都可约定赎回和回售条款。即当转换（股）价高于或低于标的股票一定幅度后，公司可以赎回，投资者可以回售债券。可交换公司债券虽属于广义上的可转换公司债券的一种，但其又不同于一般意义上的可转换公司债券。表现在：①发行人不同。前者是上市公司的股东，后者是上市公司本身。②发行目的不同。前者发行的目的通常并不为具体的投资项目，其可为股权结构调整、投资退出、市值管理、资产流动性管理等。我国《上市公司股东发行可交换公司债券试行规定》中也没有对发行的目的、用途作出限制。后者发行的目的用于特定的投资项目。③发行依据不同。前者主要适用的是 2014 年 11 月证监会通过的《公司债券发行与交易管理办法》及《上市公司股东发行可交换公司债券试行规定》，后者主要适用的是《上市公司证券发行管理办法》。前者适用特别程序，而后者适用普通程序。④转换股份来源不同。前者是发行人持有的其他公司的股份，后者是发行人本身未来发行的新股。⑤对公司股本的影响不同。前者是交换原有股份，不新增股份，不会导致标的公司的总股本发生改变，不会稀释股权；后者是新增股份，会使发行人的总股本扩大，稀释股权。此外，二者在抵押担保方式、转股价的确定方式、转换为股票的期限方面也有所不同。可交换公司债券自发行结束之日起 12 个月后方可交换为预备交换的股票，债券持有人对交换股票或者不交换股票有选择权。

根据 2008 年 10 月中国证券监督管理委员会制定的《上市公司股东发行可交换公司债券试行规定》，申请发行可交换公司债券，应当符合下列规定：申请人应当是符合《公司法》《证券法》规定的有限责任公司或者股份有限公司；公司组织机构健全，运行良好，内部控制制度不存在重大缺陷；公司最近一期末的净资产额不少于人民币 3 亿元；公司最近 3 个会计年度实现的年均可分配利润不少于公司债券一年的利息；本次发行后累计公司债券余额不超过最近一期末净资产额的 40%；本次发行债券的金额不超过预备用于交换的股票按募集说明书公告日前 20 个交易日均价计算的市值的 70%，且应当将预备用于交换的股票设定为本次发行的公司债券的担保物；经资信评级机构评级，债券信用级别良好；不存在《公司债券发行与交易管理办法》第 17 条规定的不得发行公司债券的情形。

三、上市公司债和非上市公司债

以能否在证券市场公开交易为标准，公司债可以分为上市公司债和非上市公司债两种。上市公司债是指发行之后可以在依法设立的证券交易所挂牌交易的公司债券。非上市公司债则是指发行之后不在证券交易所挂牌交易的公司债券，持有人虽然也可以转让该债券，但是投资者并不能在证券交易所进行买卖。由于交易的场所不同，这两种债券的交易规则当然也不一样。

除上述几种分类之外，以发行地及定值货币为标准，公司债还可分为境内公司债和境外公司债两种，这两种公司债的最大差异在于管辖的法律不同；以债券的形态为标准，公司债可分为实物债券、记账式债券、凭证式债券，这也是多数国家常见的分类方法；以公司对其所发行的公司债是否提供担保为标准，公司债可分为无担保公司债和有担保公司债。除上述公司债种类之外，各国在实践中还曾出现不动产抵押公司债、证券抵押信托公司债、设备信托公司债、参与公司债、分期公司债、收益公司债、附新股认股权公司债、可兑换公司债等。

第三节　公司债的发行

目前，我国调整公司债发行的法律法规等规范性文件，包括《公司法》《证券法》以及 2014 年 11 月中国证监会审议通过的《公司债券发行与交易管理办法》。该办法对公司债券发行方式、发行条件、发行程序、债券持有人权益保护等方面进行了具体规定，规定公开发行公司债券发行审核制度采用核准制，实行合格投资者制度，建立信用评级管理制度；同时还规定确立若干市场化改革内容，如公司债券公开发行的价格或利率以询价或公开招标等市场化方式确定，建立以发债主体的信用责任机制为核心的公司债券市场体系以及信用评级、信息披露、债券受托管理人等市场化的配套制度，充分发挥中介机构和投资机构识别风险、分散风险和化解风险的功能等。上述规定充分体现了建立市场化导向的公司债券发行监管体制的指导思想，因此，《公司债券发行与交易管理办法》的出台对于发展我国债券市场、拓展企业融资渠道、丰富证券投资品种、完善金融市场体系、促进资本市场协调发展具有十分重要的意义。

一、发行主体

关于公司发行公司债券的能力，各国的规定不尽一致。概括地讲，允许股份有限公司发行公司债是各国的通例，但对于有限责任公司能否发行公司债券，各国的法律规定并不一致，总体上可以把各国的立法体例归结为禁止型和限制型两大类。我国 1993 年《公司法》第 159 条规定，"股份有限公司、国有独资公司和两个以上的国有企业或者其他两个以上的国有投资主体投资设立的有限责任公司，为筹集生产经营资金，可以依照本法发行公司债券"。但是，在 2005 年对《公司法》进行修订时删除了这一条文，这意味着公司债券的发行主体不再限于股份有限公司、国有独资公司和两个以上的国有企业或者其他两个以上的国有投资主体投资设立的有限责任公司，换言之，所有依法设立的有限责任公司和股份有限公司都有发行公司债券的权利能力。可见，我国的规定最为宽松。不过，有限责任公司的封闭性与公司债券作为公众投资工具应有的开放性之间的矛盾，应当引起高度注意。

要充分注意我国公司法中债券发行主体的演变，尤其应当分析有限责任公司发行公司债券需要注意的问题。

二、发行条件

作为一种公众投资工具和重要的证券品种，公司债券的发行条件直比较分析各国的制度差异，并与我国相关制度进行比较。

接影响投资者的利益保护和证券市场的有序运行。而且，从公司经营风险的角度来分析，公司的资产和各种形式的负债之间也应该保持一个合理的比例。为了健全公司的财务结构，大多数国家都规定了公司发行公司债的限额，以防止公司债的泛滥破坏公司应有的财务结构，不适当地增大公司的经营风险、不适当地降低市场交易的安全性。另外一方面，公司债是社会化、证券化程度很高的金融品种，对于整个证券市场的风险控制、交易安全和证券市场的健康发展都有着十分重要的影响，所以，有必要对公司债券的发行数额进行限制。考察一些国家和地区的规定，可以将有关的立法分为以下几种体例：

1. 将公司债券发行限额与公司的净资产数额相联系。我国就是采这种立法体例的国家，而且只以公司的净资产数额作为确定公司债券发行限额的依据。

2. 将公司债券的发行限额主要与公司的实收资本数额相联系。例如，针对可转换公司债券的发行，丹麦公司法专门规定了发行的限额，股份有限公司可以发行可转换为股份的债券，这种债券不得超过股份资本的50%。在日本，公司债券的发行总额不得超过实收资本及法定准备金的合计数额。

3. 在确定公司债券的发行限额的时候，兼顾公司的实收资本数额和净资产数额，意大利就是这种立法体例的国家。在意大利，公司可以发行记名债券或者无记名债券，但是，发行额不得超过公司实收资本以及根据股东大会通过的最近一次财务报告实际盈余的总和。此外，在有的国家或地区，公司债的发行限额因公司债有无担保而有所不同。例如我国台湾地区规定，公司发行有担保公司债的，其发行总额不得超过公司现有全部资产减去全部负债及无形资产后的余额；发行无担保公司债时，其总额不得超过上述余额的1/2。

我国《证券法》第16条规定，公开发行公司债券应当符合下列条件：①股份有限公司的净资产不低于人民币3000万元，有限责任公司的净资产不低于人民币6000万元；②累计债券余额不超过公司净资产的40%；③最近3年平均可分配利润足以支付公司债券1年的利息；④筹集的资金投向符合国家产业政策；⑤债券的利率不超过国务院限定的利率水平；⑥国务院规定的其他条件。此外还规定，公开发行公司债券筹集的资金，必须用于核准的用途，不得用于弥补亏损和非生产性支出。上市公司发行可转换为股票的公司债券，除应当符合第1款规定的条件外，还应当符合本法关于公开发行股票的条件，并报国务院证券监督管理机构核准。

同时，《证券法》第 18 条规定，"有下列情形之一的，不得再次公开发行公司债券：①前一次公开发行的公司债券尚未募足；②对已公开发行的公司债券或者其他债务有违约或者延迟支付本息的事实，仍处于继续状态；③违反本法规定，改变公开发行公司债券所募资金的用途"。《公司债券发行与交易管理办法》第 17 条规定，存在下列情形之一的，不得公开发行公司债券：①最近 36 个月内公司财务会计文件存在虚假记载，或公司存在其他重大违法行为；②本次发行申请文件存在虚假记载、误导性陈述或重大遗漏；③对已发行的公司债券或者其他债务有违约或者迟延支付本息的事实，仍处于继续状态；④严重损害投资者合法权益和社会公共利益的其他情形。上述规定，既有公开发行公司债券的积极条件，也有消极条件。

三、发行决定权

关于公司债券发行决定权的归属，世界各国的规定并不完全一致，有的赋予了公司的股东大会，有的规定可以由股东大会授权于公司的董事会。根据我国《公司法》第 37 条第 8 项规定，公司发行公司债券应由作为公司权力机构的股东会或股东大会作出决议。从世界范围来考察，受股东大会中心主义向董事会中心主义变迁思潮的影响，公司债券的发行决定权限在许多国家也经历了由归属于公司的股东大会向归属于董事会的变革，这种变革的合理性除了表现在有利于提高公司的决策效率、有利于公司可以适时地以最低的成本对外融资外，还可以体现为提高公司债券对公司发展的效益。

发行决定权赋予股东大会与董事会，分别具有哪些优点和缺点？

四、发行程序

发行程序在发行制度中具有重要作用，没有程序的法制化，发行公司债券的实体条件将形同虚设。公司债券是我国《证券法》明确规定属于其调整的一种有价证券。因此，公司债券的发行应当遵循证券法的基本原则，公司债券的发行必须实行公平、公正的原则；应当遵守自愿、有偿、诚实信用的原则；必须遵守法律、行政法规；禁止欺诈、内幕交易和操纵证券交易市场的行为。根据《证券法》第 10 条规定，我国对公司债券的公开发行采取的是核准制。在这一体制下，结合《公司法》和《公司债券发行与交易管理办法》第 16～22 条的有关规定，可以将公司债券的公开发行程序概括为：

1. 由董事会制订公司发行公司债券的方案。根据《公司法》第 46 条、第 108 条第 4 款规定，董事会制订公司发行公司债券的方案。

2. 由公司权力机关作出发行公司债券的决议。股份有限公司、有限责任公司发行公司债券，由股东大会或者股东会作出决议。申请发行公司债券，由股东会或股东大会对下列事项作出决议：①发行债券的数量；②向公司股东配售的安排；③债券期限；④募集资金的用途；⑤决议的有效期；⑥对董事会的授权事项；⑦其他必须明确的事项。此外《公司法》第66条规定，国有独资公司发行公司债券，必须由国有资产监督管理机构决定。

3. 信息披露。根据《公司债券发行与交易管理办法》的规定，发行人及其他信息披露义务人应当按照中国证监会及证券自律组织的相关规定履行信息披露义务。公开发行公司债券的发行人应当按照规定及时披露债券募集说明书，并在债券存续期内披露中期报告和经具有从事证券服务业务资格的会计师事务所审计的年度报告。非公开发行公司债券的发行人信息披露的时点、内容，应当按照募集说明书的约定履行，相关信息披露文件应当由受托管理人向中国证券业协会备案。公司债券募集资金的用途应当在债券募集说明书中披露。发行人应当在定期报告中披露公开发行公司债券募集资金的使用情况。非公开发行公司债券的，应当在债券募集说明书中约定募集资金使用情况的披露事宜。公开发行公司债券的发行人应当及时披露债券存续期内发生可能影响其偿债能力或债券价格的重大事项。重大事项包括：①发行人经营方针、经营范围或生产经营外部条件等发生重大变化；②债券信用评级发生变化；③发行人主要资产被查封、扣押、冻结；④发行人发生未能清偿到期债务的违约情况；⑤发行人当年累计新增借款或对外提供担保超过上年末净资产的20%；⑥发行人放弃债权或财产，超过上年末净资产的10%；⑦发行人发生超过上年末净资产10%的重大损失；⑧发行人作出减资、合并、分立、解散或申请破产的决定；⑨发行人涉及重大诉讼、仲裁事项或受到重大行政处罚；⑩保证人、担保物或者其他偿债保障措施发生重大变化；⑪发行人情况发生重大变化导致可能不符合公司债券上市条件；⑫发行人涉嫌犯罪被司法机关立案调查，发行人董事、监事、高级管理人员涉嫌犯罪被司法机关采取强制措施；⑬其他对投资者作出投资决策有重大影响的事项。资信评级机构为公开发行公司债券进行信用评级，应当符合以下规定：①按照规定或约定将评级信息告知发行人，并及时向市场公布首次评级报告、定期和不定期跟踪评级报告；②在债券有效存续期间，应当每年至少向市场公布一次定期跟踪评级报告；③应充分关注可能影响评级对象信用等级的所有重大因素，及时向市场公布信用等级调整及其他与评级相关的信息变动情况，并向证券交易所或其他证券交易场所报告。公开发行公司债券的发行人及其他信息披露义务人应当将披露的信息刊登在其债券交易场所的互联网网站，同时将披露的信息或信息摘要刊登在至少一种中国证监会指定的报刊，供公众查阅。

4. 依照《公司法》和《证券法》的规定，报经国务院授权的部门核准。国务院授权的部门应当自受理证券发行申请文件之日起 3 个月内，依照法定条件和法定程序作出予以核准或者不予核准的决定，发行人根据要求补充、修改发行申请文件的时间不计算在内。按照《公司债券发行与交易管理办法》的规定，中国证监会受理申请文件后，依法审核公开发行公司债券的申请，自受理发行申请文件之日起 3 个月内，作出是否核准的决定，并出具相关文件。发行申请核准后，公司债券发行结束前，发行人发生重大事项，导致可能不再符合发行条件的，应当暂缓或者暂停发行，并及时报告中国证监会。影响发行条件的，应当重新履行核准程序。承销机构应当勤勉履行核查义务，发现发行人存在前款规定情形的，应当立即停止承销，并督促发行人及时履行报告义务。

国务院授权的部门对已作出的核准公司债券发行的决定，发现不符合法定条件或者法定程序，尚未发行公司债券的，应当予以撤销，停止发行。已经发行尚未上市的，撤销发行核准决定，发行人应当按照发行价并加算银行同期存款利息返还公司债券持有人；保荐人应当与发行人承担连带责任，但是能够证明自己没有过错的除外；发行人的控股股东、实际控制人有过错的，应当与发行人承担连带责任。

5. 发行公司债券。公开发行公司债券的，通过有承销资格的证券公司以代销或者包销的方式向社会公开发行。公开发行公司债券，可以申请一次核准，分次发行。自中国证监会核准发行之日起，发行人应在 12 个月内完成首期发行，剩余数量应当在 24 个月内发行完毕。公开发行公司债券的募集说明书自最后签署之日起 6 个月内有效。采用分期发行方式的，发行人应当在后续发行中及时披露更新后的债券募集说明书，并在每期发行完成后 5 个工作日内报中国证监会备案。

最后应当指出，由于可转换公司债券的特性，中国证券监督管理委员会在 2006 年 4 月发布《上市公司证券发行管理办法》，对此类债券的发行条件和程序作了更为详细的专门规定。

第四节 公司债的转让、偿还与转换

一、公司债的转让

（一）转让的必要性及其意义

作为一种有价证券，流动性或称可转让性是其固有特性之一。对于现存的公司债券持有人，转让制度是一种退出机制；对于潜在的投资者，转让制度是一种进入机制。公司债券的转让，意味着可供投资者选择的投资机会的增多，尤其是在公开的证券市场上转让，可以丰富证券市场的交易品种。公司债券的转让，尤其是在集中市场进行的持续不断的转让活动，可以为债券持有人、发行公司、潜在的投资者等市场参与者提供有关公司债券的信息。

公司债券的转让可以从不同的角度作不同的分类，以是否取得对价为标准，分为有偿转让和无偿转让，前者即公司债券的买卖或者交易，后者因赠与、继承等原因而发生；以转让价格形成机制的不同，分为协议转让和竞争性转让；以转让的具体交易场所不同，分为场内交易和场外交易，前者是指在依法设立的证券交易所进行的转让，后者是指在证券交易所之外的其他依法设立的证券交易场所进行的转让。一般情况下，场外交易多是协议转让，价格形成机制多是非竞争性的，而场内交易的价格形成机制是竞争性的。

伴随着公司债券的转让，公司债券所表彰的财产权利也随之转让。公司债权的转让无须通知作为债务人的发行公司。在将公司债券转让之后，出让人基于持有公司债券对发行公司所享有的到期请求还本付息的请求权也随之转让。出让人不再是公司债的债权人，公司债券的受让人成为发行公司的公司债的债权人。

（二）转让的形式及其场所

《公司法》第159条明确规定，公司债券可以转让，转让价格由转让人与受让人约定。公司债券在证券交易所上市交易的，按照证券交易所的交易规则转让。公司债券的转让方式因债券形式的不同而异。《公司法》第160条规定，记名公司债券，由债券持有人以背书方式或者法律、行政法规规定的其他方式转让，转让后由公司将受让人的姓名或者

名称及住所记载于公司债券存根簿；无记名公司债券的转让，由债券持有人将该债券交付给受让人后即发生转让的效力。

（三）公司债券的上市交易

公司债券的上市交易是指公司债券根据《公司法》和《证券法》的有关规定在证券交易所挂牌交易。公司债券在交易所的交易应当采用公开的集中竞价交易方式，应当实行价格优先、时间优先的原则。

1. 上市交易的条件和程序。公司债券与股票的不同之一是公司债券是有期限的，而股票是没有期限的。公司债券在到期之后，伴随债券的风险和利益都已经确定，不再具有继续在公开市场上市交易的意义。同时，在证券交易所上市交易的证券，是典型的公众性投资工具，需要有足够数量的证券来维持，保证交易市场应有的流动性，并防止少数市场交易主体对交易的控制和操纵。因此，我国《证券法》第 57 条规定，公司申请公司债券上市交易，应当符合下列条件：①公司债券的期限为 1 年以上；②公司债券实际发行额不少于人民币 5000 万元；③公司申请债券上市时仍符合法定的公司债券发行条件。

根据《证券法》第 48、58 条规定，公司申请其发行的公司债券上市交易，应当向证券交易所提出申请，并提交下列文件，由证券交易所依法审核同意：①上市报告书；②申请公司债券上市的董事会决议；③公司章程；④公司营业执照；⑤公司债券募集办法；⑥公司债券的实际发行数额；⑦证券交易所上市规则规定的其他文件。申请可转换为股票的公司债券上市交易，还应当报送保荐人出具的上市保荐书。

2. 上市交易的暂停和终止。

（1）公司债券上市交易的暂停。《证券法》第 60 条规定，公司债券上市交易后，公司有下列情形之一的，由证券交易所决定暂停其公司债券上市交易：①公司有重大违法行为；②公司情况发生重大变化不符合公司债券上市条件；③发行公司债券所募集的资金不按照核准的用途使用；④未按照公司债券募集办法履行义务；⑤公司最近 2 年连续亏损。

（2）公司债券上市交易的终止。《证券法》第 61 条规定，公司有《证券法》第 60 条第 1 项、第 4 项所列情形之一经查实后果严重的，或者有《证券法》第 60 条第 2 项、第 3 项、第 5 项所列情形之一，在限期内未能消除的，由证券交易所决定终止其公司债券上市交易。公司解散或者被宣告破产的，由证券交易所终止其公司债券上市交易。

对证券交易所作出的不予上市、暂停上市、终止上市决定不服的，可以向证券交易所设立的复核机构申请复核。

公司债券上市交易与非上市交易有哪些区别？公司债券上市交易有哪些意义？

要注意分析公司债券上市交易的暂停制度和终止制度的价值。

3. 上市交易过程中的信息公开。公开原则是《证券法》的核心原则，体现公开原则的信息披露制度在《证券法》中居于非常重要的地位。因此，公司债券的上市和交易都应当严格按照公开原则的要求，遵循信息披露制度，以最大限度地保护投资者的合法权益，维护证券市场的功能。

《证券法》第 59 条规定，在公司债券上市交易申请经证券交易所审核同意后，签订上市协议的公司应当在规定的期限内公告公司债券上市文件及有关文件，并将其申请文件置备于指定场所供公众查阅。经国务院授权的部门批准依法发行公司债券，依照《公司法》的规定，应当公告公司债券募集办法、财务会计报告。公司公告的公司债券的发行和上市文件，必须真实、准确、完整，不得有虚假记载、误导性陈述或者重大遗漏。公司债券上市交易的公司，应当在每一会计年度的上半年结束之日起 2 个月内，向国务院证券监督管理机构和证券交易所提交记载规定内容的中期报告，并予公告。公司债券上市交易的公司，应当在每一会计年度结束之日起 4 个月内，向国务院证券监督管理机构和证券交易所提交记载法律规定内容的年度报告，并予公告。

发行人、承销的证券公司公告的招股说明书、公司债券募集办法、财务会计报告、上市报告文件、年度报告、中期报告、临时报告，存在虚假记载、误导性陈述或者有重大遗漏，致使投资者在证券交易中遭受损失的，发行人、承销的证券公司应当承担赔偿责任，发行人、承销的证券公司负有责任的董事、监事、经理应当承担连带赔偿责任。

二、公司债的偿还

（一）公司债偿还的概念

公司债券的偿还，就是指发行公司按照事先约定的时间和利率等条件，将公司债券的本息交付给公司债券持有人的行为。从经济意义上讲，发行公司偿还其发行的公司债券，是公司债券持有人实现其投资收益的一种形式。从法律意义上讲，发行公司偿还由其发行的公司债券，则意味着由公司债券发行所引起的法律关系消灭。到期偿还公司债券本息是公司债消灭的最基本形式。除此之外，由公司债券表彰的债权债务法律关系，与其他公司债务一样，也会因提存、抵销、免除及混同等原因而消灭。

（二）公司债的偿还方式

在正常情况下，公司债券应当到期偿还。但是在特殊情况下，也应当允许有条件的提前偿还。因此，公司债的偿还方式有到期偿还与提前偿还两种。

债券的提前偿还对于投资者不一定是一件有利可图的事情。而且，在发行合同没有明确规定的情况下，发行公司提前偿还发行在外的债券并不符合合同的规定。例如，法国《商事公司法》第 323 条规定，"发行合同没有特别规定的，公司不得强求公司债债权人接受提前偿还公司债"。由此可见，发行公司提前偿还公司债券，须在发行合同中予以特别约定。没有相关的约定，发行公司就没有提前偿还公司债券的权利，债券持有人也没有接受发行公司提前偿还的义务。

请从合同变更的角度分析提前偿还应当注意的问题。

提前偿还在理论上有两种情形：一种是提前偿还同一次发行的全部公司债券；另一种则是提前偿还同一次发行的部分公司债券，这种情形事实上已经和分期偿还紧密相连。一般来讲，提前偿还公司债券的具体方式主要有以下三种：

1. 从公开市场买回注销。从公开市场买回注销的方式，即发行公司在公司债券的交易市场，在公司债券市场价格处于对发行公司较为有利的价位时，作为债券的买方，将公司债券以买回注销的方式来偿还该部分债券的本息。

2. 行使赎回权。赎回权是指在债券合同中约定的在债券到期前发行公司购回所有或部分债券的权利。在到期前赎回债券，等于是由发行公司行使一种期权，以便按更为有利的条件对债务进行重新安排。发行公司如果有提前赎回债券的愿望，应该事先在发行合同中作出约定。如果没有事先约定，发行公司无权提前赎回发行在外的债券。大部分的可转换公司债券都有提前赎回的规定。

3. 举借新债偿还旧债。这种提前清偿方式的具体实现形式有：①直接交换，即直接将新债交付债权人以换回旧债；②发行新债并从公开市场买回旧债，即首先发行新的债券，用所募集到的资金在公开市场买回先前发行的公司债券；③发行新债并行使赎回权，即发行新的债券，用所募集到的资金来赎回先前发行的公司债券。

发行公司通过上述方式提前偿还公司债券的同时，发行公司与债券持有人之间的债权债务关系即归消灭。

三、公司债的转换

（一）转换的概念和法律后果

公司债的转换是针对可转换公司债而言的。转换是以可转换公司债券持有人自由判断为基础的，在发行时已经确定的转换请求期间内，通过对可转换公司债券行使转换请求权而得到实现。可转换公司债券的转换是一种法律行为，所产生的法律后果是可转换公司债券的发行公司与持有人之间的债权债务关系的消灭，随着可转换公司债券持有人行使转换权，持有人自身的身份也发生了转换，由原来的发行公司债权人转换为发行公司的股东。持有人身份的变化也就带来了权利和义务内容的变化。作为公司的股东，由债券持有人转换而来的股东与其他股东处于同一的法律地位，享有其他股东所享有的权利、承担其他股东所应承担的义务。

对于可转换公司债券的发行公司而言，在可转换公司债券转换为发行公司的股票之前，发行公司是可转换公司债券持有人的债务人。在可转换公司债券转换为公司的股份之后，债券持有人与发行公司之间原来的债权债务法律关系归于消灭。因可转换公司债券所代表的债权转换为发行公司的股份，发行公司原来承担的还本付息的义务得以免除，发行公司的负债因此而减少，而已发行的股份数目及实收资本则相应地增加。

（二）转换权的行使及保护

发行公司在可转换公司债券发行条件中有关债券持有人享有的转换权的约定是一种单务法律行为。因此，在可转换公司债券持有人请求行使转换权时，发行公司负有将可转换公司债券换发为发行公司新股的义务。我国《公司法》第162条规定："发行可转换为股票的公司债券的，公司应当按照其转换办法向债券持有人换发股票，但债券持有人对转换股票或者不转换股票有选择权。"此外，根据《上市公司证券发行管理办法》的有关规定，可转换公司债券自发行结束之日起6个月后方可转换为公司股票，转换期限由公司根据可转换公司债券的存续期限及公司财务状况确定；债券持有人对转换股票或者不转换股票有选择权；债券持有人于转股次日成为发行公司的股东。

转换权是一种形成权。将可转换公司债券持有人的转换权规定为形成权，有利于对债券持有人的保护。转换的请求在送达约定的交付场所时即生效力。请求转换的公司债消灭，可转换公司债券持有人即失去其原有的公司债权人的地位，接受发行公司换发的股份而成为发行公司的股东。原则上，发行公司必须及时向行使转换权的可转换公司债券持有人换发股票。若发行公司拒绝可转换公司债券持有人的转换请求时，即构成违约，债权人可以根据民法中有关债务不履行的规定向发行公司请求赔偿。

可转换公司债券持有人可能在哪种情形下更愿意行使转换权？公司业绩好的时候还是公司业绩差的时候？

如果可转换公司债券持有人不愿意行使转换权，对于发行公司意味着什么？

第五节 公司债持有人保护制度

一、一般制度和方法

（一）债权的保护方式

在公司债券偿还之前，债券持有人与发行公司之间一直维持着已有的债权债务法律关系。这种债权债务法律关系的约束力集中地体现在公司债券到期时，公司债券持有人有权要求发行公司还本付息，同时，发行公司也有义务向公司债券持有人支付债券的本息。如果发行公司到期拒不支付或不能支付债券的本息，则属于债的不履行，是一种违约行为，应当依照有关法律的规定和发行合同的约定承担违约责任。违约责任的形式应当事先在发行合同中予以明确约定，可供选择的违约责任的形式主要有违约金和赔偿损失两种。由于公司债券本身就是一种债务证券，因此，债权的保护方式是一种最为基本的保护。

在发行公司债券时，可以在发行条件中规定以保证的方式担保清偿债权本息，即发行保证公司债券。对于保证公司债券，在发行公司到期拒不支付或者不能支付公司债券的本息时，公司债券持有人有权要求保证人按照《担保法》的规定以及发行合同的约定承担相应的保证责任。

（二）物权的保护方式

与债权保护方式相比，物权保护方式是一种特殊的保护，需要有当事人的特别约定，是对债权保护方式的一种补充。所谓物权的保护方式，就是指通过在物上设定担保的方式，来保护公司债券持有人所享有的还本付息请求权。当然，可以寻求物权保护的只能是附有担保的公司债券持有人。结合我国《担保法》的规定和公司债券的特点，可供选择的物权担保的方式只有抵押、质押这两种形式，即由发行公司提供不动产、动产或者其他财产权利用作抵押或质押担保支付公司债券的本息。

二、特定情形下公司债券持有人的保护

发行公司发生特定情形主要是指发行公司注册资本的减少或者增加、发行公司发生合并或者分立、发行公司变更组织形式等具体情形。上述情形的发生，不得影响债券持有人的合法权益。至于发行公司解

请针对各具体的特定情形，分析如何保护公司债券持有人。

散，同样不得影响债券持有人的合法权益，在清算过程中，清算组织负有维护债券持有人合法权益的义务，债券持有人有权参加剩余财产的分配，且在次序上优先于公司股东。如果发行公司出现重整或者破产情形的，则应依照相关规定办理并保护债券持有人的合法利益。

三、公司债券持有人整体利益的保护

从债券持有人的角度分析，同一次发行的公司债券的持有人本来是权利与义务十分相近的利益群体，但是由于分散，与发行公司相比，每一个公司债券持有人自身都难以与发行公司相抗衡，即单个公司债券持有人的自我保护能力是微不足道的。同时，公司债券持有人的分散性特征决定了单个投资者监督发行公司履行债券发行合同的高成本。这种成本主要是因获得发行公司履约的信息以及为了矫正发行公司的违约行为而发生的。一方面，单个公司债券持有人所持有的债券数额可能非常少，以至于缺乏监督发行公司履约的积极性；另一方面，可能会有相当数量的公司债券持有人存有投机心理，寄希望于其他公司债券持有人对发行公司进行监督，以保证发行公司充分地履行债券发行合同，而自己则是"免费搭乘便车者"（Free Rider）。上述情形的发生不利于保护公司债券持有人的整体利益，将会给公司债券的发行带来困难，影响公司债券应有的经济功能的发挥，最终也将使公司失去这一有利的融资途径。

从发行公司的角度分析，由于国家经济政策的变化、科学技术的发展、经营环境的改变等多种因素的影响，需要对与公司债券有关的事宜进行适当的调整，即对发行公司与债券持有人之间的权利义务关系的内容进行变更。根据合同法的原理，合同的变更必须征得另一方当事人的同意。但是，如果要求发行公司为此而征求每一位债券持有人的同意，则是一件效率低、成本高、成功概率微乎其微的事情。鉴于以上原因，为了维护同一次发行的公司债券持有人的整体利益，有必要供给一种法律制度，创设一种可以使公司债券持有人采取集体行动（Collective Actions）的法律机制。这种法律制度的立法体例在世界上有很大的差异，在大多数大陆法系国家，表现为公司债券持有人会议制度；在大多数英美法系国家，表现为公司债券的信托制度；在其他部分国家和地区，则兼采上述两种制度于一体；还有一些国家，是通过建立公司债券持有人代表制度来保护公司债券持有人利益的。

建立债券持有人可以采取集体行动的法律制度，对发行公司也是有利无害的，因为发行公司因某种原因需要对有关债券的事项作出新的安

归纳一下建立公司债券持有人整体利益法律保护制度的必要性，并比较三种主要模式的差异，在此基础上对公司相关制度的建立提出构想。

排时，不再需要征求每一个债券持有人的同意，集体行动中的多数决机制可以为发行公司调整其与债券持有人的利益关系提供便利，这也正是各国将债券持有人集体行动法制化的重要原因之一。

（一）公司债券持有人会议制度

1. 会议的性质。公司债券持有人会议是为了公司债券持有人的共同利益而设立的、通过会议的形式来行使权利的一种法律机制。公司债券持有人会议不是常设机构，在这一点上与公司的股东大会有相似之处。但是，公司债持有人会议并不是公司的组织机构，这又与公司的股东大会有所不同。在企业的破产程序中，为了保护破产企业债权人的整体利益，规定了债权人会议制度。公司债券持有人会议的目的同样是保护公司的债权人，即公司债券持有人，这是两者的相似之处。但是，由于两者适用的情形、组成、具体的功能等方面均有很大的差别，既不相同，更不能相互取代。关于公司债券持有人会议的法律地位，只有极少数国家的法律规定赋予其法人资格。例如，法国《商事公司法》第293条规定，"同一次发行的公司债债券持有人，为维护其共同利益依法自动组成享有民事法律人格的集团"。明确规定公司债券持有人会议的法律地位，有利于更为有效地实现保护公司债券持有人利益的功能。我国《公司债券发行与交易管理办法》建立了债券持有人会议制度，通过规定债券持有人会议的权利和会议召开程序等内容，让债券持有人会议真正发挥投资者的自我保护作用。

2. 会议的组成。不是同一次发行的公司债券持有人或者不是同一种类的公司债券持有人，很难有共同的利益，甚至存在着相互冲突的利害关系，因此，为了确保这种会议制度保障债券持有人利益的功能，将会议的成员限于同一次发行的同一种公司债券持有人的观点是值得支持的。而且，世界上大多数国家都规定了债券持有人会议由同一次发行的债券持有人组成。例如，法国《商事公司法》第308条第1款规定，"如存在若干个公司债债权人集团时，在任何情况下，它们不得在一次共同的会议里进行审议"。日本的情形基本上与法国的相同，日本《公司法》第338条规定，"发行数种公司债的场合，公司债债权人集会，须按各个种类公司债分别召集"。

3. 会议的召集及权限。关于公司债券持有人会议的召集，一些国家法律规定，发行公司、持有公司债券达一定比例的持有人以及公司债券的受托人，均有权依据规定的程序和条件请求召集债券持有人会议。在会议召集的问题上，各国关于债券持有人权利的规定是不一致的。有的国家直接规定，持有公司债券达到一定比例的持有人有权召集会议，即拥有召集权；有的国家只是规定，持有公司债券达到一定比例的持有人享有向有召集权的人提议召开会议的权利，即只有提议召集权，而没有召集权。例如，在日本、意大利，债券持有人只有提议召集权。我国台湾地区的规定与意大利和日本的规定不同，达到一定比例的公司债券持有人才享有会议的召集权。

由于公司债券持有人会议同公司股东大会一样，是以会议的决议方式来行使权利的，而且，公司债券持有人与公司的股东一样具有分散的特点，所以，关于公司债券持有人会议，许多国家和地区规定，可准用股东大会的规定。

公司债券持有人会议可以对下列事项作出决议：①推迟、减少或者抵销债券本金、溢价或者利息；②解除或者设立债券的保证或者担保；③发行公司的重组；④与兼并或者破产和解有关的将债券转换为公司的股份或与其他种类的证券相兑换；⑤债券币种的变动；⑥弃权或者发生违约事件时免除债券受托人的责任使其能够代表债券持有人提起诉讼；⑦指定代表债券持有人的委员会成员，特别是在发行公司清算和重组程序中；⑧撤销债券受托人或者债券持有人代表。

我国《公司债券发行与交易管理办法》规定，存在下列情况的，应当召开债券持有人会议：拟变更债券募集说明书的约定；拟修改债券持有人会议规则；拟变更债券受托管理人或受托管理协议的主要内容；发行人不能按期支付本息；发行人减资、合并、分立、解散或者申请破产；保证人或者担保物或者其他偿债保障措施发生重大变化；发行人、单独或合计持有本期债券总额10%以上的债券持有人书面提议召开；发行人管理层不能正常履行职责，导致发行人债务清偿能力面临严重不确定性，需要依法采取行动的；发行人提出债务重组方案的；发生其他对债券持有人权益有重大影响的事项。在债券受托管理人应当召集而未召集债券持有人会议时，单独或合计持有本期债券总额10%以上的债券持有人有权自行召集债券持有人会议。

4. 决议的作出及其认可和效力。公司债券持有人会议是一个会议机构，因此要以多数决的原则来决定全体债券持有人的意思，会议的决议对全体债券持有人均有约束力。在发行公司持有本公司发行的公司债券时，由于发行公司与公司债券的其他持有人的利益并不一致，甚至在很大程度上是相对立的，因此，大多数国家在确立公司债券持有人会议制度的同时，都禁止发行公司在公司债券会议上行使表决权。

为了保障所有同次发行的公司债券持有人的利益，尤其是少数债券持有人的利益，有的国家和地区要求会议的决议必须经过法院的认可，才具有法律效力。综合日本及我国台湾地区的公司法规定，会议有下列情形之一的，则法院不予认可：①召集公司债券持有人会议之手续或其决议方法，违反法令或应募书之记载者；②决议不以正当方法达成者；③决议显失公正者；④决议违反债权人一般利益者。

5. 公司债券持有人会议的费用负担。关于可转换公司债持有人会议费用的负担，不仅仅是一个由谁来承担费用的问题，而且直接反映了保护债券持有人的立法价值取向。在日本，根据有关法律的规定，公司债券持有人会议的费用、为请求法院对会议决议认可而支付的费用，由发行公司负担。在其他国家和地区，也大多是这样规定的。

（二）公司债信托制度

1. 公司债信托制度概述。在一些英美法系国家，没有接受大陆法系的债券持有人会议制度，而是利用信托的原理，指定一个受托人代表债券持有人行使所涉及的债权和担保物权。依照信托制度的一般原理，债券受托人是由发行公司为了债券持有人的利益，在债券发行合同中指定的。受托人是普通法上的所有权人，对发行公司享有各项请求权。而债券持有人是此项权益的受益人，亦即是这些请求权在衡平法上的所有权人。这就意味着后者的权益具有所有权的性质，而不仅是债权人与债务人之间基于合同关系的请求权。

信托制度是以信赖为基础的。因此，英美法系国家的信托法都规定受托人应当为受益人的利益承担繁重的信赖义务。一般地说，受托人必须为受益人的利益以应有的勤勉善意地行事，而且，不能让自己的利益与自己承担的义务发生冲突。按照英国判例的解释，所谓应有的勤勉（Due Diligence），是指受托人在管理信托事务时应与一个普通谨慎的人在处理自己的事务时所适用的谨慎与勤勉一样。具体到公司债券信托制度来说，为了便于债券受托人履行自己的职责，使得作为信托受益人的债券持有人的利益得到维护，债券受托人的主要权利义务可以概括为调查的义务、通知发生违约事件义务、决定加速到期的权利、代表债券持有人提起强制执行的诉讼等。

2. 我国的债券受托管理人制度。我国《公司债券发行与交易管理办法》也引进了债券受托管理人制度，要求债券受托管理人应当为债券持有人的最大利益行事，并不得与债券持有人存在利益冲突。依据该办法的规定，公司应当为债券持有人聘请债券受托管理人，并订立债券受托管理协议；在债券存续期限内，由债券受托管理人依照协议的约定维护债券持有人的利益。公司应当在债券募集说明书中约定投资者认购本期债券视作同意债券受托管理协议、债券持有人会议规则及债券募集说明书中其他有关发行人、债券持有人权利义务的相关约定。债券受托管理人由本次发行的承销机构或其他经中国证监会认可的机构担任。债券受托管理人应当为中国证券业协会会员。为本次发行提供担保的机构不得担任本次债券发行的受托管理人。债券受托管理人应当勤勉尽责，公正履行受托管理职责，不得损害债券持有人利益。对于债券受托管理人在履行受托管理职责时可能存在的利益冲突情形及相关风险防范、解决机制，发行人应当在债券募集说明书及债券存续期间的信息披露文件中予以充分披露，并同时在债券受托管理协议中载明。

根据《公司债券发行与交易管理办法》的规定，债券受托管理人应当履行下列职责：①持续关注发行人和保证人的资信状况、担保物状况、增信措施及偿债保障措施的实施情况，出现可能影响债券持有人重大权益的事项时，召集债券持有人会议；②在债券存续期内监督发行人募集资金的使用情况；③对发行人的偿债能力和增信措施的有效性进行全面调查和持续关注，并至少每年向市场公告一次受托管理事务报告；④在债券存续期内持续督导发行人履行信息披露义务；⑤预计发行人不能偿还债务时，要求发行人追加担保，并可以依法申请法定机关采取财产保全措施；⑥在债券存续期内勤勉处理债券持有人与发行人之间的谈判或者诉讼事务；⑦发行人为债券设定担保的，债券受托管理协议可以约定担保财产为信托财产，债券受托管理人应在债券发行前或债券募集说明书约定的时间内取得担保的权利证明或其他有关文件，并在担保期间妥善保管；⑧发行人不能偿还债务时，可以接受全部或部分债券持有人的委托，以自己名义代表债券持有人提起民事诉讼、参与重组或者破产的法律程序。

受托管理人为履行受托管理职责，有权代表债券持有人查询债券持有人名册及相关登记信息、专项账户中募集资金的存储与划转情况。证券登记结算机构应当予以配合。发行公司债券，应当在债券募集说明书中约定债券持有人会议规则。债券持有人会议规则应当公平、合理。债券持有人会议规则应当明确债券持有人通过债券持有人会议行使权利的范围，债券持有人会议的召集、通知、决策机制和其他重要事项。债券持有人会议按照《公司债券发行与交易管理办法》的规定及会议规则的程序要求所形成的决议对全体债券持有人有约束力。

（三）公司债券持有人代表制度

在大陆法系的一些国家是不采用信托制度的，这些国家采用指定债

引进公司债券受托管理人制度的意义何在？

券持有人代表和成立债券持有人团体的制度来保护债券持有人的利益。指定债券持有人代表的方式在欧洲和大多数拉丁美洲国家得到了普遍采用。债券持有人代表行使成文法赋予的权利，有些权利比英美法系国家的债券受托人所享有的权利还要广泛，例如，债券持有人代表有权出席发行公司的股东大会会议甚至发行公司的董事会会议，债券持有人代表所承担的职责通常多于普通代理人。

□ 小　结

本章阐述并分析了公司债的概念和特征、公司债的种类、公司债的发行条件、公司债的上市交易、公司债的偿还、公司债的转换、公司债券持有人保护制度等。其主要内容为：

一、公司债的概念

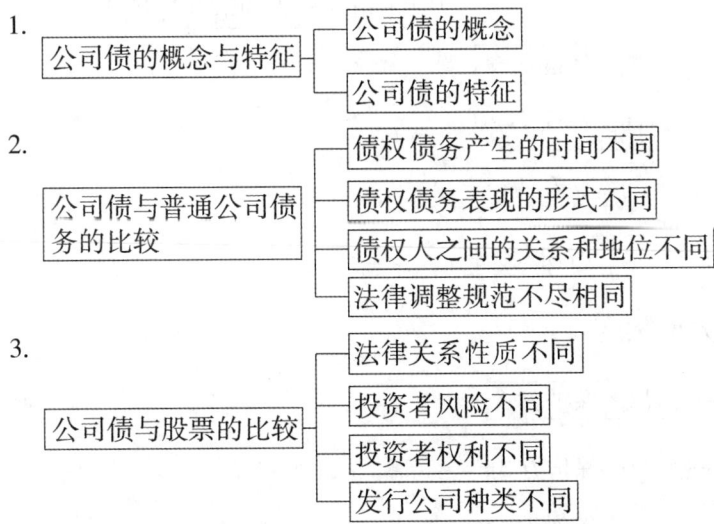

二、公司债的主要种类

1. 记名公司债和无记名公司债
2. 可转换公司债和不可转换公司债
3. 上市公司债和非上市公司债

三、公司债的发行

1. 发行主体
2. 发行条件

3. 发行决定权

4.

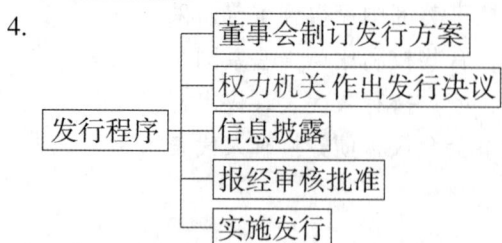

发行程序
- 董事会制订发行方案
- 权力机关作出发行决议
- 信息披露
- 报经审核批准
- 实施发行

四、公司债的转让、偿还与转换

1.

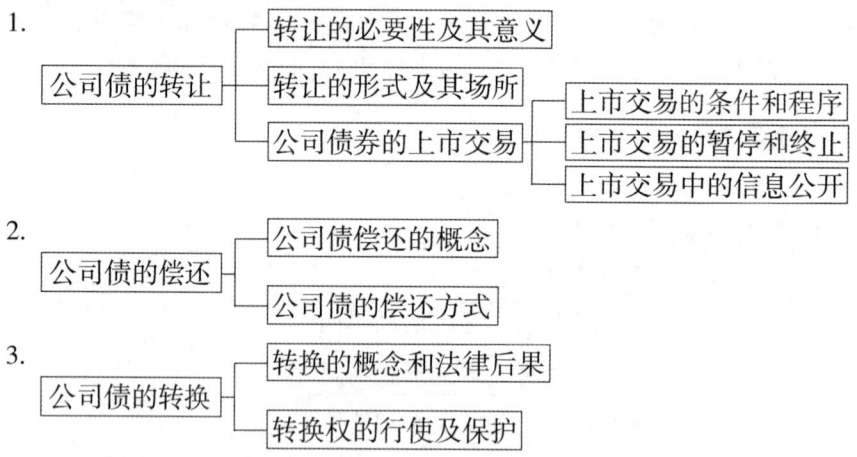

公司债的转让
- 转让的必要性及其意义
- 转让的形式及其场所
- 公司债券的上市交易
  - 上市交易的条件和程序
  - 上市交易的暂停和终止
  - 上市交易中的信息公开

2.

公司债的偿还
- 公司债偿还的概念
- 公司债的偿还方式

3.

公司债的转换
- 转换的概念和法律后果
- 转换权的行使及保护

五、公司债持有人保护制度

1.

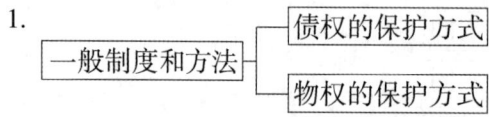

一般制度和方法
- 债权的保护方式
- 物权的保护方式

2. 特定情形下公司债券持有人的保护

3.

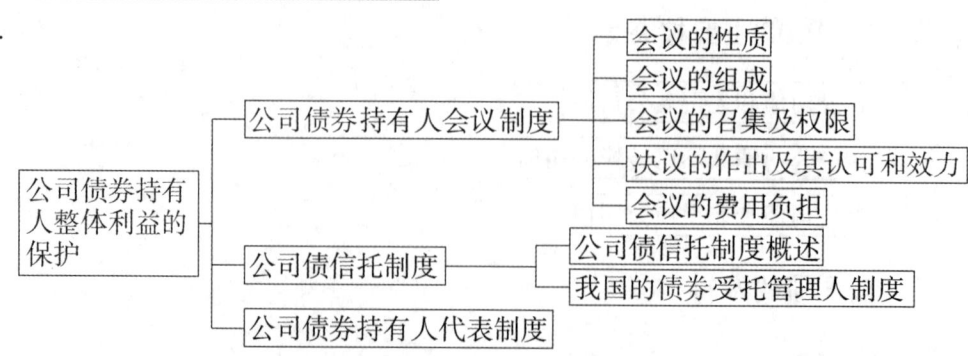

公司债券持有人整体利益的保护
- 公司债券持有人会议制度
  - 会议的性质
  - 会议的组成
  - 会议的召集及权限
  - 决议的作出及其认可和效力
  - 会议的费用负担
- 公司债信托制度
  - 公司债信托制度概述
  - 我国的债券受托管理人制度
- 公司债券持有人代表制度

□ 练习与思考

一、名词解释

公司债　可转换公司债　转换权　公司债信托制度　公司债持有人会议

二、简答题

1. 比较公司债券与股票、公司债券持有人与股东之间的区别。
2. 比较可转换公司债券与普通公司债券的差异。
3. 简述可转换公司债的发行主体和发行条件的特殊性。

三、思考题

1. 试论述公司债券转让制度的价值。
2. 试论述保障公司债券持有人整体利益的必要性及制度比较与借鉴。

第七章

公司的财务会计制度

■学习目的和要求

通过本章学习，要求学生

● 重点掌握：公司财务会计制度的概念；公司财务会计报告的组成、编制、审核、确认、审计、公示；公司税后利润分配的原则和顺序；公积金制度；股利支付的条件与方式。

● 掌握：公司财务会计制度的作用；公司财务会计报告制度的基本内容；违反财务会计报告制度的法律责任；公司利润分配方案的提出与批准；违法分配股利的后果等。

● 一般了解：公司财务会计报告的内容、格式。

第一节 公司财务会计制度概述

现代市场经济条件下，公司在国民经济运行中具有重要的地位和作用。公司在其生产经营过程中，财务、会计制度是否健全，直接关系到公司股东、债权人的利益，关系到社会经济秩序的稳定和国家有关经济政策的贯彻执行。因此，各国公司立法及相关法律法规，都对公司的财务、会计制度进行了规范。

一、公司财务会计制度的概念

公司财务会计制度，是公司财务制度和会计制度的总称，是指法律、行政法规、公司章程中确立的公司财务、会计的处理规则。其中，公司的财务制度是指公司在其生产经营等业务活动中，就有关资金的筹集、使用和分配方面所应遵守的规则；公司的会计制度，是指为规范公司基本业务的会计核算及公司财务会计报告的编制和披露，公司在其生产经营等业务活动中，对公司的经营业务进行计量、记录、分析和检查等会计核算，编制和披露财务报告、实行会计监督时所应遵守的规则。

公司的财务会计制度从形式上看，是指法律、行政法规、公司章程中确立的公司财务、会计的处理规则，从本质上看则是公司利用货币价值形式组织生产、管理经营、进行分配的方式和手段。公司的财务制度和会计制度密不可分，其中公司财务是公司会计核算的内容，公司会计是公司财务管理的手段和方式。公司的财务制度和会计制度，共同为实现公司的经营目标而服务。通过对公司财务、会计制度的制定与遵从，可以为实现公司的最佳经济效益奠定基础。

由于公司财务是公司会计核算的内容，公司会计是公司财务管理的手段和方式。因此，公司财务会计制度的概念、公司财务制度和会计制度之间的关系，是理解和掌握公司财务会计制度的关键。

公司财务制度和会记制度之间的关系是理解和掌握公司财务会记制度的关键。

二、公司财务会计制度的作用

市场经济条件下，规范、统一的公司财务会计制度，不仅对公司资金筹集、组织生产、经营管理、进行分配具有重要的基础作用，而且对规范公司的经营管理，保护公司股东、公司债权人、社会公众的合法权益，维护各国经济秩序具有重要的法律意义，具体表现在以下五个方面：

规范、统一的公司财务会计制度，对规范公司的经营管理，保护公司股东、公司债权人、社会公众的合法权益，维护各国经济秩序具有重要的法律作用。

（一）有利于规范公司的经营管理

公司自产生以来，随着市场经济的发展，其法律形态各异，所涉及的领域广泛，在国民经济中的地位与作用各不相同。而规范、统一的公司财务会计制度，为公司的资金筹集、资金运用、利润分配，为公司经营业务的记录、计量、分析和检查提供了统一的标准和规则，这样既为广大公众对公司进行横向比较、进行投资决策提供了便利，同时也为国家规范公司的经营管理、进行宏观经济调控奠定了基础。

（二）有利于保护公司股东的利益

股东向公司投资的主要目的是获取利益，即取得股利。现代公司制度中，公司所有权与经营管理权的分离，使得公司的经营管理主要由公司的董事、经理等公司的职业管理人员负责。股东除参加股东大会外，很少有机会直接参与公司的经营管理。为了防止公司的管理人员滥用职权侵害公司和股东的利益，股东必须对公司的经营管理活动实施经常有效的监督，从而作出正确的决策，以获取最大的利益。根据规范、统一的公司财务会计制度作出的公司财务会计报表，不仅能正确反映公司的财务会计状况，还可以帮助股东了解公司的经营情况，对公司的经营管理进行有效的监督，进而保护公司股东的利益。

（三）有利于保护公司债权人的利益

股份有限公司和有限责任公司的股东，对公司的债务仅以其出资额为限承担有限责任。因此，公司的财产就成为公司债权人债权的唯一担保。公司财产的增减及其变化，直接关系到公司债权人的债权能否圆满实现、进而影响到公司债权人的利益。而根据规范、统一的公司财务会计制度作出的公司财务会计报表，可以为公司的债权人及时提供信息、帮助公司的债权人了解公司的财务及经营状况进而进行正确的交易决策，从而达到保护公司债权人利益的目的。

（四）有利于吸引投资、保护社会公众的利益

作为资合性公司，股份有限公司和有限责任公司要想广泛地筹集资金，吸引公众投资，就必须使社会公众能够及时了解和掌握其生产经营状况。公司健全的财务会计制度及定期公开的财务会计报表，不仅可以使社会公众了解和掌握公司的生产经营状况、吸引社会公众对公司进行投资，而且有利于政府及时调整有关政策和法律，促进国民经济的发展，稳定社会经济秩序，通过多种途径、实现对社会公众利益的保护。

（五）有利于国家对国民经济的宏观调控

市场经济条件下，一国政府对国民经济的宏观调控，主要是通过运用各种经济杠杆实现的。即通过对各种充分、详实的经济信息进行统计科学分析，进而制定相应的税收、信贷、工资、价格等政策或法律，对国民经济的运行进行宏观调控、维护公平的市场竞争秩序。根据规范、统一的公司财务会计制度所作的公司财务会计报表，既是政府获取必要

经济信息的重要途径，同时也是政府合理核定公司税赋的重要依据。因此，规范、统一的公司财务会计制度，是国家对国民经济运行进行宏观调控的重要制度基础。

第二节　公司财务会计报告制度

公司生产经营的目的是取得最佳的经济效益。公司经营效益的大小，不仅取决于公司的经营收入，而且与公司的经营成本、支出有关。为正确、合理地衡量公司经营效益的大小，便于股东进行公司之间经济效益的比较、作出正确的投资决策，各国公司法及相关法律法规都规定，公司在生产经营活动中各项业务的计量、核算方法及有关财务信息的披露，必须按照法定的公司财务、会计制度进行核算与报告。公司在生产经营中，资金的筹集、运用，固定资产的合理计价、及时补偿，流动资产的明细核算、定期盘点，无形资产和递延资产的合理估价、分期摊销以及成本费用的财务、会计报告制度不同，进而形成的财务会计报告内容各异。

为了正确、合理地衡量公司经营效益的大小，便于股东进行公司之间经济利益的比较、作出正确的投资决策，各国公司法及其相关法律法规都规定，公司在生产经营活动中的各项业务计量、核算方法及有关财务信息的披露，必须按照公司会计制度的有关规则进行。

一、公司财务会计报告的概念与作用

（一）公司财务会计报告的概念与分类

公司财务会计报告，是指公司按照法定的公司财务会计制度，处理公司财务关系、办理公司会计事务，将其结果进行收集、整理、编制为会计报表，并配以文字说明，以全面反映公司的财务、会计信息及经营成果的法律文件。公司的财务会计报告由会计报表和会计报表附注组成。它是对公司经营管理的过程和经营成果的综合反映。它对公司股东、债权人和社会公众了解和正确评价公司的财务和经营状况具有重要的作用。公司财务会计报告的内容主要包括：资产负债表、利润表、现金流量表、股东权益增减变动表、应缴增值税明细表等。

根据财务会计报告的服务对象不同，公司的财务会计报告分为内部财务会计报告和外部财务会计报告。公司的内部财务会计报告，是指为

公司财务会计报告，是指公司按照法定的公司财务会计制度，处理公司财务关系、办理公司会计事务，将其结果进行收集、整理、编制为会计报表，并配以文字说明，以全面反映公司的财务、会计信息及经营成果的法律文件。公司的财务会计报告由会计报表和会计报表附注组成，它是对公司经营管理的过程和经营成果的综合反映。

适应公司内部经营管理的需要，公司编制的不对外公开的财务会计报告。公司的内部财务会计报告，一般不需要统一的格式和统一的指标体系。公司的外部财务会计报告，是指公司向外提供的，供政府部门、其他企业和公司股东、债权人及社会公众使用的财务会计报告。公司的外部财务会计报告，需要有统一的格式和统一的指标体系。公司对外提供的财务报告分为月度财务报告、中期财务报告和年度财务报告。月度财务报告，是指月份终了提供的财务报告；中期财务报告，是指在每个会计年度的前 6 个月结束后对外提供的财务报告；年度财务报告是指年度终了对外提供的财务报告。

（二）公司财务会计报告的作用

公司财务会计报告，是对公司经营管理的过程和经营成果的综合反映。通过对公司财务会计报告的分析，不仅可以使公司的经营管理者准确掌握公司的经营状况，也可以使公司股东、债权人和社会公众了解和正确评价公司的财务和经营状况，同时，也可以使政府有关经济管理部门了解各项经济政策的落实情况，进而为公司改善经营管理、投资者进行正确的投资决策、政府的经济管理部门制订有效的宏观经济管理政策提供依据。因此，各国法律都对公司财务会计报告的编制、审核和披露进行了强制性的规范。我国公司法及相关法律法规，也对公司财务会计报告的编制、审核和披露进行了强制性的规范。

二、公司财务会计报告的构成与编制

（一）公司财务会计报告的构成

我国《公司法》第 164 条规定，公司应当在每一会计年度终了时制作财务会计报告，并依法经会计师事务所审计。财务会计报告应当依照法律、行政法规和国务院财政部门的规定制作。根据 1998 年财政部发布的《股份有限公司会计制度》的有关规定，公司财务会计报告应当包括：①资产负债表；②利润表；③现金流量表；④有关附表（股东权益增减变动表、应交增值税明细表、利润分配表、分部营业利润和资产表）。

1. 资产负债表。资产负债表是反映公司某一特定日期财务状况的会计报表，也可称为财务状况表。它是根据资产＝负债＋所有者（股东）权益的会计平衡公式，按照一定的分类标准和一定的顺序，把公司一定日期的资产、负债、所有者权益各个项目予以适当的排列，并对日常生

资产负债表是根据资产＝负债＋所有者（股东）权益的会计平衡公式，按照一定的分类标准和一定的顺序，把公司一定日期的资产、负债、所有者权益各个项目予以适当的排列后编制而成的。它能够表明公司资产、负债、所有者权益的全貌，是分析公司生产经营能力的重要资料。

产经营中形成的大量数据高度浓缩整理后编制而成的，表明公司资产、负债、所有者权益的全貌，是分析公司生产经营能力的重要资料。

资产负债表能够提供资产、负债、所有者权益的全貌。它表明公司在某一特定日期所拥有或控制的经济资源及其分布情况，是分析公司生产经营能力的重要资料；它可以反映某一日期的负债总额以及结构，表明公司未来需用多少资产或劳务来清偿债务；同时，它还可以反映所有者权益的情况，表明投资者在公司资产中所占的份额及权益的结构情况，并为财务分析、计算流动比率、速动比率提供基础资料。因此，公司的资产负债表是公司会计报表中的重要组成内容。

公司资产负债表的内容主要包括：资产、负债和所有者权益。我国的公司资产负债表，列示在资产负债表左方的为资产；列示在资产负债表右方的依次为负债和所有者权益。

资产负债表的表现形式主要有两种，一种是账户式资产负债表，另一种是报告式资产负债表。账户式的资产负债表，是把资产负债表中的资产项目列在报表的左方，把负债和所有者权益列在报表的右方，并且使资产负债表左右两方平衡的报表。报告式的资产负债表，是把资产负债表的有关项目自上而下排列，首先列示资产的数额，然后列示负债的数额，最后列示所有者权益。根据我国有关法律法规的规定，我国的公司资产负债表，采用的是账户式资产负债表。

2. 利润表。利润表又称损益表，是指反映公司一定期间内收入、费用和净利润之间的关系，以计算出公司一定时期的税后净利润，说明公司经营成果的会计报表。由于利润既是公司经营业绩的综合体现，又是公司对股东进行利润分配的重要依据，是未来投资者对公司进行投资与否的抉择依据，因此，利润表是公司会计报表中的主要报表。

利润表是表明公司经营成果的会计报表。利润表既能够反映公司的经营业绩，同时，又是公司对股东进行利润分配的重要依据。

根据公司各利益相关者对会计报表信息的要求不同，利润表中各项内容的排列顺序各异。按利润表中各项内容的排列顺序不同，常用的利润表格式可以分为多步式利润表和单步式利润表。多步式利润表，是按利润和成本、费用的发生顺序逐步计算，最后得出公司在一定期间内的净利润。其优点在于：便于对公司生产经营和盈利能力的分析、预测，可以进行公司之间生产经营和盈利能力的横向比较。单步式利润表，是把一定时期的所有收入加在一起，把一定时期的所有成本、费用和损失也加在一起，通过一次计算，得出公司在一定期间内的净利润。单步式利润表的优点在于：不必区分营业收入与成本、费用的配比顺序，表示的都是未经加工的原始资料，便于会计报表使用者的理解。

我国有关法律法规规定，公司使用多步式利润表，即我国会计制度中，公司利润表为多步式利润表，其内容主要包括：主营业务收入、主营业务利润、营业利润、利润总额、净利润五部分，目的是方便公司各利益相关者的投资、经营、调控等决策的抉择。

3. 现金流量表。现金流量表是以现金为基础编制的，反映公司一定期间内现金和现金等价物流入和流出信息的动态会计报表。公司的现金流量表与资产负债表、利润表，共同构成公司对外报送的基准会计报表。公司的现金流量表与财务状况变动表相比，现金流量表能更直接、更客观的反映公司的财务状况。这将有助于公司的债权人、广大投资者和国家，对公司的偿债能力、支付能力、资金周转能力及公司未来的现金流量，进行客观的评价和预测，从而对公司的损益进行较为准确的质量分析。

公司的现金流量表应以附注的形式编制报表，说明不涉及公司现金收支的投资和筹资活动，将净利润调节为公司进行经营活动时的现金流量和现金及现金等价物净增加时公司现金流入流出的情况。

4. 股东权益增减变动表。股东权益增减变动表，是指根据公司股东股本、资本公积、盈余公积、未分配利润等实际发生额的分析填列，反映公司股东权益增减变动情况的报表。

在公司的各项资产中，公司股东的股本、资本公积、盈余公积、未分配利润等，即股东权益在一定时期的增减变动原因与结果，是公司股东、债权人及广大社会投资者评判公司经营效益的直接标准。通过公司股东权益增减变动表的分析，可以使公司的经营管理者、公司股东、债权人及广大社会投资者，掌握公司股东权益增减变动的详细情况，从而为公司加强和改善公司的经营管理，为公司股东、债权人及广大社会投资者正确、合理的评价公司的经营效益提供依据。因此，公司股东权益增减变动表是公司会计报表附表中的重要组成部分。

5. 应交增值税明细表。应交增值税明细表，是指根据公司"应交增值税"各项目的内容填列的，反映公司应交增值税情况的会计报表。

税收，是一国国民经济宏观调控和国民收入再分配的重要经济杠杆。随着公司在一国国民经济中地位的凸显，公司在生产经营中应缴纳增值税的大小及具体缴纳的情况，对国家运用"税收"这一经济杠杆，调控国民经济的宏观运行、进行国民收入的再分配，具有重要的意义。增值税是以公司经营活动中商品在流转过程中，产生的增值额为计税依据而征收的一种商品税。通过公司应交增值税明细表的分析，不仅可以看出公司经营有关商品的增值状况、盈利能力，而且可以使国家有关经济管理部门，明确掌握各项税收政策在国民经济运行及公司经营管理中

现金流量表，能更加直接、客观的反映公司资金的周转速度及其财务状况，由此可对公司的经营状况进行定量分析。现金流量表的内容主要包括：经营活动产生的现金流量、投资活动产生的现金流量、筹资活动产生的现金流量。公司的现金流量越快，表明公司经营中的资金周转速度越快、单位资金的盈利能力越强。

股东权益增减变动表，是反映公司股东权益增减变动情况的报表。其内容主要包括：股本、资本公积、盈余公积和未分配利润等。通过公司股东权益增减变动表，既可以看出公司净资产的变化情况，又可以彰显公司股东的收益状况。

的调控和实施情况，进而维持或调整有关税收政策，使国家的各项税收政策更加适应国民经济宏观调控和国民收入再分配的需要。因此，公司应交增值税明细表，是公司会计报表有关附表中的重要组成部分。

6. 利润分配表。利润分配表是指根据公司一定时期的利润及利润分配情况等项目填制的，反映公司利润分配和年末未分配利润结余情况的会计报表。

获取利润，是公司经营管理及公司股东、社会公众等投资者进行投资的直接目的。因此公司一定时期的利润及利润分配情况，是公司进行经营管理、广大投资者进行投资决策的重要影响因素。通过公司利润分配表的分析，不仅可以使政府有关经济管理部门详细了解该公司经营管理及经营利润的分配情况、掌握国民经济运行中的产业结构状况，为国家制定合理的宏观经济管理政策提供依据，同时，也可以为公司的经营管理者及广大投资者改善经营管理、进行正确的投资决策提供信息。由此可见，公司的利润分配表，是公司会计报表中有关附表的重要组成部分。

7. 分部营业利润和资产表。分部营业利润和资产表，是指根据公司从事的行业和公司所在的地区不同，反映公司各行业、各地区经营业务的收入、成本、费用、税金、营业利润、资产总额以及现金流量情况的会计报表。

分部营业利润和资产表，是分析和考察设立分支机构的公司总体经营管理业绩的依据。根据公司法的规定，公司可以根据公司生产经营管理的需要，设置分支机构。公司可以在不同地区设置分支机构，进行各种生产经营活动。公司的各个分支机构所在的地区不同、所从事的行业不同，其生产经营中所需的费用与成本不同，所取得的经营效益各异。即使从事的行业相同，所在的地区不同，同一时期的经营效益也可能大不相同。通过分部营业利润和资产表的分析，可以为公司及有关管理部门详细分析和考查各分支机构的经营管理业绩以及公司的整体经营业绩提供依据，从而正确评价公司及其各分支机构的经营管理。所以，公司分部营业利润和资产表是公司会计报表附表的重要组成部分。

如母公司的会计报表和合并会计报表一并提供时，公司的分部营业利润和资产表只需在合并会计报表的基础上编制。

（二）公司财务会计报告的编制

根据《公司法》及现行有关法律法规的规定，公司的财务会计报告由会计报表和会计报表附注组成。公司财务会计报告的编制要遵循以下

应交增值税明细表，是反映公司应交增值税情况的会计报表。其内容主要包括应交增值税和未交增值税。

利润分配表是反映公司利润分配和年末未分配利润结余情况的会计报表。其内容主要包括：净利润、可供分配的利润、可供股东分配的利润和未分配利润。

分部营业利润和资产表，是反映公司各行业、各地区经营业务的收入、成本、费用、税金、营业利润、资产总额以及现金流量情况的会计报表。其内容主要包括：营业收入、折扣与折让、营业成本、税金及附加、存货跌价损失、营业费用、管理费用、财务费用、营业利润或亏损、资产总额、经营活动现金净流量、投资活动现金净流量、筹资活动现金净流量等。

规则：

遵从公司财务会计报告的编制规则，是公司财务会计报告合法、有效的前提。

1. 公司应在每一个会计年度（即公历 1 月 1 日～12 月 31 日）终了时，制作财务会计报告。公司的财务会计报告应由董事会负责制作。董事会成员应就公司财务会计报告内容的真实性、准确性、全面性对公司负责。董事会也可授权由公司经理直接领导和组织公司的财会人员编制财务会计报告。

2. 公司应当按照法律法规的有关规定，编制和提供合法、真实、公允的财务会计报告。

3. 公司向外提供的财务会计报告包括资产负债表、利润表、现金流量表及有关附表。公司向外提供的各会计报表中所填列的会计信息，必须具有客观性、相关性、规范性和及时性的特点。

4. 公司向外提供的会计报表应依次编定页数，加具封面，装订成册，加盖公章。封面上应注明公司名称、地址、开业年份、报表所属年度、月份、送出日期等，并由公司法定代表人、总会计师（或代行总会计师职权的人员）和会计机构负责人签名或盖章。

三、公司财务会计报告的审核、确认与审计

（一）公司财务会计报告的审核

公司财务会计报告由监事会进行审核。

公司财务会计报告的审核，是指有权机关对公司财务会计报告的内容是否真实、全面，方法是否准确、得当，程序是否合理、合法进行监督、检查的法律行为。根据我国《公司法》第53、54条的有关规定，监事会或者监事有权检查公司财务。因此，在公司财务会计报告交股东会或股东大会审议前，应交由公司监事会进行审核。监事会认为必要时，可以聘请中立的会计师对有关会计报表进行审核，有关费用由公司负担。监事会应将审核意见做成书面报告，交董事会。董事会应将财务会计报告和监事会的审核报告，一并交股东会或股东大会确认；为保证公司财务会计报告的客观、真实，公司依法向外提供的财务会计报告，必须经在我国注册的会计师审查、验证、并出具报告。对公开发行股票的股份有限公司，在公告其财务会计报告及必要的附注和说明时，必须取得注册会计师的鉴证。

（二）公司财务会计报告的确认

公司财务会计报告的确认，是指对董事会提交的公司财务会计报告和监事会的审核报告，经股东会或股东大会讨论通过，使其具有相应法

律效力的法律行为。公司的财务会计报告一经股东会或股东大会审议通过，即可免除董事、监事对公司财务会计报告的个人责任，继而由公司对财务会计报告的真实性、准确性和全面性负责。但是，如果董事、监事在财务会计报告的制作过程中有违法行为的，仍应对其违法行为承担相应的责任。可见，公司的财务会计报告只有经过股东会或股东大会的确认，才具有相应的法律效力，才能向社会及有关各方进行公示、披露。

公司财务会计报告由股东会确认。

（三）公司财务会计报告的审计

公司的财务会计报告是对公司经营管理的过程和经营成果的综合反映，制作合法、信息真实的财务会计报告在公司股东、债权人和社会公众了解和正确评价公司的财务和经营状况等方面具有非常重要的作用。因此，为防止公司在财务会计报告上作虚假记载或者隐瞒重要事实，保证财务会计报告的真实性，各国法律对公司的财务会计报告均进行监管。我国《公司法》规定，公司的财务会计报告应依法经会计师事务所审计。

四、公司财务会计报告的公示制度

（一）公司财务会计报告公示制度的概念与作用

公司财务会计报告的公示制度，是指公司依照法律规定的时间、条件、程序，将公司的财务会计报告，向公司股东、债权人、政府有关部门及社会公众公开的制度。

公司财务会计报告的公示制度，是公司有关法律制度的内在要求。现代市场经济条件下，公司所有权与经营管理权的分离、公司的有限责任制度及国家在整个国民经济运行中的宏观调控作用，要求在公司的有关法律制度中，必须设置相应的法律制度，保证公司股东、债权人及国家有关经济管理部门及时了解和掌握公司的经营管理效益。公司财务会计报告的公示制度，可以使公司股东、债权人及国家有关经济管理部门及时了解和掌握公司的经营管理情况，这对于保护公司股东、债权人及社会公众的利益，对国家有关经济管理部门及时调整有关政策，维护交易安全、稳定社会经济秩序具有重要的作用。

公司财务会计报告的公示制度，对公司股东、债权人及国家有关经济管理部门及时了解和掌握公司的经营管理情况具有重要的作用。正确选择公司财务会计报告的公示方式，是公司合法经营的重要标志之一。

（二）公司财务会计报告的公示制度

市场经济条件下，公司的法律形态不一，公司在国民经济中的地位与作用各异。因此，法律对公司财务会计报告公开的范围与方式的要求也不同。根据我国《公司法》第 163、164、165 条及有关法律、法规的规定，公司财务会计报告的公示方式有以下三种：

1. 将公司财务会计报告置备于公司住所地供股东查阅或送交各股东。我国《公司法》第 165 条规定，有限责任公司应当按照公司章程规定的期限将财务会计报告送交各股东。股份有限公司的财务会计报告应当在召开股东大会年会的 20 日以前置备于本公司，供股东查阅。公开发行股票的股份有限公司必须公告其财务会计报告。

2. 向有关部门报送公司的财务会计报告。根据《股份有限公司会计制度》的有关规定，公司的财务会计报告应当报送当地财政机关、开户银行、税务部门和证券监管部门。财政部门、开户银行、税务部门及证券监管部门，对于公司报送的财务会计报告，在公司财务会计报告未正式对外披露前，有义务对其内容保密。

3. 公告公司的财务会计报告。根据我国《公司法》《证券法》及有关法律法规的规定，公开发行股票的股份有限公司必须公告其财务会计报告；上市公司必须按照法律、行政法规的规定，定期公开其财务状况和经营状况，在每一会计年度内半年公布一次财务会计报告。月度财务报告应于月份终了后 6 天内报出；中期财务报告应于年度中期结束后 60天（相当于两个连续的月份）内报出；年度财务报告应于年度终了后 4个月内报出。

五、公司违反财务会计报告制度的法律责任

公司对其制作的财务会计报告的真实性、准确性和充分性应承担责任。责任主体既包括公司，也包括公司的直接责任人员，如董事、经理、财务负责人、财务人员等。承担责任的形式包括行政责任、经济责任和刑事责任。

我国《公司法》第 201、202、203、204、207 条分别从以下几个方面规定了公司及其有关人员违反公司财务会计制度的法律责任：

1. 公司违反公司法的规定，在法定的会计账簿以外另立会计账簿的，由县级以上人民政府财政部门责令改正，处以 5 万元以上 50 万元以下的罚款。构成犯罪的，依法追究刑事责任。

2. 公司在依法向有关主管部门提供的财务会计报告等材料上作虚假记载或者隐瞒重要事实的，由有关主管部门对直接负责的主管人员和其他直接责任人员处以 3 万元以上 30 万元以下的罚款。构成犯罪的，依法追究刑事责任。

3. 公司在进行清算时，隐匿财产，对资产负债表或者财产清单作虚伪记载或者未清偿债务前分配公司财产的，由公司登记机关责令改正，对公司处以隐匿财产或者未清偿债务前分配公司财产金额 5% 以上 10% 以下的罚款。对直接负责的主管人员和其他直接责任人员处以 1 万元以上 10 万元以下的罚款；对构成犯罪的，依法追究刑事责任。

4. 承担资产评估、验资或者验证的机构提供虚假材料的，由公司登记机关没收违法所得，并处以违法所得 1 倍以上 5 倍以下的罚款，并可由有关主管部门依法责令该机构停业、吊销直接责任人员的资格证书、吊销营业执照。构成犯罪的，依法追究刑事责任。

承担资产评估、验资或者验证的机构因过失提供有重大遗漏的报告的，由公司登记机关责令改正，情节较重的，处以所得收入 1 倍以上 5 倍以下的罚款，并可由有关主管部门依法责令该机构停业、吊销直接责任人员的资格证书、吊销营业执照。

承担资产评估、验资或者验证的机构因其出具的评估结果、验资或者验证证明不实，给公司债权人造成损失的，除能够证明自己没有过错的外，在其评估或者证明不实的金额范围内承担赔偿责任。

第三节　公司税后利润的分配

公司是营利性的社团法人，股东投资于公司的主要目的就是获得物质经济利益，即利润。公司当年税后利润的分配，不仅关系公司未来经营的发展，影响公司股东投资积极性及股东权益的实现，而且事关公司债权人利益的保护。因此，各国公司法都对公司的利润分配作了明确的规定。根据我国《公司法》的有关规定，公司税后利润分配制度的内容主要包括：公司利润分配方案的提出与批准、公司税后利润分配的原则和顺序、公积金制度、股利支付的条件与方式及违法分配股利的后果等。

一、公司税后利润及其分配方案的提出与审议

（一）公司税后利润的概念

公司税后利润，是指公司在一定时期内生产经营过程中所取得的经营收入，扣除经营成本、费用及所得税等支出后的净利润，也叫公司的可分配利润。公司的税后利润可以反映公司一定时期的经营成果，主要

公司税后利润，由营业利润、投资收益和营业外收支净额构成。

由营业利润、投资收益和营业外收支净额构成。其中，营业利润是指公司营业收入减去营业成本和营业费用（销售费、管理费和财务费），再减去营业收入应缴纳的税金后的数额；投资收益是指公司对外投资取得的利润和利息等，扣除投资损失后的数额；营业外收支净额是指与公司生产经营无直接关系的各项收入（营业外收入）减去各项支出后的数额。

（二）公司税后利润分配方案的提出与审议

公司当年税后利润的分配方案由董事会提出，之后提交公司的股东会或股东大会进行审议。

根据我国《公司法》第46条的规定，公司当年税后利润的分配方案由董事会提出，公司当年税后利润分配方案的决定权，由股东会或股东大会行使。公司当年税后利润的分配方案，由董事会根据《公司法》有关公司当年税后利润分配的规定，结合本公司当年盈余和上年度有无亏损的情况制订，之后，由董事会将当年的税后利润分配方案，提交公司股东会或股东大会审议。对董事会提出的当年税后利润分配方案的审议，股份公司股东大会须经出席会议的股东所持表决权的半数以上通过方为批准；有限公司则由公司章程规定。经股东会或股东大会批准的当年税后利润分配方案，即可交由董事会负责执行。

二、公司税后利润分配的原则与顺序

（一）公司税后利润分配的原则

公司税后利润分配的原则与顺序属强制性法律规范，公司必须严格按照有关法律法规的规定进行公司利润的分配。

公司税后利润分配的原则，是指公司对其税后利润进行分配时依法应遵循的基本规则。现代公司制度中，为了保证公司经营管理资本的充实，巩固公司的财务基础，保护公司债权人的利益，维护交易安全和社会公共利益，各国公司法均以强制性的规范规定公司税后利润分配的原则，将"无盈不分"作为公司利润分配的基本原则。根据我国《公司法》第166条的有关规定，我国公司税后利润的分配也必须贯彻"无盈不分"的基本原则。

（二）公司税后利润分配的顺序

公司税后利润分配的顺序，是指公司依法定程序进行税后利润分配的顺序。为了使公司税后利润分配的原则得以贯彻执行，各国公司法均以强制性规范规定了公司税后利润分配的顺序。根据我国《公司法》第166、167、168条及《股份有限公司会计制度》的规定，我国公司税后利润分配的顺序为：

1. 弥补亏损。为保护公司债权人的利益，贯彻公司资本充实原则，公司在本年度有盈余时，应首先检查上一年度是否有亏损。如有亏损，而公司的法定公积金又不足以弥补上一年度的亏损时，应先用公司的当年利润弥补亏损。

2. 提取法定公积金。根据我国《公司法》的有关规定，公司当年的利润在弥补亏损后，如果仍有剩余，则必须提取利润额的 10% 列入法定公积金。当公司法定公积金累积额为公司注册资本的 50% 时，可不再提取。

3. 支付优先股股利。优先股股东往往或多或少地放弃了其共益权，一般情况下不参与公司的经营决策，也不享有公积金权益。作为权利放弃的补偿和平衡，必须减免其投资风险。因此优先股股利的支付应优先于提取任意公积金，以防止公司利用提取任意公积金损害优先股股东的权益。

4. 提取任意公积金。任意公积金是指法律不作强制规定的由公司根据情况自行决定提取的公积金。我国《公司法》规定，公司在从税后利润中提取法定公积金后，经股东会或股东大会决议，可以提取任意公积金。

5. 支付普通股股利。公司在依法完成以上各项分配后，如利润仍有剩余，即可按确定的利润分配方案向普通股股东支付股利。根据《公司法》第 34、166 条的规定，有限责任公司股东按照实缴的出资比例分取红利；公司新增资本时，股东有权优先按照实缴的出资比例认缴出资，但是，全体股东约定不按照出资比例分取红利或者不按照出资比例优先认缴出资的除外；股份有限公司按照股东持有的股份比例分配，但股份有限公司章程规定不按持股比例分配的除外。

三、公积金制度

（一）公积金的概念与种类

1. 公积金的概念。公积金又称储备金或准备金，是指为了巩固公司的资本基础、维护公司信用、扩大公司的生产经营规模、弥补可能发生的经营亏损，公司按照法律、公司章程的规定或股东会、股东大会的决议，依法从公司税后利润中提取的，不作股利分配而留存于公司内部，具有特定用途的基金。

公积金是指依法从公司税后利润中提取的，具有特定用途的基金。

2. 公积金的种类。按照公积金提取的标准，可以将其分为法定公积金和任意公积金。

法定公积金的比例和数额由法律直接规定，公司不得以公司章程或股东会决议加以改变；任意公积金，是指根据公司章程或股东会决议于法定公积金外自由提取的公积金。

（1）法定公积金，也叫强制公积金，是指依照法律规定的比例必须提取的公积金。法定公积金的比例和数额由法律直接规定，公司不得以公司章程或股东会决议加以改变。

按照法定公积金的来源不同，可以将法定公积金分为法定盈余公积金和法定资本公积金。法定盈余公积金，是指公司在弥补亏损后分配股利前，按法定比例从税后利润中提取的公积金。我国《公司法》规定，法定盈余公积金为税后利润的10％。法定资本公积金，是指由公司资本或资产以及其他原因所形成的公积金。其来源主要有：股票溢价发行的净溢价额、每一营业年度内因资产评估增值的增值额、处分资产或者出售资产的溢价收入、吸收合并其他公司所承受的资产余额、接受赠予财产的所得额等。

（2）任意公积金，又称任意盈余公积金，是指根据公司章程或股东会决议于法定公积金外自由提取的公积金。按照任意公积金提取的目的和用途，可以将任意公积金分为：为偿还公司债的"公司债偿还公积金"、平衡历年盈余分配的"平衡公积金"、无专门用途的"普通公积金"等。

（二）公积金的用途

根据《公司法》及有关法律法规的规定，公积金的提取标准不同，公积金的用途各异。

1. 法定公积金的用途。根据我国《公司法》及相关法律法规的规定，公司法定公积金的用途主要是弥补亏损和转增公司资本。在弥补公司亏损时，一般应先用法定盈余公积金，不足时再使用资本公积金。因为资本公积金的获得比较困难，而法定盈余公积金的获得比较容易。所以在弥补公司亏损时，使用法定盈余公积金是经常性的。为防止公司留存的法定盈余公积金过少，我国《公司法》规定，法定公积金转为公司资本时，公司所留存的该项公积金不得少于公司注册资本的25％。

2. 任意公积金的用途。任意公积金的用途一般在提取时就已经确定。各国公司法及相关法律法规都规定，任意公积金的用途一经确定，即转为专用基金，非经股东会或股东大会决议，不得挪作他用。根据我国《公司法》的有关规定，公司任意公积金既可以与法定公积金的用途相同，用以弥补亏损和转增公司资本，也可以由公司依特定的目的而提存，作为专用基金使用。

四、股利支付的条件与方式

（一）股利的概念与支付条件

1. 股利的概念。股利是"股息"和"红利"的统称，是指公司按照法定的条件和程序，从其可资分配的利润中向股东支付的一种财产利益。其中，股息，是指公司按股东所持股份，依事先确定的比例向股东支付的财产利益；红利，是指公司向股东分配股息后，根据盈余情况由股东会决定，另按一定比例向股东支付的财产利益。我国《公司法》及有关的法律法规，对股息、红利未作区别，统称其为股利，指依法可分配给股东的公司盈余。实践中，一些公司将股息作为对优先股股东的利益分配方式，即以事先确定的比例，比普通股股东优先获得分配；将红利作为对普通股股东的利益分配方式，即以不确定的比例，在优先股股东之后获得分配。

2. 股利的支付条件。公司向股东支付股利即分配公司税后利润，必须符合法律规定的条件，即遵循公司利润分配的原则与顺序。根据我国《公司法》第166条及有关规定，公司只有在弥补亏损、提取法定公积金后，才能将剩余利润分配给股东。这表明公司向股东分配股利，必须以有"剩余利润"为条件。没有这种"剩余利润"，原则上就不能进行股利的支付。但是，在特定情况下，公司虽然没有获得利润，在具备法律规定的条件且又不影响公司资本维持和资本不变原则的前提下，公司可以依法定程序从盈余公积金中提取一定的数额向股东支付股利，以维持公司的股票价格。

> 股利是指依法可分配给股东的公司盈余。一般情况下，公司向股东分配股利，必须以有"剩余利润"为条件。

（二）股利支付的方式

在各国立法及公司实务中，股利的支付方式主要有：现金股利、财产股利、股票股利和建业股息四种。

1. 现金股利。现金股利是指公司在年终决算后，向股东支付的货币利润额。现金股利是最普通的股利分配方式。

2. 财产股利。财产股利是指公司以现金以外的有价证券或实物等其他财产，向股东支付的利润额。有价证券主要包括：股票、债券、应付票据等；实物股利主要包括：公司自己生产的产品、公司合法占有的其他企业的对股东有使用价值的产品。

3. 股票股利。股票股利也可称为"送股"，是指公司用增发本公司股票的方式，代替现金向股东派发的股利。公司以这种方式支付股利，

> 公司股利的支付方式主要有：现金股利、财产股利、股票股利和建业股息四种。目前，我国《公司法》及有关法律法规，对财产股利和建业股息未作规定。

可以直接将股息和红利转为公司的资本。实践中，一些公司常常把"送股"与配售新股结合在一起，作为一种融资的手段进行利用。

4. 建业股息。建业股息也称建设股息或建设股利，是指某些建设周期较长的股份有限公司，在筹建期间为了维护股东的利益，在公司章程中明确规定并报经有关政府部门批准后，用一部分已筹集的资本或贷款向股东派发的股息。由于建业股息的分配减少了公司的资本，因此必须严格控制。一般情况下，建业股息的支出不计入亏损，而是计入资产负债表的资产项目下，作递延资产处理，公司开业后无须弥补。

目前，我国《公司法》及有关法律法规对财产股利和建业股息未作规定。在实践中多采用现金股利和股票股利作为股利的分配方式。

五、公司违法分配利润的法律责任

（一）公司违法分配利润的法律责任主体与责任形式

根据《公司法》及有关法律法规的规定，公司利润分配的原则、顺序和条件属于强制性的法律规范。因此，公司违法分配利润必须承担相应的法律责任。公司违反《公司法》及有关法律法规的规定进行利润分配，其责任主体包括公司，也包括公司的直接责任人员，如董事、经理、财务负责人以及其他责任人员。承担责任的方式包括：行政责任、民事责任和刑事责任。

（二）公司违法分配利润的法律责任

我国《公司法》第166条规定，公司违法分配利润的行为，主要是指公司在弥补亏损、提取法定公积金之前，向股东分配利润的行为，以及公司不按法律规定的比例提取法定公积金的行为。公司股东会、董事会违反法律规定，在弥补亏损、提取法定公积金之前，向股东分配利润的，股东必须将违反规定分配的利润退还公司。《公司法》第203条规定，公司不按法律规定依法提取法定公积金的，由县级以上人民政府财政部门责令如数补足应当提取的数额，可对公司处以20万元以下的罚款。

六、《公司法》司法解释对股东利润分配请求权保护制度的完善

2017年9月1日起施行的《最高人民法院关于适用〈中华人民共和国公司法〉若干问题的规定（四）》明确规定，首先，股东请求公司分配利润的案件，应当列公司为被告。一审法庭辩论终结前，其他股东基

于同一分配方案请求分配利润并申请参加诉讼的，应当列为共同原告。其次，股东提交载明具体分配方案的股东会或者股东大会的有效决议，请求公司分配利润，公司拒绝分配利润且其关于无法执行决议的抗辩理由不成立的，人民法院应当判决公司按照决议载明的具体分配方案向股东分配利润。最后，股东未提交载明具体分配方案的股东会或者股东大会决议，请求公司分配利润的，人民法院应当驳回其诉讼请求，但违反法律规定滥用股东权利导致公司不分配利润，给其他股东造成损失的除外。

□ 小　结

本章主要阐述了公司的财务会计报告制度，包括公司财务会计制度概述、公司的财务会计报告制度、公司税后利润的分配等。其主要内容为：

一、公司财务会计制度概述

1. 公司财务会计制度的概念

2.
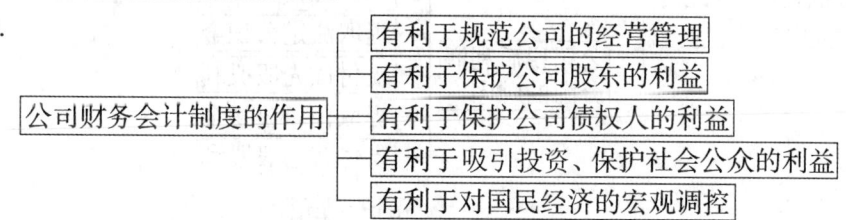

二、公司财务会计报告制度

1. 公司财务会计报告的概念与作用 —— 公司财务会计报告的概念与分类 / 公司财务会计报告的作用

2.
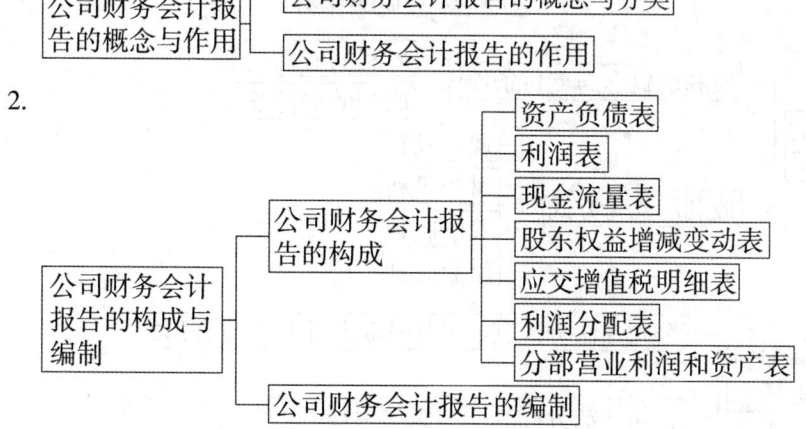

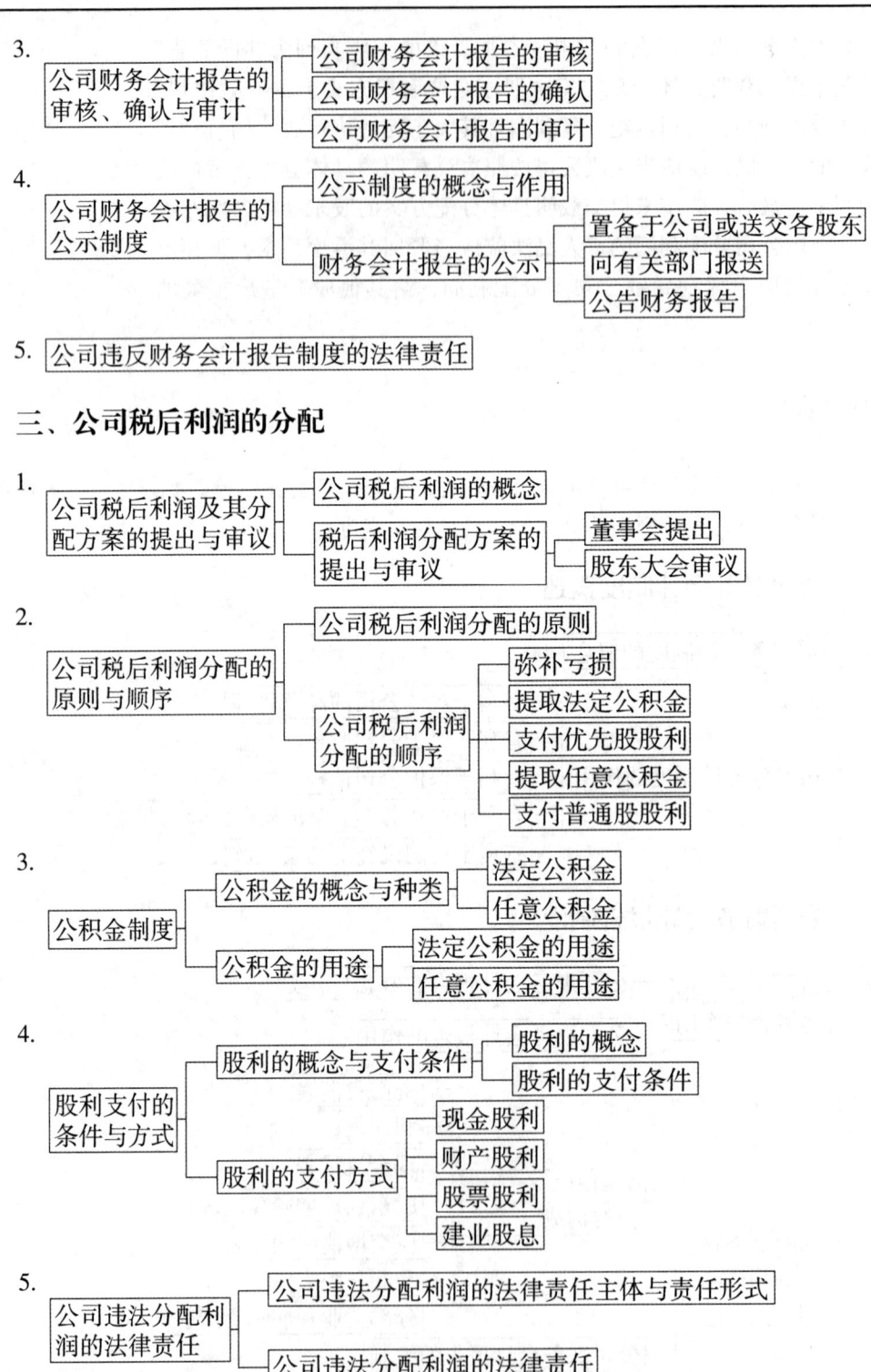

3. 公司财务会计报告的审核、确认与审计
- 公司财务会计报告的审核
- 公司财务会计报告的确认
- 公司财务会计报告的审计

4. 公司财务会计报告的公示制度
- 公示制度的概念与作用
- 财务会计报告的公示
  - 置备于公司或送交各股东
  - 向有关部门报送
  - 公告财务报告

5. 公司违反财务会计报告制度的法律责任

三、公司税后利润的分配

1. 公司税后利润及其分配方案的提出与审议
- 公司税后利润的概念
- 税后利润分配方案的提出与审议
  - 董事会提出
  - 股东大会审议

2. 公司税后利润分配的原则与顺序
- 公司税后利润分配的原则
- 公司税后利润分配的顺序
  - 弥补亏损
  - 提取法定公积金
  - 支付优先股股利
  - 提取任意公积金
  - 支付普通股股利

3. 公积金制度
- 公积金的概念与种类
  - 法定公积金
  - 任意公积金
- 公积金的用途
  - 法定公积金的用途
  - 任意公积金的用途

4. 股利支付的条件与方式
- 股利的概念与支付条件
  - 股利的概念
  - 股利的支付条件
- 股利的支付方式
  - 现金股利
  - 财产股利
  - 股票股利
  - 建业股息

5. 公司违法分配利润的法律责任
- 公司违法分配利润的法律责任主体与责任形式
- 公司违法分配利润的法律责任

6. 《公司法》司法解释对股东利润分配请求权保护制度的完善

□ 练习与思考

一、名词解释

任意公积金　资本公积金　股利

二、简答题

1. 简述公司财务会计报告制度的概念与作用。
2. 简述公司资产负债表的概念与作用。
3. 简述公司现金流量表的概念与作用。
4. 简述公司财务会计报告的组成与编制。
5. 简述公司股东权益变动表的概念与作用。
6. 简述公司税后利润分配的原则与顺序。
7. 简述公积金的来源与用途。
8. 简述股利支付的条件与方式。

三、思考题

1. 论述公司财务会计报告审核制度的完善。
2. 论述公司财务会计报告公示制度的完善。

第八章

公司合并、分立、变更、解散与清算

■学习目的和要求

通过本章学习，要求学生

● 重点掌握：公司合并、分立的法定方式；公司合并、分立、变更、解散、清算的条件与程序；公司合并、分立、变更、解散、清算的法律效力；公司清算组的组成、公司清算组的职权。

● 掌握：公司合并、分立、变更、解散、清算的概念；公司变更的内容；公司清算的种类。

● 一般了解：公司合并、分立、变更、解散、清算的意义；公司解散的登记。

第一节　公司合并

现代市场经济条件下，公司合并是公司生产经营过程中市场规律作用的必然现象，是公司由资产经营向资本经营转化过程中的有效扩张手段。为了确保公司股东、公司债权人的合法权益，维护社会经济秩序的稳定，各国公司立法均对公司合并进行了规范。我国《公司法》也对公司合并的形式、条件及程序进行了明确的规定。但需注意，随着金融的适度混业及其金融与实体企业之间综合经营模式的出现，如现实中大量存在的不同组织结构形式、不同行业之间相互融合的金融控股公司，我国《公司法》目前调整与规范的，主要是实体企业之间的合并行为，有关金融机构介入实体企业之间、实体企业与金融机构之间的合并制度，需参照相关的法律、法规。

一、公司合并概述

（一）公司合并的概念

公司合并，是指两个或两个以上的公司，因生产经营的需要，根据法律规定的条件和程序，合并为一个公司的法律行为。

（二）公司合并的方式

在公司的生产经营过程中，公司根据其生产经营的需要，可以选择不同的合并方式。我国《公司法》第 172 条按照合并前后公司之间的关系，将合并具体分为新设合并和吸收合并两种基本方式。

1. 吸收合并。吸收合并是指两个或两个以上的公司合并后，其中一个公司吸收其他公司而继续存在，被吸收各公司主体资格同时消灭的公司合并。吸收合并可以通过以下两种方式进行：①吸收方以货币资金购买被吸收方的全部资产或股份，被吸收方以所得货币资金付给原有公司股东，被吸收方公司股东因此失去其股东资格；②吸收方发行新股以换取被吸收方的全部资产或股份，被吸收公司的股东获得存续公司（吸收方）的股份，从而成为存续公司的股东。存续的公司仍保持原有的公司名称，并对被吸收公司的全部资产和负债概括承受。

2. 新设合并。新设合并是指两个或两个以上的公司合并后，成立一个新的公司，参与合并的原各公司均归于消灭的公司合并。新设合并可以通过以下两种方式进行：①由新设公司以货币资金购买部分参与合并公司的资产或股份，该部分参与合并公司的股东丧失其股东资格，剩余股东持有新设公司发行的股份，成为新设公司的股东；②新设公司发行新股，消失各公司的股份可以全部转化为新公司的股份，成为新设公司的股东。在新设合并中，新设立的公司具有新的公司名称，但对消失各公司的全部资产和负债概括承受。

（三）公司合并、收购及公司兼并之间的关系

公司的合并、兼并与公司收购，是市场经济条件下，为适应公司经

（右侧边注）

公司合并是公司扩大经营规模、加强竞争能力、提高经营效益的重要手段。公司合并的法定形式有新设合并和吸收合并。公司合并的法定形式不同，公司合并的法律效力各异。

营管理的需要，公司之间进行融合的具体方式。公司的合并、兼并与公司收购之间，既有联系，又有区别。

1. 公司合并。由公司合并的概念和形式可以看出，公司合并的特点有四：①除吸收合并中吸收公司存续外，其他参与合并的公司法人资格均归于消灭；②因合并而消灭的公司的债权、债务，无需经过清算程序，由合并后的存续公司或新设公司概括承受；③因合并消灭的公司的股东可以当然全部转为存续公司或新设公司的股东，也可凭其原有股份换取存续公司或新设公司的债券或现金，放弃其股东资格；④公司合并是公司各方在平等自愿基础上进行的、公司间的契约行为，不是股东之间的契约行为。

2. 公司收购。公司收购是指受让公司通过购买出让公司一定数额的股权（一般为50%以上）或全部、部分经营性资产（经营性权益），从而实际控制出让公司，而出让公司继续存在的法律行为。由公司收购的概念可以看出，公司收购的特点有三：①公司收购中，被收购的公司依然存在，其法人资格并不因被收购而当然丧失；②对被收购公司的债权、债务没有当然承受的义务；③被收购公司的股东必然全部或部分放弃其股东资格。

3. 公司兼并。公司兼并是指公司通过购买其他公司的产权或股份，从而使被购买公司失去法人资格或处于被控股地位的法律行为。根据我国有关公司兼并法律法规的规定，公司兼并的具体方式有控股式、吸收股份式、购买式和承担债务式。由公司兼并的概念和具体方式可以看出，公司兼并的特点有三：①公司兼并中，根据兼并的具体方式，被兼并公司的法人资格，或继续存在，或同时消灭；②公司兼并中，被兼并公司的债权、债务，兼并公司是否以及如何承担，依兼并的具体方式而定；③公司兼并中，公司兼并的具体方式决定被兼并公司股东资格的去留。

通过以上分析可以看出，公司合并、收购及公司兼并在经济学上没有严格的区分，它们都是公司扩大经营规模、提高经济效益的手段，但在公司法学中，公司的合并、兼并、公司的收购却有着不同的法律意义。根据我国目前有关公司合并、兼并、公司收购的法律法规的规定来看，公司的合并、兼并与公司收购之间，既有联系，又有区别。其中，公司兼并是公司合并与公司收购的总称，公司合并与公司收购是公司兼并的具体表现形式。

在一定条件下，公司兼并是公司合并与公司收购的总称，公司的合并与收购是公司兼并的具体形式。

二、公司合并的条件与程序

（一）公司合并的条件

公司合并，是适应市场经济运行的必然现象。公司合并，不仅涉及公司股东、公司债权人和公司职工等利害关系人的多方利益，而且对整个国民经济的运行状况有着重要的影响。为了防止滥用公司合并行为损害公司利害关系人的权益，避免过度合并形成垄断、妨碍竞争，进而影响国民经济的正常运行，各国政府都根据自己不同的社会经济发展状况，制定相应的法律制度，对公司的合并行为进行合理的引导和必要的规范。根据我国《公司法》第173条及有关法律法规的规定，公司合并的条件主要表现为以下几个方面：

1. 公司所从事的行业与国计民生关系重大，如银行、保险、信托、铁路、航空、电力、煤气、邮电等行业，这类公司的合并必须征得政府有关部门的批准。

2. 本国公司与外国公司合并的，除应符合《公司法》的有关条件外，还必须接受相关法律法规的调整，以确保公司股东、债权人和国家的权益。

3. 公司合并必须注重保护公司股东、公司债权人的合法权益。我国《公司法》规定，公司合并由股东会或者股东大会决议，合并决议必须经代表2/3以上表决权的股东通过。同时，公司应自作出合并决议之日起一定期间内，通知公司的债权人。在法定期间内，债权人有权要求公司清偿债务或者提供相应的担保。不清偿债务或者不提供相应担保的，公司不得合并。

> 公司合并条件与程序制度的设计，不仅要有利于保护公司股东、公司债权人、社会公众的利益，同时，还要有利于国家宏观经济管理。

（二）公司合并的程序

公司合并，不仅关系到合并各方出资人、债权人及公司本身的切身利益，而且还涉及公司的终止、变更和设立等许多法律程序。为了维护合并各方当事人的合法权益，公司的合并行为必须按照法律规定的程序进行。根据我国《公司法》及有关法律法规的规定，公司合并的程序主要包括：签订合并协议、编制资产负债表及财产清单，股东会作出合并决议，政府监管部门进行审批，通知或公告债权人，实施合并和办理合并登记。

1. 签订合并协议，编制资产负债表及财产清单。公司合并首先应由合并各方在平等协商的基础上，就合并的有关事项达成合并协议。通常，合并协议的内容主要包括：①合并各方的名称、住所；②合并后存续公司或新设公司名称、住所；③合并各方的资产状况及处理办法；④合并各方债权债务处理办法；⑤存续公司或新设立公司因合并而增加的资本数额或新发行股份的种类与数量；⑥合并各方认为需要载明的其他事项。与此同时，合并各方应编制资产负债表及财产清单，以明确参与合并各方的资产及负债状况，以作为处理合并各方债权债务、提出合并条件的依据。公司的资产负债表及财务清单应作为合并协议的附件，与合并协议一并提交股东会或股东大会进行表决。

2. 股东会或股东大会作出合并决议。公司合并与公司股东的切身利益密切相关，因此，各国公司立法都把公司合并的决定权赋予股东会或者股东大会。根据我国《公司法》的有关规定，公司合并，必须由股东会或者股东大会以特别决议通过。当公司签订合并协议后，应将合并协议草案及资产负债表、财务清单，一并提交合并各方的股东会或股东大会进行表决。对股东会作出的合并决议投反对票的有限公司股东，有权请求公司按照合理的价格收购其股权；对股东大会作出的合并决议持有异议的股份公司股东，有权要求公司收购其股份。

3. 通知或公告债权人。公司之间实施合并行为，会直接影响到公司债权人的利益。因此，在公司合并的过程中，各国公司立法都规定了对公司债权人利益的保护程序。按照我国《公司法》第173条规定，公司应自作出合并决议之日起10日内通知债权人，并于30日内在报纸上公告。债权人自接到通知书之日起30日内，未接到通知书的自公告之日起45日内，可以要求公司清偿债务或者提供相应的担保。

4. 实施合并。在完成公司债权人的保护程序后，合并各方即可按照有关合并协议实施公司合并，进行公司之间资本的合并及财产的转移。合并后的公司为股份有限公司时，参加合并的公司必须将其资本划分为等额股份，涉及股票的发行或变更的，应征得证券监管机关的核准同意；合并后的公司为有限责任公司时，合并各方必须进行资产评估，确定其在合并后有限责任公司中所占的资本比例。完成资本融合的程序后，合并后存续的公司或新设立的公司，应召集股东会或者股东大会报告公司合并情况、通过变更或新订立的公司章程。

5. 办理公司登记。公司依照上述法定程序完成合并后，应在法定期限内向公司登记机关申请办理公司登记。公司合并时的登记，依据合并中各方去留的变化分为三种基本情况：①公司的变更登记，在吸收合并的过程中，吸收他方而继续存在的公司，因股东、公司资本、公司章程都发生了变化，必须进行变更登记；②公司的注销登记，在吸收合并和新设合并中，因合并而丧失法人资格的公司，必须进行注销登记；③公司的设立登记，在新设合并中，因合并而设立的新公司，必须进行设立登记。

三、公司合并的法律效力

公司合并是一种要式法律行为。根据我国《公司法》第174条及有关法律法规的规定，公司按照法定的条件与程序进行合并，具有以下法律效力：

（一）公司的设立、变更或消灭

在公司的新设合并和吸收合并中，因参与合并而丧失法人资格的公司，无须进行清算即可进行注销登记；新设立的公司则应重新制定公司章程、召集创立大会，办理相应的设立登记；在公司的吸收合并中，吸收他方而继续存在的公司，因股东、公司资本、公司章程都发生了变化，则应进行相应的变更登记。

（二）公司权利义务的概括承受

公司按照法定的条件与程序进行合并时，因合并而注销的公司，其权利与义务一并转移给合并后存续的公司或新设立的公司。存续的公司或新设立的公司承受的权利与义务既包括实体上的权利与义务，也包括程序上的权利与义务。我国《公司法》第174条规定："公司合并时，合并各方的债权、债务，应当由合并后存续的公司或者新设的公司承继。"

（三）公司股东资格的当然继承

公司按照法定的条件与程序进行合并后，参加合并的各公司股东，可以按照合并协议的有关规定，当然转换为合并后存续公司或新设立公司的股东。不同意合并的股东，有权请求公司按合并时的公平价格，收买其持有的股份，放弃合并后存续公司或新设立公司的股东资格。

公司按照法律规定的条件与程序进行合并后，将导致公司的设立、变更或消灭，原有公司的权利义务将概括转让于存续或新设立的公司，原公司股东的资格可以当然继承。

第二节　公司分立

公司分立是市场经济条件下，公司为使其生产经营更加专业化、经营管理更加科学化，调整其经营范围和经营方式，以增强公司市场竞争能力、提高公司经营管理效益的重要手段。与公司合并相比，公司分立制度的出现和普遍适用较晚。由于公司分立与公司设立有许多相似之处，因而许多国家和地区的公司法没有设置公司分立制度，而是将其融于公司设立制度中一并规范。我国《公司法》对公司分立的形式、条件和程序进行了明确具体的规定。

一、公司分立概述

（一）公司分立的概念

公司分立是指一个公司按照法律规定的条件和程序分解为两个或两个以上公司的法律行为。

（二）公司分立的方式

公司分立条件与程序制度的设计，既要有利于保护公司股东、债权人以及社会公众的合法利益，同时又要有利于国民经济宏观管理的需要。

公司在生产经营过程中，可以根据经营管理的需要，选择不同的分立方式。我国《公司法》没有规定公司分立的具体方式。根据原有公司与分立后公司之间的关系，学界将公司分立划分为新设分立和派生分立两种基本方式。

1. 新设分立。新设分立，是指一个公司按照法律规定的条件与程序，将其资产或业务进行分割，然后分别设立两个或两个以上的新设公司，原有公司的法律主体资格消灭的公司分立。从广义上看，公司新设分立包含以下两种情形：一种是将原公司划分为两个或两个以上彼此独立，且都具有法人资格的法律主体，同时，对原公司的财产和债权债务进行明确的划分，然后由彼此独立的各新设公司按照分立协议，分别承受各自应承受的部分；另一种是将原公司划分为两个或两个以上相对独立，但具有同一法人资格的法律主体，对原公司的财产和债权债务只进行必要的划分，表面上对原公司的财产和债权债务是由各新设公司按照公司分立协议分别承受，实质上对原公司的财产和债权债务是由各新设公司共同承受。从狭义上看，公司新设分立仅指第一种情形的公司分立。我国《公司法》规范的是狭义上的公司新设分立。

2. 派生分立。派生分立是指一个公司按照法律规定的条件和程序，将其部分资产或营业进行分离，另设一个或数个新的公司或分支机构，原有公司继续存在的公司分立形式。从广义上看，公司派生分立包含以下两种情形：一种是将原公司划分为两个或两个以上彼此独立，且都具有法人资格的法律主体，同时，对原公司的财产和债权债务进行明确的划分，然后由彼此独立的各公司按照分立协议，分别承受各自应承受的部分；另一种是将原公司划分为两个或两个以上相对独立，但具有同一法人资格的法律主体，对原公司的财产和债权债务只进行必要的划分，表面上对原公司的财产和债权债务是由原公司和新设公司按照公司分立协议分别承受，实质上对原公司的财产和债权债务是由原公司和新设公司共同承受。从狭义上看，公司派生分立仅指第一种情形下的公司分立。我国《公司法》规范的是狭义上的公司派生分立。

二、公司分立的条件与程序

（一）公司分立的条件

公司分立会导致公司的变更、解散和新设。这对于拟进行分立的公司而言，可能导致其解散或资本和股东的变更；对股东而言，可能引起股东与原公司之间的关系及其股权数量和结构的变化；对公司的债权人而言，可能引起债务人主体的变化。公司分立，不仅涉及公司股东、债权人的经济利益，而且还对公司资产权益的构成结构状况，整个社会的产业空间分布状况，以及国民经济的整体运行状况产生重要的影响。因此，各国公司法都根据其不同的国民经济发展状况以及社会基本经济制度状况，制定相应的法律制度以规范公司的分立行为。根据我国《公司法》的有关规定，公司分立的条件主要表现为以下几个方面：

1. 公司所从事的行业与国计民生关系重大，如银行、保险、信托、铁路、航空、电力、煤气、邮电等行业，这类公司的分立必须征得政府有关监管部门的批准。公司分立后，公司法律形态的选择，必须符合《公司法》及有关法律法规的规定。

2. 除应符合《公司法》的有关条件外，公司分立还必须接受相关法律法规的调整，以确保公司股东、债权人和国家的合法权益。具体而言，公司分立必须符合国家有关税收、生产经营范围等行政法律法规的规定。如果公司分立的目的是规避有关法律法规的限制、逃避公司债务，使股东、债权人的合法权益和国家的税收严重受损，则分立无效。

3. 公司分立必须注重保护公司债权人的合法权益。我国《公司法》第175条及有关法律规定，公司分立必须由股东会或者股东大会以特别决议通过。同时，公司应自作出分立决议之日起10日内通知公司的债权人，并在30日内在报纸上公告。

（二）公司分立的程序

公司分立不仅关系公司股东、债权人及公司本身的切身利益，而且

公司分立的条件、程序与公司合并的条件、程序基本相同。

还涉及公司的终止、变更和设立等许多法律程序。为了保证公司分立行为的合法、有效，维护公司股东、债权人的合法权益，公司的分立行为必须按照法律规定的程序进行。根据我国《公司法》及有关法律法规的规定，公司分立的程序主要包括：签订分立协议、编制资产负债表及财产清单，股东会进行分立决议，政府监管部门进行审批，通知或公告债权人，实施分立和办理工商登记。

1. 签订分立协议，编制资产负债表及财产清单。公司分立首先应由公司就分立的有关事项拟订分立协议。通常，分立协议的内容主要包括：①公司的名称、住所；②分立后存续公司或新设公司的名称、住所；③公司的资产状况及划分办法；④公司债权债务的处理方案；⑤存续公司或新设立公司因分立而增加的资本数额或新发行股份的种类与数量；⑥公司分立认为需要载明的其他事项。与此同时，公司分立应编制资产负债表及财产清单，以明确拟分立公司的资产及负债状况，作为公司分立中处理债权债务、进行分立决策的依据。公司的资产负债表及财务清单应作为分立协议的附件，与分立协议一并提交股东会或者股东大会进行表决。

2. 股东会或者股东大会作出分立决议。公司分立与公司股东的切身利益密切相关，因此，各国公司立法都把公司分立的决定权赋予股东会或股东大会。根据我国《公司法》的有关规定，公司分立，必须由股东会或者股东大会以特别决议通过方可进行。当公司拟订分立协议后，应将分立协议草案及资产负债表、财务清单，一并提交合并各方的股东会或者股东大会进行表决。对股东会作出的分立决议投反对票的有限公司股东，有权请求公司按照合理的价格收购其股权；对股东大会作出的分立决议持有异议的股份公司股东，有权要求公司收购其股份。

3. 通知或公告债权人。公司进行分立的行为，会直接影响到公司债权人的利益。因此，在公司分立的过程中，各国公司立法都规定了对公司债权人利益的保护程序。我国《公司法》第 175 条规定，公司应自作出分立决议之日起 10 日内通知债权人，并于 30 日内在报纸上公告。

4. 实施分立。在完成公司债权人的保护程序后，拟分立公司即可按照有关分立协议实施公司分立，进行公司资本的分割及公司财产的转移。分立后的公司为股份有限公司时，拟分立的公司必须将其资本划分为等额股份，涉及股票的发行或变更的，应征得证券监管机关的核准同意；分立后的公司为有限责任公司时，拟分立的公司必须进行资产评估，确定其分立后在有限责任公司中所占的资本比例。完成资本融合的程序后，分立后存续的公司或新设立的公司，应召集股东大会报告公司分立情况、通过变更或新订立的公司章程。

5. 办理公司登记。公司依照上述法定程序进行分立后，应在法定期限内，向公司登记机关办理登记。公司分立时的登记，依据分立中各方去留的变化分为三种基本情况：①公司的变更登记，在派生分立的过程中，分立后继续存在的公司，因股东、公司资本、公司章程都发生了变化，必须进行变更登记；②公司的注销登记，在新设分立中，因分立而丧失法人资格的公司，必须进行注销登记；③公司的设立登记，在派生分立和新设分立中，因分立而设立的新公司，必须进行设立登记。

三、公司分立的法律效力

公司分立的法律效力与公司合并的法律效力基本相同。公司分立，是一种要式法律行为。根据我国《公司法》第 175、176 条及有关法律法规的规定，公司按照法定的条件与程序进行分立，具有以下法律效力：

（一）公司的设立、变更或消灭

在公司的新设分立中，因进行公司分立而丧失法人资格的公司，无须进行清算即可进行注销登记；在公司的派生分立和新设分立中，新设立的公司则应重新制订公司章程、召集创立大会，办理相应的设立登记；在公司的派生分立中，拟分立的公司进行分立后，继续存在的公司，因股东、公司资本、公司章程都发生了变化，则应进行相应的变更登记。

（二）公司权利义务的概括承受

公司按照法定的条件与程序进行分立时，因分立而注销的公司，其权利与义务一并转移给分立后存续的公司或新设立的公司。存续或新设立公司承受的权利与义务既包括实体上的权利与义务，也包括程序上的权利与义务。公司分立前的债务由分立后的公司承担连带责任。但是，公司在分立前与债权人就债务清偿达成的书面协议另有约定的除外。

（三）公司股东资格的当然继承

公司按照法定的条件与程序进行分立后，拟分立公司的股东，可以按照分立协议的有关规定，当然转换为分立后存续或新设立公司的股东。不同意分立的股东，有权请求公司按分立时的公平价格，收买其持有的股份，放弃分立后存续公司或新设立公司的股东资格。

第三节　公司变更

公司在生产经营过程中，为了适应社会经济的不断发展，需要不断地调整经营范围、变换经营方式、变更公司的组织形式，以适时调整经营策略，获得最佳的经济效益。为确保公司变更中公司有关利害关系人的合法权益，各国公司立法都对其进行了具体的规范。我国《公司法》及有关法律法规，也对公司变更的事项、条件及公司变更的程序等进行了明确的规定。

一、公司变更的概念

公司变更是指在不中断公司经营活动的前提下进行的公司有关登记事项和组织形式的变化。公司变更的具体内容不同，变更的条件与程序各异。

公司变更是指公司在其存续期间内，为适应公司经营管理的需要所进行的公司名称、住所、法定代表人姓名、注册资本、实收资本、公司类型、经营范围、营业期限、有限责任公司股东或股份有限公司发起人的姓名或名称以及认缴和实缴的出资额、出资时间、出资方式等公司登记注册事项的变化。

由于公司变更注册事项可能对社会产生的影响，因此各国法律对公司变更均进行监管。我国公司变更应当符合《公司法》《公司登记管理条例》等有关法律、行政法规的规定。

二、公司变更的程序

公司登记注册事项的变更程序，依变更事项的具体内容不同而不同。公司登记注册事项的变更程序主要包括：

（一）拟订公司登记注册事项的变更方案

在公司的生产经营过程中，公司登记注册事项的变更，应首先就拟变更事项，由公司的执行机构拟订公司登记注册事项的变更方案。

（二）形成变更决议

公司登记注册事项的变更涉及股东会或者股东大会职权的行使，因此，公司变更必须由股东会或者股东大会依《公司法》作出变更决议。

（三）公司债权人的保护

当公司变更的内容为减少注册资本时，公司应依法编制资产负债表和财产清单，并在法定期限内通知公司债权人，并于 30 日内在报纸上公告。公司债权人有权要求公司清偿债务或提供相应担保。申请变更登记时应当提交公司在报纸上登载公司减少注册资本公告的有关证明和公司债务清偿或者债务担保情况的说明。此外，按照《公司法》规定，公司减资后的注册资本不得低于法定的最低限额。

（四）公司增资股东认缴出资和认购新股

公司增加注册资本的，有限责任公司股东认缴新增资本的出资和股份有限公司的股东认购新股，应当分别依照《公司法》设立有限责任公司缴纳出资和设立股份有限公司缴纳股款的有关规定执行。股份有限公司以公开发行新股方式或者上市公司以非公开发行新股方式增加注册资本的，还应当提交国务院证券监督管理机构的核准文件。公司法定公积金转增为注册资本的，验资证明应当载明留存的该项公积金不少于转增前公司注册资本的 25%。

（五）提出变更申请

公司作出登记注册事项的变更决议后，应由公司法定代表人签署公司登记注册事项的变更申请书，向原公司登记机关提出申请。在提交变更申请书的同时，还必须提交相关审核资料。公司变更登记事项涉及修改公司章程的，应当提交由公司法定代表人签署的修改后的公司章程或者公司章程修正案；变更登记事项依照法律、行政法规或者国务院决定规定在登记前须经批准的，应当提交有关批准文件。

以下事项的变更，应当在法定期限内申请变更登记：公司名称变更的，应当自变更决议或者决定作出之日起 30 日内申请变更登记；公司住所变更的，应当在迁入新住所前申请变更登记；公司变更法定代表人的，应当自变更决议或者决定作出之日起 30 日内申请变更登记；公司减少注册资本的，应当自公告之日起 45 日后申请变更登记；公司变更实收资本的，公司应当自足额缴纳出资或者股款之日起 30 日内申请变更登记；公司变更经营范围的，应当自变更决议或者决定作出之日起 30 日内申请变更登记；变更经营范围涉及法律、行政法规或者国务院决定规定在登记前须经批准的项目的，应当自国家有关部门批准之日起 30 日内申请变更登记；有限责任公司的股东或者股份有限公司的发起人改变姓名或者名称的，应当自改变姓名或者名称之日起 30 日内申请变更登记；公司登记事项变更涉及分公司登记事项变更的，应当自公司变更登记之日起 30 日内申请分公司变更登记；有限责任公司股东转让股权的、有限责任公司的自然人股东死亡后其合法继承人继承股东资格的，应当自转让股权之日起 30 日内申请变更登记。

此外，公司变更类型的，应当按照拟变更的公司类型的设立条件，在规定的期限内向公司登记机关申请变更登记，并提交有关文件。

（六）公司变更登记

公司原登记管理机关，应在公司申请变更事项需要提交的文件和证明材料等齐备后，进行审查，并在规定时限内作出核准变更登记或不予变更登记的决定。在进行公司名称或合并、分立等重大事项变更时，公司登记管理机关应于核准变更之后进行公告。公司住所变更跨登记机关辖区的，应当在迁入新住所前向迁入地公司登记机关申请变更登记；迁入地公司登记机关受理的，由原登记机关将公司登记档案移送迁入地公司登记机关。

此外，公司章程修改未涉及登记事项的，公司应当将修改后的公司章程或者公司章程修正案送原公司登记机关备案；公司董事、监事、经理发生变动的，应当向原公司登记机关备案。

变更登记事项涉及《企业法人营业执照》载明事项的，公司登记机关应当换发营业执照。

三、公司变更的法律效力

公司有关登记注册事项的变更，必然涉及公司权利义务关系及公司权利义务内容的变化。公司权利义务关系及公司权利义务内容的变更状况，主要取决于其变更的具体事项。不同的变更事项，对公司变更后的权利义务影响不同。

（一）公司权利义务内容的变化

公司名称、住所、法定代表人姓名、注册资本、公司类型、经营范围、营业期限、有限责任公司股东或股份有限公司发起人的姓名或名称以及认缴的出资额、出资时间、出资方式等登记注册事项变更后，公司的权利义务以变更后相应的权利义务的内容为限。如公司名称变更后，自变更登记之日起，公司即取得该名称的专用权并有权将其随公司或公司的一部分转让；公司变更经营范围或经营方式的，该公司只在变更后的经营范围内享有权利承担义务。公司章程变更后，以变更后的公司章程为该公司的行为规范准则，其他制度都必须以该章程为依据。

公司有关登记注册事项变更后，自变更登记之日起，公司以变更后的内容为其权利能力和行为能力的法律依据。

（二）公司权利义务关系的变化

公司因合并而发生变更的，原有公司的权利义务关系，由变更后存续或新设立的公司当然、概括承受；公司因分立而发生变更的，除公司在分立前与债权人就债务清偿达成的书面协议另有约定的以外，公司分立前的债务由分立后的公司承担连带责任；公司组织形式变更时，公司变更前的债权、债务由变更后的公司承继。

第四节　公司解散与清算

公司的解散、清算，与公司股东、债权人、公司职工及国家和社会公众的利益紧密相关。为确保公司解散与清算过程中，公司股东、债权人、公司职工及国家和社会公众的合法利益，各国公司立法都对公司的解散与清算进行了规范。我国《公司法》也明确规定，公司因完成其使命或法定原因消灭其主体资格时，必须依法进行解散与清算，才能最后终止其法律主体资格。

一、公司的解散

（一）公司解散的概念

公司解散，是指公司因法律或公司章程规定的解散事由出现，停止其生产经营活动并经过清算，最后消灭其法律主体资格的法律行为。

公司的解散与清算，是公司终止其法律主体资格的必经程序。

（二）公司解散的原因

根据我国《公司法》第180、182条以及《破产法》的规定，公司解散的原因主要包括以下几种：

1. 自愿解散。公司自愿解散，是指因公司章程中规定的解散事由出现或股东会、股东大会作出决议所导致的公司解散。我国《公司法》第181条规定了公司自愿解散的具体原因：①公司章程规定的营业期限届满或者公司章程规定的其他解散事由出现；②股东会或者股东大会决议解散；③因公司合并或者分立需要解散。

2. 强制解散。根据《公司法》的规定，公司被强制解散，是指公司在其生产经营活动中，因违反有关法律法规的规定，被政府有关管理机关依法吊销营业执照、责令关闭或者被撤销所导致的公司解散。

3. 司法解散。我国《公司法》第 182 条规定，公司经营管理发生严重困难，继续存续会使股东利益受到重大损失，通过其他途径不能解决的，持有公司全部股东表决权 10% 以上的股东可以请求人民法院解散公司。根据上述规定可以这样归纳：公司的司法解散是指当公司出现股东无力解决的经营管理僵局时，由股东请求法院通过诉讼途径解散公司。因此也可以看出，公司经营管理僵局的出现是法院介入公司解散的原因。而如何判断公司经营管理僵局的出现，不仅是公司能否通过司法途径解散的关键，也是防止股东滥用司法解散请求权、防止法院随意介入公司事务的关键。

根据 2008 年《最高人民法院关于适用〈中华人民共和国公司法〉若干问题的规定（二）》的相关规定，《公司法》第 182 条规定的公司僵局表现为以下四种情形：①公司持续两年以上无法召开股东会或者股东大会，公司经营管理发生严重困难的；②股东表决时无法达到法定或者公司章程规定的比例，持续两年以上不能作出有效的股东会或者股东大会决议，公司经营管理发生严重困难的；③公司董事长期冲突，且无法通过股东会或者股东大会解决，公司经营管理发生严重困难的；④经营管理发生其他严重困难，公司继续存续会使股东利益受到重大损失的情形。同时明确规定，股东以知情权、利润分配请求权等权益受到损害，或者公司亏损、财产不足以偿还全部债务，以及公司被吊销企业法人营业执照未进行清算等为由，提起解散公司诉讼的，人民法院不予受理。

4. 破产解散。公司破产解散，是指公司因不能清偿到期债务，被依法宣告破产而导致的公司解散。我国《破产法》及有关法律、行政法规规定：公司因不能清偿到期债务，依公司或公司债权人的申请，法院依法宣告公司破产的，公司自法院作出破产宣告之日起即告解散。

（三）公司解散的效力

解散是公司终止其营业及法律主体资格的起点，只有进行清算，清理财产，偿还债务，分割剩余财产之后，才能达到终止其营业及法律主体资格，退出市场的目的。因此，解散并没有消灭公司法人资格，而是启动了公司清算程序，公司的法律主体资格在清算终结前，视为继续存在；公司与股东之间的法律关系仍然存在，《公司法》中有关股东与公司关系的法律规定仍然适用；公司股东会、监事会仍然存在，必要时仍可以行使《公司法》及公司章程中规定的职权；公司的法定代表机关和执行机构（董事会、经理等）均丧失其地位和法定职权，其地位由清算组取代；公司的权利能力受到限制，除与公司清算有关的业务活动外，公司不得从事任何生产经营活动，不得处理公司的财产；清算期间，公司概括承受其存续期间所产生的一切权利与义务。

二、公司的清算

（一）公司清算的概念

公司清算，是指公司解散后，为最终了结现存的财产和其他法律关系，依照法定程序，对公司的财产和债权债务关系，进行清理、处分和分配，以了结其债权债务关系，从而消灭公司法人资格的法律行为。公司除因合并或分立而解散外，其余原因引起的解散，均须经过清算程序。

（二）公司清算的种类

按照清算对象、清算原因以及清算的复杂程度，清算在立法上有不同的分类：任意清算与法定清算、普通清算与特别清算、破产清算与非破产清算。

1. 任意清算与法定清算。此类清算的划分标准为清算是否依照法律规定的方式和程序进行。任意清算是指不需依照法律规定的方式和程序，而仅依照全体股东的意见或者公司章程规定进行的清算。反之则为法定清算。任意清算只适用于股东对公司债务负无限责任的公司。而对有限责任形式的公司，由于其清算行为对股东、债权人以及其他利益相关者影响较大，因此，各国法律均规定必须按照法律规定的程序进行清算。我国《公司法》没有规定无限责任形式的公司，因此不存在任意清算，所有的公司清算均为法定清算。

2. 普通清算与特别清算。此类清算的划分标准为清算是否有法院或者政府部门介入。

（1）普通清算，是指公司在解散后依法自行组成清算组，按照法定程序进行的清算。一般而言，公司在普通清算中，应自作出解散决议之日起的法定期限内，由公司章程规定的清算人员或者公司权力机构从执行机构中选任的清算人员，按照法律规定的程序进行清算。在公司的普通清算中，由于公司债权人通常都能够全额受偿，所以法院和债权人一般不直接参与公司的清算活动，他们只对公司的清算过程进行监督。我国《公司法》第 183 条规定了公司的普通清算，即公司因公司章程规定的营业期限届满或者公司章程规定的其他解散事由的出现而解散的、公司由股东会或者股东大会决议而解散的、公司依法被吊销营业执照、责令关闭或被撤销而解散的、公司被人民法院强制解散的，应当在 15 日内成立清算组，开始清算。有限责任公司的清算组由股东组成，股份有限公司的清算组由董事或股东大会确定的人员组成。

（2）特别清算，是指公司在进行普通清算的过程中出现显著障碍或发现其债务有超过其实有资产的可能时，依法由法院和债权人进行直接干预和监督的清算。普通清算中的显著障碍，是指普通清算难以实际进行的状况。一般包括法律障碍和事实障碍两个方面。法律障碍，是指由法律行为的结果，致使普通清算难以继续进行的状况。如公司的财产已被查封、强制执行，部分财产已脱离公司占有，致使公司无法对其进行处分等。事实障碍，是指普通清算事实上难以继续进行的状况。如财产处分无法实现，公司财产已经减少灭失等。特别清算是为尽量避免破产清算而进行的普通清算与破产清算之间的一种清算方式。在特别清算中，法院要对清算事务进行严格的监督和积极的干预。

一般，特别清算可以依出资人、债权人或利害关系人的申请，由法院命令进行，也可以由法院在其职权范围内直接命令进行。我国《公司法》第 183 条规定，公司解散后逾期不成立清算组的，债权人可以申请人民法院指定有关人员组成清算组进行清算，人民法院应当受理该申请，并及时组织清算组进行清算。《最高人民法院关于适用〈中华人民共和国公司法〉若干问题的规定（二）》明确规定，有下列情形之一，债权人或者公司股东申请人民法院指定清算组进行清算的，人民法院应予受理：①公司解散逾期不成立清算组进行清算的；②虽然成立清算组但故意拖延清算的；③违法清算可能严重损害债权人或者股东利益的。与此同时，该司法解释还规定人民法院受理的清算案件中，清算组由人民法院指定和更换。基于人民法院在特别清算中的地位和作用，在我国的司法实践中，特别清算有时也称强制清算，而普通清算则称自行清算。

3. 破产清算与非破产清算。此类清算的划分标准为清算是否适用破产清算程序。破产清算是指公司因不能清偿到期债务被宣告破产后，由法院组织清算组对公司财产进行清理、估价、处理和分配，并最终消灭公司法人资格的清算。我国《公司法》第 190 条规定，公司被依法宣告破产的，依照有关企业破产的法律实施破产清算。因此破产清算中的法律关系由《破产法》调整。《公司法》中规定的清算为非破产清算。

（三）清算组

清算组是指在公司解散清算的过程中，具体从事公司财产及债权债务清理事务活动的组织或个人。在公司解散、清算过程中，由于公司的法律主体资格并没有丧失，而公司原有的权利能力又受到限制，因此，需要有专门的机构负责公司的清算活动。清算组就是在公司决定解散后成立的，具体执行财产管理和处分等清算事务的临时性执行机构。清算组的法律地位，相当于公司原有的执行机构的法律地位，是公司法律主体资格的代表机构，它在清算过程中实施的各种行为都是公司的行为。

公司在清算过程中，公司的法律主体资格并没有丧失，但公司的权利能力范围受到限制。而且公司的执行机构由清算组取代原来的董事会，即由清算组作为公司的临时性执行机构。

1. 清算组的组成。公司清算组的组成，是指公司清算组成员的选任和确定。公司清算组的具体组成方式，依公司清算种类的不同而不同。

根据我国《公司法》第 183 条的规定，普通清算时，有限责任公司的清算组由股东组成，股份有限公司的清算组由董事或股东大会确定的人员组成。公司普通清算的清算组之所以由公司股东或者董事组成，是由于他们熟悉公司的情况，有利于各项清算工作的顺利进行，提高工作效率、节约清算时间和费用。但由于股东和董事与公司具有明显的关联关系，往往不利于公司债权人和公司小股东利益的保护，也不利于提高清算工作的质量。为克服以上不足，股份有限公司普通清算中的清算组的成员，也可以由股东大会选任一些与公司没有直接利害关系的出资人或者其他专业人员担任。清算组的人员数量，可以根据清算事务的繁简情况确定。

特别清算中，公司清算组则由法院指定有关人员组成。《最高人民法院关于适用〈中华人民共和国公司法〉若干问题的规定（二）》明确规定，人民法院指定的清算组成员可以从下列人员和机构中产生：①公司股东、董事、监事、高级管理人员；②依法设立的律师事务所、会计师事务所、破产清算事务所等社会中介机构；③依法设立的律师事务所、会计师事务所、破产清算事务所等社会中介机构中具备相关专业知识并取得职业资格的人员。人民法院指定的清算组成员有下列情形之一的，人民法院可以根据债权人、股东的申请，或者依职权更换清算组成员：①有违反法律或者行政法规的行为；②丧失执业能力或民事行为能力；③有严重损害公司或债权人利益的行为。

2. 清算组的职权。在公司清算期间，清算组是公司的事务执行机构。因此，公司清算组享有对外代表公司，对内管理公司清算事务的权利。我国《公司法》第 184 条规定，清算组在清算期间行使下列职权：①清理公司财产，分别编制资产负债表和财产清单；②通知、公告债权人；③处理与清算有关的公司未了结的业务；④清缴所欠税款以及清算过程中产生的税款；⑤清理债权、债务；⑥处理公司清偿债务后的剩余财产；⑦代表公司参与民事诉讼活动。

3. 清算组及其成员的义务。我国《公司法》第 185 ~ 188 条明确规定了清算组的义务：

（1）清算组应当自成立之日起 10 日内通知债权人，并于 60 日内在报纸上公告。债权人自接到通知书之日起 30 日内，未接到通知书的自公告之日起 45 日内，向清算组申报其债权。债权人申报债权，应当说明债权的有关事项，并提供证明材料。清算组应当对债权进行登记。在申报债权期间，清算组不得对债权人进行清偿。

（2）清算组在清理公司财产、编制资产负债表和财产清单后，应当制定清算方案，并报股东会、股东大会或者人民法院确认。在分别支付清算费用、职工的工资、社会保险费用和法定赔偿金，缴纳所欠税款，清偿公司债务后的公司财产有剩余的，有限责任公司按照股东的出资比例分配，股份有限公司按照股东持有的股份比例分配。清算期间，公司存续，但不得开展与清算无关的经营活动。公司财产在未依照前款规定清偿前，不得分配给股东。

（3）清算组在清理公司财产、编制资产负债表和财产清单后，发现公司财产不足以清偿债务的，应当依法向人民法院申请宣告破产。公司经人民法院裁定，宣告破产后，清算组应当将清算事务移交给人民法院。

（4）公司清算结束后，清算组应当制作清算报告，报股东会、股东大会或者人民法院确认，并报送公司登记机关，申请注销公司登记，公告公司终止。

与此同时，为更好地约束清算组成员行为，各国法律均对清算组成员设定了忠实义务。我国《公司法》第 189 条规定，公司清算组成员应当忠于职守，依法履行清算义务；清算组成员不得利用职权收受贿赂或者其他非法收入，不得侵占公司财产；清算组成员因故意或者重大过失给公司或者债权人造成损失的应当承担赔偿责任。

（四）公司清算程序

公司清算程序是指在公司解散清算的过程中，按照有关法律法规的规定，应该经过的具体步骤。根据我国《公司法》及《最高人民法院关于适用〈中华人民共和国公司法〉若干问题的规定（二）》的规定，公司清算的程序主要包括以下几个步骤：

1. 组织清算组。根据我国《公司法》及有关法律法规的规定，公司应自作出解散决议之日起 15 日内，依法成立清算组。逾期不成立清算组的，则可由公司的债权人及利害关系人提出申请，由法院指定有关人员组成清算组。

2. 清理公司的财产，编制资产负债表和财产清单。在公司清算过程中，根据我国《公司法》的有关规定，公司清算组成立后，就应由公司的清算人员清理公司财产，编制资产负债表和财产清单。

3. 公告和通知公司债权人。公司的解散，会直接影响到公司债权人的利益。因此，在公司清算的过程中，各国公司立法都规定了对公司债权人利益的保护程序。根据我国《公司法》以及有关法律规定，公司清算组应自成立之日起 10 日内通知债权人，并于 60 日内根据公司的规模和营业地域范围在全国或者公司注册登记地省级有影响的报纸上进行公告。债权人自接到通知书之日起 30 日内，未接到通知书的自公告之日起 45 日内，向清算组申报债权。

4. 登记债权、编制清算方案。清算组应当就公司债权人申报的债权分别进行登记。并在清理公司财产、编制资产负债表和财产清单后，应当制订清算方案，报股东会、股东大会或人民法院确认。

5. 收取债权、清偿债务，分配剩余财产。公司的清算方案，经股东会、股东大会或人民法院确认后，公司清算组即可按照我国《公司法》第 187 条及有关法律法规的规定，按清算方案收取债权、清偿债务，分配公司的剩余财产。公司财产能够清偿公司债务的，应按下列顺序清偿债务：支付清算费用，职工工资，职工劳动保险费用和法定补偿金，缴纳所欠税款，清偿公司债务，按股东的出资比例或持有的股份比例分配。

6. 制作清算报告，进行公司注销登记。公司清算结束后，清算组应当制作清算报告，报股东会、股东大会或人民法院确认，并报送公司登记机关，申请注销公司登记，公告公司终止。

（五）法律责任

我国《公司法》第 189 条、第 204、205、206 条以及《最高人民法院关于适用〈中华人民共和国公司法〉若干问题的规定（二）》规定了公司股东、董事、实际控制人、清算组及其成员、清算公司在公司清算中的法律责任：

1. 公司股东、董事、实际控制人的法律责任。包括：①有限公司的股东、股份公司的董事和控股股东未在法定期限内成立清算组开始清算，导致公司财产贬值、流失、毁损或者灭失，债权人可以主张其在造成损失的范围内对公司债务承担赔偿责任；②有限公司的股东、股份公司的董事和控股股东因怠于履行义务，导致公司主要财产、账册、重要文件等灭失，无法进行清算的，债权人可以主张其对公司债务承担连带赔偿责任;③有限公司的股东、股份公司的董事和控股股东以及公司的实际控制人在公司解散后,恶意处置公司财产给债权人造成损失,或者未经依法清算,以虚假的清算报告骗取公司登记机关办理法人注销登记的,债权人可以主张其对公司债务承担相应赔偿责任;④公司未经清算即办理注销登记,导致公司无法进行清算的,债权人可以主张有限公司的股东、股份公司的董事和控股股东以及公司的实际控制人对公司债务承担清偿责任。

2. 清算组及其成员的法律责任。包括:①清算组成员因故意或者重大过失给公司或者债权人造成损失的,应当承担赔偿责任;②清算组成员从事清算事务时违反法律、行政法规或者公司章程给公司或者债权人造成损失,公司或者债权人可以主张其承担赔偿责任;③公司清算组不依法履行通知和公告义务,导致债权人未及时申报债权而未获清偿,债权人可以主张清算组成员对因此造成的损失承担赔偿责任;④清算组不依照本法规定向公司登记机关报送清算报告,或者报送清算报告隐瞒重要事实或者有重大遗漏的,由公司登记机关责令改正。清算组成员利用职权徇私舞弊、谋取非法收入或者侵占公司财产的,由公司登记机关责令退还公司财产,没收违法所得,并可以处以违法所得 1 倍以上 5 倍以下的罚款。

3. 清算公司的法律责任。公司进行清算时,不依照《公司法》以及有关法律规定履行通知或者公告债权人义务的,由公司登记机关责令改正,对公司处以 1 万元以上 10 万元以下的罚款;公司在进行清算时,隐匿财产,对资产负债表或者财产清单作虚假记载或者在未清偿债务前分配公司财产的,由公司登记机关责令改正,对公司处以隐匿财产或者未清偿债务前分配公司财产金额 5% 以上 10% 以下的罚款;对直接负责的主管人员和其他直接责任人员处以 1 万元以上 10 万元以下的罚款;公司在清算期间开展与清算无关的经营活动的,由公司登记机关予以警告,没收违法所得。

(六)《公司法》司法解释对公司解散与清算制度的完善

2008 年 5 月发布的《最高人民法院关于适用〈中华人民共和国公司法〉若干问题的规定(二)》的相关规定从以下方面完善了公司解散与清算制度:

1. 公司解散中股东共益权的保护。该司法解释第 1 条、第 2 条规定,股东大会、董事会无法正常运行导致公司经营管理发生严重困难等共益权受损的,符合法定条件的股东提起解散公司诉讼的,人民法院应予受理。

股东以知情权、利润分配请求权等权益受到损害，或者公司亏损、财产不足以偿还全部债务，以及公司被吊销企业法人营业执照未进行清算等自益权受损为由，提起解散公司诉讼的，人民法院不予受理。

2. 公司解散清算中股东、董事的责任。

（1）有限责任公司的股东、股份有限公司的董事和控股股东未在法定期限内成立清算组开始清算，导致公司财产贬值、流失、毁损或者灭失，债权人主张其在造成损失范围内对公司债务承担赔偿责任的，人民法院依法予以支持。有限责任公司的股东、股份有限公司的董事和控股股东因怠于履行义务，导致公司主要财产、账册、重要文件等灭失，无法进行清算，债权人主张其对公司债务承担连带清偿责任的，人民法院应依法予以支持。上述情形系因实际控制人原因造成的，债权人主张实际控制人对公司债务承担相应民事责任的，人民法院应依法予以支持。

（2）有限责任公司股东、股份有限公司董事和控股股东及公司的实际控制人，在公司解散后恶意处置公司财产给债权人造成损失，或者未经依法清算，以虚假的清算报告骗取公司登记机关办理法人注销登记，债权人主张其对公司债务承担相应赔偿责任的，人民法院应依法予以支持。

（3）公司未经清算即办理注销登记，导致公司无法进行清算，债权人主张有限责任公司的股东、股份有限公司的董事和控股股东，以及公司的实际控制人对公司债务承担清偿责任的，人民法院应依法予以支持。公司未经清算即办理注销登记，股东或第三人在公司登记机关办理注销登记时承诺对公司债务承担责任，债权人主张其对公司债务承担相应民事责任的，人民法院应依法予以支持。

（4）公司解散时，股东尚未缴纳的出资均应作为清算财产。公司财产不足以清偿债务时，债权人主张未缴纳出资的股东，以及公司设立时的其他股东或者发起人在未缴纳出资范围内对公司债务承担连带清偿责任的，人民法院应依法予以支持。

（5）清算组成员从事清算事务时，违反法律、行政法规或者公司章程给公司或者债权人造成损失，公司或者债权人主张其承担赔偿责任的，人民法院应依法予以支持。有限责任公司的股东、股份有限公司连续180日以上单独或者合计持有公司1%以上股份的股东，依据《公司法》第152条第3款的规定，以清算组成员有前款所述行为为由向人民法院提起诉讼的，人民法院应予受理。

□ 小 结

本章阐述了公司合并、分立的概念及法定形式，公司合并、分立的法律效力，公司变更概念、程序及法律效力、公司解散的概念及原因，公司清算的概念与程序等。其主要内容为：

一、公司合并

1.

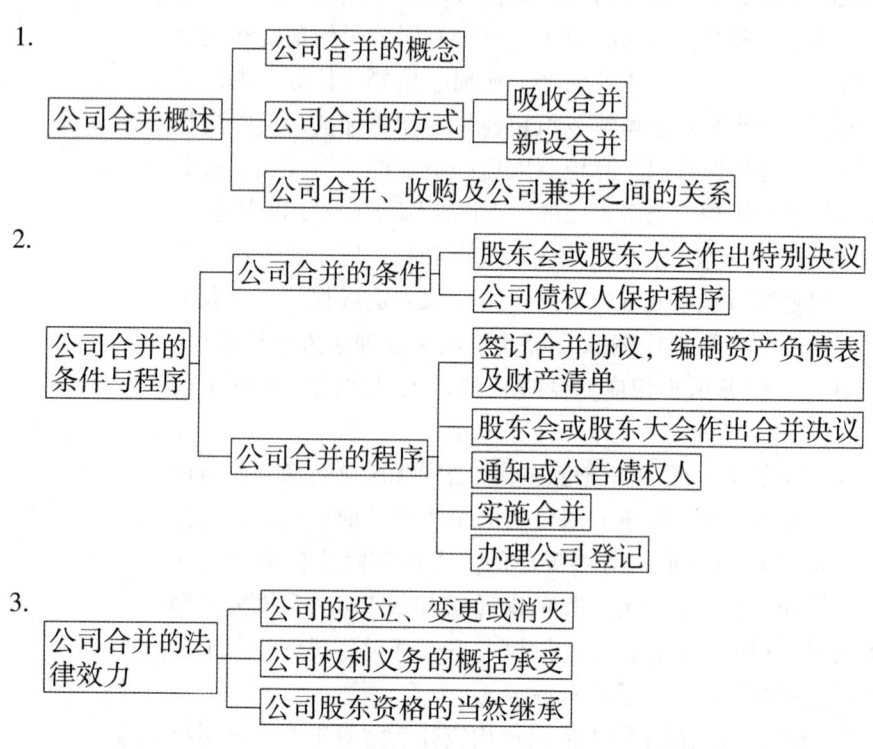

2.

3.

二、公司分立

1.

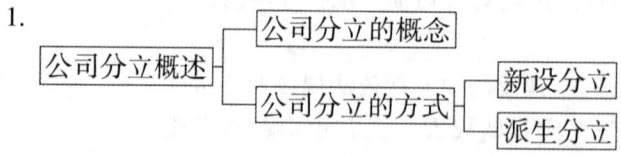

2.

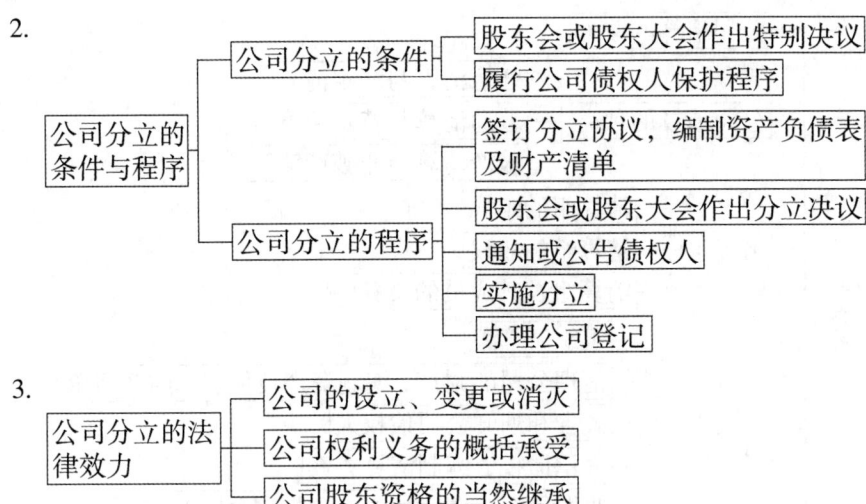

3.

公司分立的法律效力
- 公司的设立、变更或消灭
- 公司权利义务的概括承受
- 公司股东资格的当然继承

三、公司变更

1. 公司变更的概念

2.

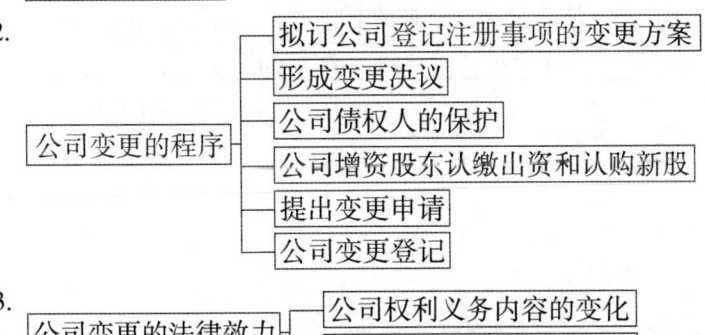

3.

公司变更的法律效力
- 公司权利义务内容的变化
- 公司权利义务关系的变化

四、公司解散与清算

1.

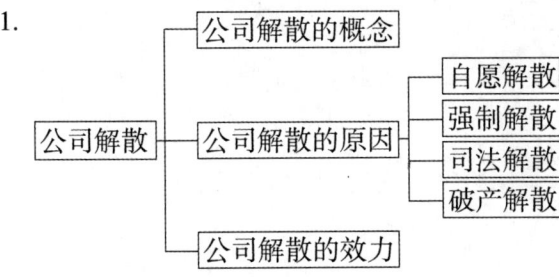

2.

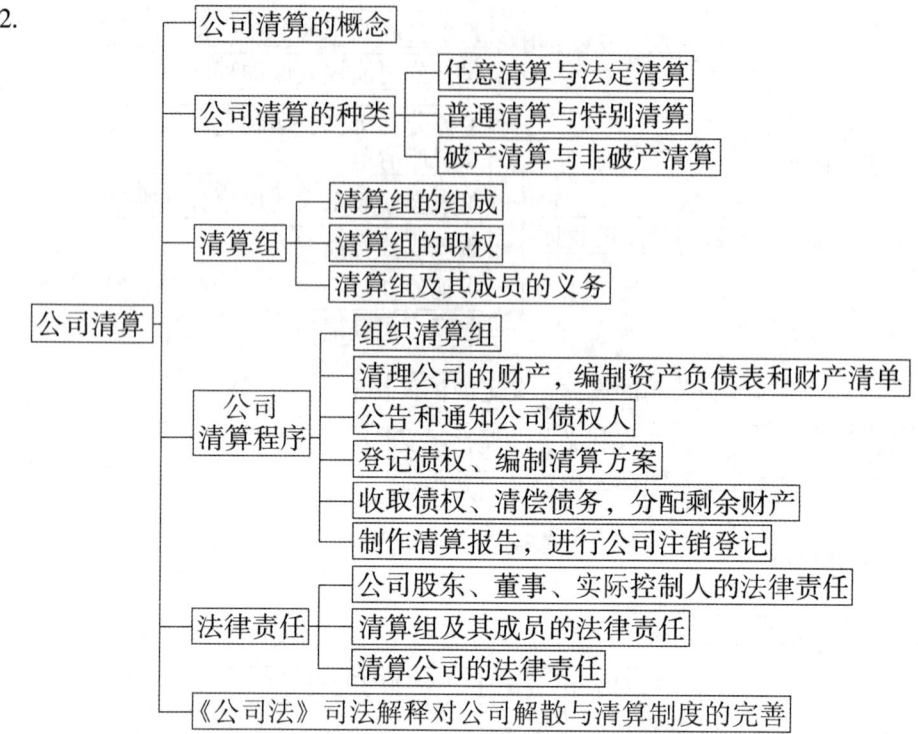

公司清算
- 公司清算的概念
- 公司清算的种类
  - 任意清算与法定清算
  - 普通清算与特别清算
  - 破产清算与非破产清算
- 清算组
  - 清算组的组成
  - 清算组的职权
  - 清算组及其成员的义务
- 公司清算程序
  - 组织清算组
  - 清理公司的财产，编制资产负债表和财产清单
  - 公告和通知公司债权人
  - 登记债权、编制清算方案
  - 收取债权、清偿债务，分配剩余财产
  - 制作清算报告，进行公司注销登记
- 法律责任
  - 公司股东、董事、实际控制人的法律责任
  - 清算组及其成员的法律责任
  - 清算公司的法律责任
- 《公司法》司法解释对公司解散与清算制度的完善

□ 练习与思考

一、名词解释

新设合并　吸收合并　公司分立　公司变更　司法解散　法定清算

二、简答题

1. 简述公司合并的程序及法律效力。
2. 简述公司分立的程序及法律效力。
3. 简述公司变更的程序及法律效力。
4. 简述公司的司法解散。
5. 简述公司普通清算和特别清算之间的联系与区别。
6. 简述清算组的组成及权利与义务。
7. 简述公司清算的法律责任。

三、思考题

为什么要规定公司股东、董事和公司控制人在清算中的法律责任？

图书在版编目（CIP）数据

公司法/徐晓松主编. —5版. —北京：中国政法大学出版社，2018.9（2022.4重印）
ISBN 978-7-5620-8507-2

Ⅰ. ①公…　Ⅱ. ①徐…　Ⅲ. ①公司法—中国—教材　Ⅳ. ①D922.291.91

中国版本图书馆CIP数据核字(2018)第199451号

出 版 者　　中国政法大学出版社

地　　址　　北京市海淀区西土城路25号

邮　　箱　　fadapress@163.com

网　　址　　http://www.cuplpress.com（网络实名：中国政法大学出版社）

电　　话　　010-58908435(第一编辑部) 58908334(邮购部)

承　　印　　北京中科印刷有限公司

开　　本　　787mm×1092mm　1/16

印　　张　　18

字　　数　　312千字

版　　次　　2018年9月第5版

印　　次　　2022年4月第4次印刷

印　　数　　24001~26000 册

定　　价　　46.00 元